PIOTR O. SCHOLZ

# NUBIEN

GEHEIMNISVOLLES GOLDLAND DER ÄGYPTER

»Die Philosophie der Geschichte, die die Kette der Tradition verfolgt, ist eigentlich die wahre Menschengeschichte, ohne welche alle äußeren Weltbegebenheiten nur Wolken sind oder erschreckende Mißgestalten werden. [...] Die Kette der Bildung allein macht aus Trümmern ein Ganzes ...«

*Johann Gottfried Herder, »Ideen zur Philosophie der Geschichte der Menschheit«*

**Bibliografische Information Der Deutschen Bibliothek**
Die Deutsche Bibliothek verzeichnet diese Publikation in der Deutschen Nationalbibliografie; detaillierte bibliografische Daten sind im Internet über http://dnb.ddb.de abrufbar.

Umschlaggestaltung: Stefan Schmid, Stuttgart, unter Verwendung einer Abbildung von Riehle/Laif (Meroë)

© 2006 Konrad Theiss Verlag GmbH, Stuttgart
Alle Rechte vorbehalten
Das Manuskript des Verfassers ist vom Verlag im Text, den Bildern und ihren Beschriftungen, der Bibliographie und den Indices gekürzt worden.
Satz: UMP Utesch Media Processing GmbH, Hamburg
Druck und Bindung: Druckerei Himmer, Augsburg
ISBN-10: 3-8062-1885-4
ISBN-13: 978-3-8062-1885-5

Die Herausgabe des Werkes wurde durch die Vereinsmitglieder der WBG ermöglicht.

Besuchen Sie uns im Internet: www.theiss.de

# INHALT

ZUM GELEIT                                                          7

PROLOG                                                             10
NEBELHAFTES NUBIEN

MORGENRÖTE MENSCHLICHER KULTUREN IN
NORDOSTAFRIKA                                                      30
SAHARA UND DAS NILTAL

ÄGYPTEN LIEGT IN AFRIKA                                           47
BEZIEHUNGEN UND KULTURELLE EINFLÜSSE ENTLANG DER NILACHSE

KERMA UND DAS UNGELÖSTE PROBLEM DER MELUḪḪA                       64
EIN REICH ENTSTEHT

DIE GÖTTER ÄGYPTENS MÜSSEN SIEGEN!                                73
DAS »ELENDE KUSCH« UND DAS NEUE REICH

KUSCHITEN UND IHRE REICHE                                         85
GEBURT EINER NEUEN MACHT IM KATARAKTEN-NILTAL

MEROË                                                            121
NEUORIENTIERUNG UND AFRIKANISIERUNG DES REICHES

MEROITEN IN DER HELLENISTISCHEN WELT                             171
REICH AM »RAND DER WELT«

EPILOG                                                           211
GÖTTERDÄMMERUNG: UNTERGANG MEROËS UND AUFSTIEG AKSUMS

ANMERKUNGEN                                                      217
LITERATURAUSWAHL                                                 218
BILDNACHWEIS                                                     224

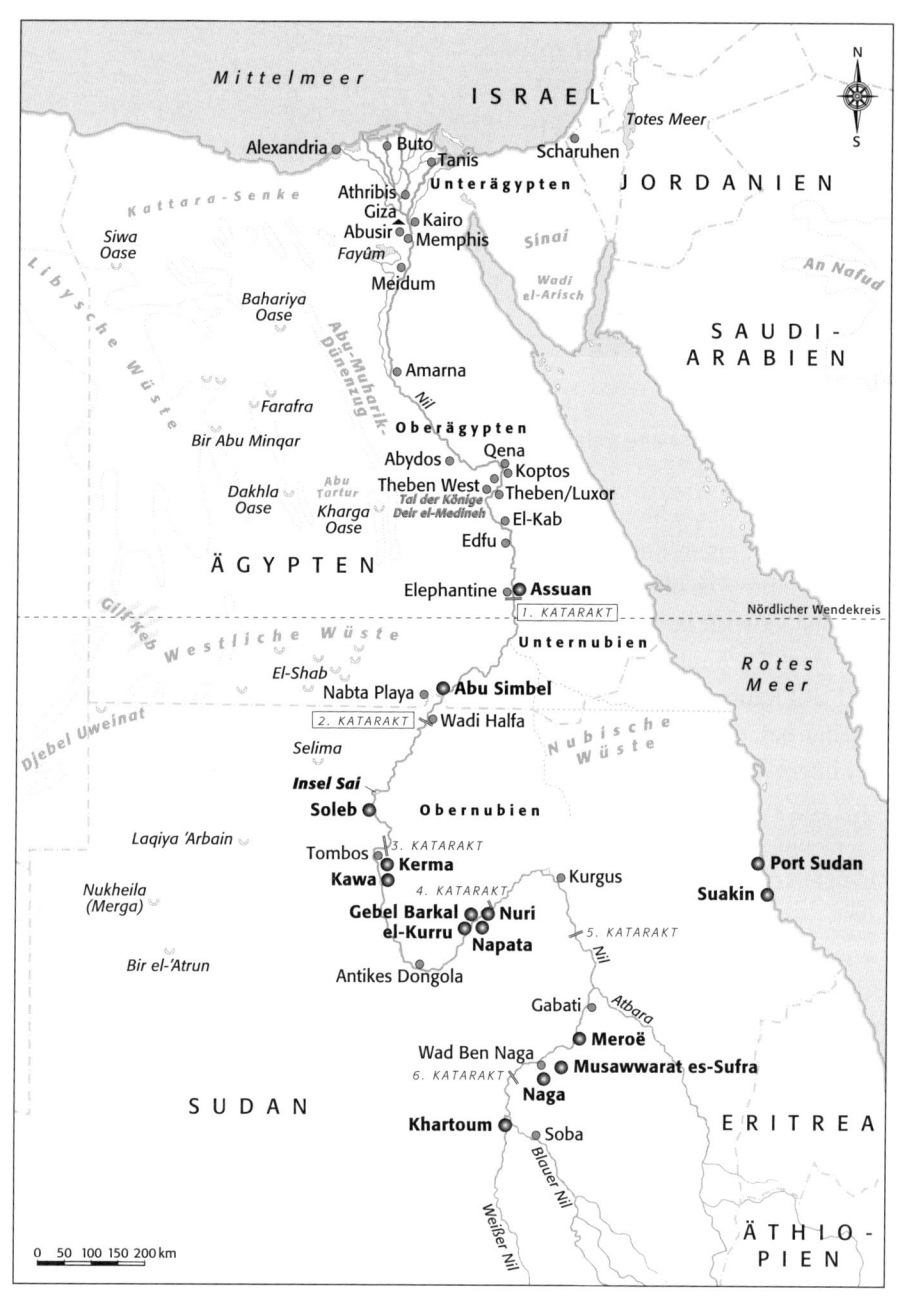

Mittelmeer

ISRAEL

Totes Meer

Alexandria    Buto
              Tanis    Scharuhen

Kattara-Senke    Athribis    Unterägypten    JORDANIEN
                 Giza
Siwa             Abusir    Kairo    Sinai
Oase             Fayûm    Memphis                    An Nafud

Libysche Wüste

Bahariya         Meidum
Oase
                                                     SAUDI-
                                    Wadi              ARABIEN
Farafra          Amarna            el-Arisch

Bir Abu Minqar   Oberägypten

Abu-Muharik-Dünenzug    Abydos    Qena
Dakhla    Abu           Theben West    Koptos
Oase      Tartur        Tal der Könige    Theben/Luxor
          Kharga        Deir el-Medineh
          Oase          Edfu    El-Kab

ÄGYPTEN          Elephantine    Assuan
                                1. KATARAKT         Nördlicher Wendekreis

Gilf Kebir    Westliche Wüste
                                Unternubien          Rotes
                                                     Meer
              El-Shab
              Nabta Playa    Abu Simbel
Djebel Uweinat    2. KATARAKT    Wadi Halfa    Nubische
              Selima                            Wüste

              Insel Sai
              Soleb    Obernubien

Laqiya 'Arbain    Tombos    3. KATARAKT
                  Kawa    Kerma              Kurgus         Port Sudan
Nukheila                   4. KATARAKT
(Merga)           Gebel Barkal    Nuri                      Suakin
                  el-Kurru    Napata    5. KATARAKT

Bir el-'Atrun     Antikes Dongola

                            Gabati    Atbara
                  Wad Ben Naga    Meroë
                  6. KATARAKT    Musawwarat es-Sufra
SUDAN                      Naga

                  Khartoum    Soba                     ERITREA

0  50 100 150 200 km                                   ÄTHIO-
                            Weißer Nil    Blauer Nil    PIEN

^
1   Übersichtskarte: Das Niltal mit den wichtigsten
archäologischen Stätten Nubiens.

# ZUM GELEIT

»[Moses] hatte sich eine Kuschiterin zur Frau genommen …« (Num 12.1)

Es vergeht kaum ein Monat, beinahe kein Tag, an dem man nicht einen Artikel, ein Heft, einen Katalog oder einen Bildband über Ägypten in Händen halten könnte. Die überwältigende und majestätische Zivilisation[1] der Pyramidenbauer wirft lange Schatten über Nordostafrika und den Raum um das Rote Meer. Dadurch wird häufig nicht einmal bewusst, dass es auch südlich des 1. Nil-Kataraktes, südlich der Grenzen Ägyptens, von alters her Kulturen gegeben hat, die nicht nur eigene beachtenswerte Monumente und Denkmäler hinterließen, sondern deren kulturelle und wirtschaftliche Ausstrahlung auch von großer, universalgeschichtlicher Bedeutung in der Welt ist.

Es muss wohl noch »sehr viel Wasser den Nil hinunterlaufen«, bis man einerseits über die geologischen Barrieren seiner Katarakte, andererseits über mentale Hindernisse hinweg jenem Goldland – heute Nubien genannt –, das mit dem biblischen Kusch identisch ist, auch nur annähernd das Interesse widmen wird, das man Ägypten seit langem schenkt. Es ist beinahe symptomatisch, dass – im übertragenen Sinne – offenbar immer noch Schwellen zu überwinden sind, um in das Land zu gelangen, in dem nicht nur ägyptische Götter Triumphe feierten, sondern in dem auch das frühe Christentum Jahrhunderte lang Fuß fassen konnte und durch das über viele Jahrtausende der Erdgeschichte die Wasser strömten, die Ägypten das Leben schenkten. Aus der Ferne und Tiefe des afrikanischen Kontinents gelangten Göttervorstellungen, aber auch Waren gen Norden, ohne die die altägyptische Kultur weder entstehen noch eine solche Blüte hätte erreichen können. Schon Cheops ließ seine Pyramide aus kuschitischen Steinen erbauen; und das kuschitische Gold, das »Fleisch der Götter«, schmückte Ägyptens Tempel, erfreute seine Priester und bedingte den Reichtum des Landes. Selten wird aber nach den Quellen des Goldes gefragt oder nach der Herkunft der schwarzen Bogenschützen, die als einmalige Söldnertruppe (Abb. 22) während des Mittleren Reiches in einem Grab von Mesehti (um 2000)[2] abgebildet worden waren.

Nach Abu Simbel verläuft noch heute ein »Limes«, den man ungern überschreitet, weil dort die Grenze zu der »Barbarei« am Rande der Welt – wie die Alten es nicht nur bezeichneten, sondern auch empfanden – zu verlaufen scheint. Nubien war und ist für die Ägypter, die seit dem 7. Jh. n. Chr. islamisiert wurden, fremd und vor allem »ungläubig«, weil dort noch bis ins 16. Jh. n. Chr. vom Abendland verlassene christliche Königreiche bestanden hatten, die man langsam, aber schlussendlich erfolgreich besiegte. Die heutigen Ägypter fühlen sich nach wie vor hoch erhaben gegenüber den Nubiern. Diese sieht man am Nil immer noch gerne als Diener, als Arbeitskräfte, jedoch einen eigenständigen Kulturbeitrag spricht man ihnen und ihrem Land ab. Bestenfalls bezeichnet man ihre Kultur als einen fernen Ableger ehemaliger ägyptischer Größe.

Diese Haltung machte Schule, weshalb man es offenbar weder für erforderlich noch für lohnend hielt, sich diesem »schlechten Abklatsch« zuzuwenden. So galt auch die einmalige internationale Rettungsaktion der nubischen Monumente in den 60er Jahren des 20. Jahrhunderts in erster Linie dem ägyptischen, nicht aber dem kuschitischen Erbe. Nach Jahrhunderten der Isolation dieses Landes, seiner internen Auseinandersetzungen, die immer wieder die Welt erschüttern, eröffnet sich uns im Süden von Ägypten nun aber langsam wieder der Kosmos eines lange vergessenen afrikanischen Reiches, das noch immer von vielen Geheimnissen und Rätseln umwoben ist. Diese verursachen einerseits Angst, rufen aber andererseits nach ihrer Ergründung und Lösung. Oft hinterließen diese Länder einen Eindruck, den schon der Globetrotter Hermann Fürst von Pückler-Muskau zu Papier brachte: »Wir hätten uns jedoch die ganze Beschwerlichkeit der langen heutigen Tour füglich ersparen können, da die Ruinen, um deretwillen wir den großen Umweg unternahmen, ganz unbedeutend sind. Sie liegen nah am Nil und bestehen nur aus großen Schutthaufen, aus denen sich noch drei aufrechtstehende viereckige Pfeiler erheben, durch Isisköpfe mit sehr langen Ohren verziert […].« (Pückler-Muskau, S. 610) Aber da ist noch das Unbekannte und Erforschungswürdige, von dem der Kusch-Reisende und Forscher Richard Lepsius angesichts der Darstellungen im Naq'a-Tempel (Abb. 51) spricht:

»Diese Figur ist den ägyptischen Darstellungen völlig fremd und ohne Zweifel anderswoher entlehnt, wie auch ein anderer öfters vorkommender Gott, gleichfalls von vorn dargestellt, mit reichem gekräuseltem Barte, den man am ersten mit einem Jupiter oder Serapis in Haltung und Aussehen vergleichen möchte.
Die Vermischung der Religionen war in jener offenbar sehr späten Zeit weit vorgedrungen, und es würde mich nicht in Verwunderung setzen, wenn spätere Untersuchungen herausstellen sollten, daß die äthiopischen Könige unter ihre verschiedenartigen Götter auch Christus und Jupiter aufgenommen hätten. Auch der Gott mit den drei oder vier Löwenköpfen ist wohl nicht einheimischer Erfindung, sondern anderswoher genommen.« (Lepsius, *Briefe*, S. 223 f.)

Diesen und anderen Geheimnissen möchte dieses Buch nachspüren, in dem Versuch, uns das Ferne wieder näher zu bringen.

Zwanzig Jahre sind vergangen, seitdem ich – nach mehrjährigen Forschungen und Reisen im Sudan – zum ersten Mal versucht habe, die Geschichte von Kusch, Meroë und Nubien darzustellen. Die Wissenschaft hat während dieser Zeitspanne viele weitere Entdeckungen gemacht und Funde ans Licht gebracht; das Land selbst aber ist von Reisenden verschont geblieben, manchmal wird es sogar vergessen. Diese sich um Popularität bemühende Monografie ist entstanden, um es wieder in Erinnerung zu rufen. Nicht in die Fachdiskussion soll eingegriffen oder sogar sich an ihr beteiligt werden, sondern die allgemeine Aufmerksamkeit für ein Land möchte geweckt werden, das – teilweise immer noch vom Sande verweht – seiner vollständigen Entdeckung harrt.

Ihr Zustandekommen wurde unter anderem durch die Hilfe von vielen Fachkollegen und Freunden ermöglicht. Ihnen, aber auch all denen, die hier nicht persönlich genannt werden, gilt mein ganz besonderer Dank. Dem Theiss-Verlag gebührt Anerkennung dafür, dass er sich entschlossen hat, diese Monografie über das »südliche Goldland Ägyptens« in sein Programm aufzunehmen, um der breiten Öffentlichkeit ein immer noch zu wenig bekanntes Land und seine alte Kultur näher zu bringen.

# PROLOG

## NEBELHAFTES NUBIEN

### SCHWIERIGE GRENZZIEHUNG

»Dringt man von Elephantine weiter nach Süden vor, so geht es steil bergauf.
Man muß das Schiff von beiden Seiten durch ein Tau ziehen lassen und wie zu
Wagen reisen. Reißt das Tau, so wird das Schiff durch die Strömung abwärts da-
vongeführt. So geht es vier Tagereisen weit, und der Nil ist dort voller Krümmun-
gen wie der Maiandros. Eine Strecke von zwölf Schoinos ist es, die man auf diese
Weise durchfahren muß. Darauf kommt man in ein Tal; dort liegt in dem Nil eine
Insel, namens Tachompso. Oberhalb von Elephantine ist die Bevölkerung schon
aithiopisch, auch die Insel ist halb von Aithiopen, halb von Ägyptern bewohnt.«
(Herodot II,29)

Ägyptenreisende, die die ramessidischen Tempel von Abu Simbel sehen wollen, bedenken dabei nur selten, dass sie damit schon ein Land betreten, das
zwar außerhalb Ägyptens lag, das aber wahrscheinlich in mythischer
Vergangenheit den Ursprung auch der ägyptischen Kultur wesentlich mit-
bedingt hatte. In einer mythischen Erzählung hören wir von dem »Sonnen-
weib«, der Urgöttin Tefnut, die im Süden mit der Göttin Hathor verschmol-
zen und unter anderem in dem Grenzheiligtum auf der Insel Philae, zwischen
Ägypten und dem heutigen Sudan, verehrt wurde. Diese Überlieferung erinnert daran, dass die religiösen Vorstellungen der Länder entlang des Nils
schon seit ihren mythischen Ursprüngen untrennbar miteinander verwoben
waren. Deshalb werden in alten Erzählungen die Götter aus dem Süden nach
Ägypten zurückgeholt. Es heißt darin:

»In der Urzeit hat sich Tefnut einmal mit ihrem Vater Re entzweit. Die Sonnen-
tochter verlässt im Zorn ihre Heimat Ägypten und zieht sich unmutig nach

Obernubien zurück. Dort treibt sie ihr Wesen als Wildkatze. Das glutheiße, trockene Land am oberen Nil ist recht nach dem Herzen eines Katzentieres geschaffen. Aber Vater Re sehnt seine geliebte Tochter zurück. So beauftragte er Toth, seinen Boten, Tefnut aus dem Süden heimzuholen.« (Brunner-Traut, *Märchen*, S. 156)

Diese »Saga« zeigt zugleich, dass die räumlichen Vorstellungen vom alten Ägypten und seinen Grenzen sich im Laufe der Zeit häufig verschoben hatten. Abu Simbel (altägypt. Ibschek, »Schoß des Horus«), die heilige Stätte der wichtigen Göttin Hathor, lag also schon außerhalb der Grenzen Ägyptens. Noch der Grieche Herodot, der Vater der Geschichtsschreibung, sah die südliche Grenze Ägyptens bei Elephantine (altägypt.: 3bw) bzw. bei Philae (altägypt.: P-Jrk). Dort begann auch die Zählung der Katarakte, der letzte wurde – nachdem sich der geografische Horizont erweitert hatte – zum ersten. Der 6. Katarakt reicht heute über Meroë (in der Nähe von Shendi) hinaus, er findet sich nilaufwärts etwa 2000 km von Elephantine, der südlichen Grenze der kulturellen ägyptisierenden Einflüsse.

▲
2   Die Fassade des kleinen Felstempels der Hathor-Nefertari in Abu Simbel (nach der Versetzung); errichtet im Auftrag von Ramses II.

Der Kulturraum war damals aber nicht nur – wie heute – auf das enge Niltal zwischen Elephantine/Syene und Meroë begrenzt. Er umfasste zudem – wenn man seine geschichtliche Entwicklung berücksichtigt – große Gebiete Saharas, die nicht am Niltal, sondern erst an der Küste des Roten Meeres endeten (geologisch gesehen, gehört selbst noch die arabische Halbinsel dazu) und reichte bis in das Herz Afrikas. Das wussten auch die alten Ägypter, die schon sehr früh Reisen in die südlicheren Länder unternommen hatten, so die Expeditionen des Herchuf (s. S. 50). Man darf deshalb für die damalige Zeit nur sehr bedingt von einer »Nord-Süd-Achse« entlang des Niltals für die kulturellen und wirtschaftlichen Beziehungen ausgehen und von »Nubia« als »corridor to Africa« (William Y. Adams) sprechen.

In jener sich ständig erweiternden Welt ergab sich eine territoriale Festlegung in erster Linie durch die dort lebenden Völker und ihre kulturellen Stätten, nicht aber durch geografische Abgrenzungen. Die Völker wanderten ständig; sie wurden entweder durch Feinde oder klimatische Veränderungen verdrängt oder expandierten. Dadurch veränderten sich auch ihre Lebensräume. In den ägyptischen Quellen war nur die Tatsache konstant, dass es sich bei den Bewohnern dieser Gebiete um Fremdvölker handelte.

### SCHWIERIGE NAMENSGEBUNG

»Zeus ist nämlich fort zum Okéanos bei den Äthiopien gestern zum Mahle gegangen, mit ihm alle anderen Götter.« (Homer, *Ilias* I,423 f.)

Lange Zeit, bevor die Bezeichnung »Nubien« allgemein gebräuchlich wurde, hat man für dieses Gebiet den griechischen Namen »Land der Aithiopen« benutzt. Er weist auf das minoische Urwort *ai-ti-jo-ko* hin und wurde von allen antiken Schriftstellern, so von Herodot, Agatharchides von Knidos, Diodor, Strabon und Plinius, zur Benennung des Volkes mit den »von Sonne verbrannten Gesichtern« verwendet. Auch noch die Araber benutzten und benutzen indirekt diesen Ausdruck, wenn sie vom bilad es-Sudan (Land der Schwarzen) sprechen. Nachdem aber »Äthiopien« als Name des Staates am Horn von Afrika immer populärer geworden ist und den Ausdruck »Abessinien« verdrängt hat, nannte man, unter dem Einfluss besonders der angelsächsischen Literatur Anfang des 20. Jh.s, das Land südlich Elephantines »Nubien«. Man hat dabei übersehen, dass eine solche geografische Bezeichnung erst spät aufgekommen ist. Sein Ursprung könnte in dem altägyptischen

^
3   Der Schamane aus den Nuba-Bergen in Kordofan,
der noch die alten Legenden über Kusch kannte und
erzählte.

*nbw* bzw. dem koptischen *noub,* dem Wort für Gold, zu suchen sein. Schon die
alten Ägypter verfügten über ein reiches Repertoire von Namen für Gegenden
des südlichen Niltals, z. B. Wawat, Schaat, Ireme, Medja, Jam, Kusch.

Bei alldem muss man sich aber bewusst machen, dass den Alten geografische Abstraktionen und Begriffe unseres Verständnisses fremd waren. Man
verband früher Vorstellungen von Ländern entweder mit deren Göttern oder
aber mit den Völkern, die sie bewohnten. So geht die Bezeichnung Nubien
zurück auf die erst seit Erathostenes von Kyrene bekannten Namen der *Nubai*
(Νουβαι), eines Volkes, dessen Ursprung sowohl im ethnischen als auch im
linguistischen Sinne nicht eindeutig zu bestimmen ist. Noch heute wird von
den »Nuba« gesprochen, die im fernen Kordofan, in den nach ihnen genannten Bergen in untereinander sehr verschiedenen Stämmen zurückgezogen leben und die mit dem Norden des heutigen Sudan wenig zu tun haben, obwohl auch hier manches merkwürdig anmutet. So begegnete ich noch 1971
in der Nähe von Dilling (etwa 50 km von el-Obeid) einem alten Schamanen
(Abb. 3), der berichtete, dass sein Volk vor Jahrhunderten angeblich aus dem
Norden in den Süden gekommen sei. Das erinnert an eine Erzählung, die Leo
Frobenius aufzeichnen ließ. Nach dieser existierte ein großes Reich mit vier
Regionen, von denen eine Kordofan war. Jeder König dieses wohlhabenden
Kordofan fiel einem rituellen Mord zum Opfer – bis Akaf an die Regierung

kam. Während dessen Herrschaft kam »aus dem fernen Osten über das Meer« ein Erzähler namens Far-li-mas als Sklave an den Hof von Nap. Er wurde zum ständigen Begleiter des Königs, dem er betörende Märchen erzählte, die nicht nur den Hof, sondern auch die Priester – die ihre Aufgabe, ständig die Sterne zu beobachten, beim Zuhören vergaßen – in betäubende Glückseligkeit versetzten. In diesen Erzähler verliebte sich die Schwester des Königs, Sali, die bewirkte, dass ihr Liebhaber, Far-li-mas, schließlich die Macht der Priester brach. Denn: »Gottes Werke sind groß. Das größte ist aber nicht seine Schrift am Himmel, sondern das Leben auf der Erde.« Der König, der bis dahin auf »verhülltem Stuhl« saß, wurde von Far-li-mas durch seine Erzählung, die die Priester tötete und damit dem traditionellen Königsmord ein Ende bereitete, gerettet.

## Blüte und Untergang Kordofans

Vier Meleks [Könige] regierten in dem großen Reiche, der eine in Nubien, der zweite in Habesch [Abessinien, heute Äthiopien], der dritte in Kordofan, der vierte in For [heute Darfur im Südwesten des Sudans]. Der reichste von ihnen war der Nap von Napht[a] in Kordofan, dessen Hauptstadt in der Richtung von Hophrat-en-Nahas lag. Er war der Besitzer von allem Gold und Kupfer. Sein Gold und sein Kupfer wurde nach Nubien gebracht und von den großen Königen aus dem Westen geholt. Von Osten her kamen Gesandte auf Schiffen über das Meer, und im Süden herrschte der König über viele Völker, die für ihn Waffen aus Eisen schmiedeten und Sklaven sandten, die zu Tausenden am Hofe des Nap lebten. Der Nap von Naphta war der reichste Mann auf der Erde. Sein Leben aber

war das traurigste und kürzeste unter allen Menschen. Jeder Nap von Naphta durfte nämlich nur eine Reihe von Jahren sein Land regieren. Während seiner Regierung beobachteten jeden Abend die Priester des Landes die Sterne, brachten Opfer dar und entzündeten Feuer. Keinen Abend durften sie mit ihren Gebeten und ihren Opfern aussetzen, sonst verloren sie den Weg eines Sternes aus den Augen und wussten dann nicht, wann nach ihrer Vorschrift der König getötet werden musste. [...] Einmal war wieder der Tag des Todes eines Königs [gekommen]. Den Stieren waren die Hinterschenkel durchgeschlagen [Art der Opfertötung]. Alle Feuer im Lande waren erloschen. Die Frauen waren in den Häusern eingeschlossen. Die Priester entzündeten das neue Feuer. Sie riefen den neuen König. Der neue König war der Sohn der Schwester des soeben getöteten. Der neue König hieß Akaf: dieser war es,

unter dessen Regierung die alten Einrichtungen des Landes geändert wurden. Das Volk aber sagte, daß diese Änderung der Grund des späteren Unterganges von Napht war.
[…]
[König Akaf] war der erste König, den das Volk von Naphta sah. Er war schön wie die aufgehende Sonne. […] Seitdem wurden in Naphta keine Menschen mehr getötet. König Akaf war der erste König in Napht, der so lange lebte, bis es Gott gefiel, ihn im hohen Alter zu sich zu nehmen. Als er starb, ward Far-li-mas sein Nachfolger. Mit diesem aber erreichte Naphta die Höhe des Glückes und sein Ende.
Denn der Ruf des Königs Akaf als eines weisen und wohlberatenen Fürsten verbreitete sich bald durch alle Länder. Alle Fürsten sandten ihm Geschenke und kluge Männer, um sich Rat zu holen. Alle großen Kaufleute ließen sich in der Hauptstadt von Naphta nieder. Der König Akaf hatte auf dem Meer im Osten große und viele Schiffe, die die Erzeugnisse Naphtas in alle Welt hinaustrugen. Die Gruben von Naphta konnten nicht genug Gold und Kupfer liefern, um stets die Ladungen voll zu machen. Als Far-li-mas dem König Akaf folgte, stieg das Glück des Landes auf das höchste. Sein Ruhm erfüllte Länder vom Meere des Ostens bis zum Meere des Westens. Aber mit dem Ruhm keimte auch der Neid in den Herzen der Menschen. Als Far-li-mas gestorben war, brachen die Nachbarländer die Bündnisse und begannen mit Naphta Kriege. Das große Reich zerfiel in Stücke. Es wurde von wilden Völkern überschwemmt. Die Menschen vergaßen die Kupfer- und die Goldgruben. Die Städte verschwanden.
Von der Zeit Naphtas blieb nichts übrig als die Erzählungen Far-li-mas, die dieser vom Lande jenseits des Meeres im Osten mitgebracht hatte.
Das ist die Geschichte vom Untergang des Landes Kasch, dessen letzte Kinder im Lande For leben.
*Frobenius, Atlantis IV, S. 9–17*

Diese einmalige Erzählung – hier nur verkürzt wiedergegeben – führt uns in das Land Kasch (Kusch). Zuvor soll aber der Frage nachgegangen werden, inwieweit die mündliche Tradition Kordofans tatsächlich einen geschichtlichen Kern vermittelt. Schon Frobenius wies darauf hin, in dem er hervorhob, dass eigentlich in der »Saga« nicht von Kordofan, der südlichen Provinz des heutigen Sudan, die Rede ist, sondern von dem Reich von Napata und Meroë, das man auch – wie die alten Ägypter es taten – Kasch/Kusch (altägypt.: *K3s*) nennen kann. Zu beachten ist der historische Kern dieser Erzählung, den der rituelle Königsmord bildet, über den schon Diodor von Sizilien berichtet hat. Er knüpfte dabei an die früheren Quellen (bes. Agatharchides von Knidos) an.

## Das Sterben der Könige

Das allerseltsamste ist die Todesart ihrer Könige. Die Priester, welche in Meroë den Dienst und die Verehrung der Götter besorgen und den größten und vornehmsten Rang haben, schicken, wenn es ihnen einfällt, einen Boten an den König, und erteilen ihm den Befehl zu sterben. Denn, sagen sie, die Götter hätten ihnen dies durch ein Orakel offenbart, und ein Befehl der Unsterblichen dürfe von keinem Sterblichen verachtet werden. Hierzu fügen sie noch andere Gründe, welche ein Herz, das in alten und schwer zu tilgenden Vorurteilen aufgewachsen ist, und keine anderen Gründe hat, die es diesen willkürlichen Befehlen entgegensetzen kann, in ehrlicher Einfalt annimmt. In den älteren Zeiten gehorchten die Könige den Priestern, nicht durch Waffen oder Gewalt überwunden, sondern weil ihre Vernunft unter der Gewalt des Aberglaubens stand. Allein zur Zeit Ptolemaios II. wagte es Ergamenes, König der Äthiopier, der eine griechische Erziehung erhalten und sich auf die Philosophie gelegt hatte, zuerst diesen Befehl zu verachten. Mit einem aufgeklärten, des Thrones würdigen Edelmute, drang er mit seinen Soldaten in den unzugänglichen Ort, wo der goldene Tempel der Äthiopier war, brachte die Priester alle um, hob diese Gewohnheit auf und richtete alles nach seinem Gutdünken ein.

*Agatharchides von Knidos III,6,1 ff.*

Die Erzählung aus Kordofan spricht vom Osten, dem dortigen Meer und der Schifffahrt, obwohl die zentralafrikanische Provinz mehr als 1500 km Luftlinie südwestlich vom Roten Meer entfernt liegt! Wie schon Frobenius – der biblischen Genealogie folgend – richtig vermutet hat, waren die Kontakte Kuschs zum semitischen Raum und besonders zu Arabia Felix, zum Reich der biblischen Königin von Saba, sehr intensiv. Auch in den frühen Kulturen um das Rote Meer war die Rolle der Frau außerordentlich einflussreich. Dies galt ebenso für das alte Ägypten, für Kusch und für Südarabien wie für das südlicher gelegene legendäre Land Punt, das schon die alten Ägypter bereist und gut gekannt hatten. Davon erzählt uns unter anderem die Bildgeschichte auf den Wänden des berühmten Totentempels der Königin Hatschepsut (1467–1445 bzw. 1479–1458) in Deir el-bahari, in der über deren Besuch bei der Fürstin Iti (Abb. 4), der Herrscherin von Punt, berichtet wird.

Die tief verankerte Tradition regierender Frauen scheint sich in Meroë besonders lange gehalten zu haben. In der Apostelgeschichte (8.26 ff.) lesen wir, dass ein Schatzmeister, ein *aner aithiops* (griech.: Äthiopier bzw. Ku-

4  Fürstin Iti aus Punt in Begleitung ihres Gatten Parehu.
Relieffragment (ca. 50 x 45 cm) aus der Punt-Halle der
Hatschepsut-Tempel (um 1550 v. Chr.) in Deir el-bahari (heute
im Kairo-Museum).

schite), der Königin Kandake aus Meroë (Kandake = meroit. Titel) nach Jerusalem gekommen war, um dort anzubeten. Wahrscheinlich ist es deshalb
kein Zufall, wenn Diodor davon ausgeht, Meroë sei ein weiblicher Name:
»Der Fluß [Nil] umschließt aber auch Inseln in seinem Laufe und so in Äthiopien – außer mehreren anderen – auch eine sehr große, welche Meroë genannt wird und eine bedeutende gleichnamige Stadt trägt. Kambyses nämlich hat sie begründet und nach seiner Mutter Meroë benannt.« (Diodor I,33)
Trotz des legendären Zuschnitts dieser Aussage darf nicht verkannt werden,
dass auch andere Historiker – und seriösere als Diodor – an dieser Aussage
festhielten. Auch sie gingen von einer Konstellation aus, nach der es sich bei
»Meroë« entweder um den Namen der Schwester (so Josephus Flavius) oder
sogar um den der Gemahlin des Kambyses handele (so Strabo). Damit
kommt eindeutig zum Ausdruck, dass man auf der matrilinearen Tradition
aufbaute, in der die Position der »Königsmutter« bzw. der »Gemahlin und
Schwester« eine sehr angesehene und hohe war, die sogar die Herrschafts-
struktur im kuschitischen Reich bestimmt hatte.

Einige der von den alten Ägyptern benutzten Ortsbezeichnungen benen-
nen ein heiliges Land, dass noch südlicher von Kusch lag und in dem Frauenherrschaft selbstverständlich war: Neben dem allgegenwärtigen Namen

Kusch – in seinen altorientalischen Abwandlungen wie Ka-a-ša, Kaši, Kasi (u. a. in der Amarna-Korrespondenz) und auch in der persischen Form Ku-schaya – begegnet uns der persische Name Putaya, der eine Entsprechung von Punt sein dürfte.

Bevor man sich nun dem später in den antiken Quellen dominierenden griechischen Namen zuwendet, muss noch auf die viel diskutierte Bezeichnung *Meluḫḫa* hingewiesen werden. Man nimmt an, dass damit allgemein dunkelhäutige Diener gemeint waren, ohne sie ethnisch eindeutig zu orten. Diese Bezeichnung findet sich schon in sumerischen und akkadischen Keilschrifttexten (seit dem 3. Jt.); sie kommt oft gemeinsam mit dem Namen Magan/Makkan vor und bezieht sich sowohl auf die Länder zwischen dem Persischen Golf und dem Roten Meer als möglicherweise auch auf die des Industales, falls man eine Verbindung zum altindischen Mleccha herstellen könnte. Vieles deutet darauf hin, dass man die sog. Kerma-Kultur (seit 3500) in der Nähe des 3. Kataraktes mit diesem Namen identifizieren könnte (s. S. 64 ff.).

Eine Verbindung zu Indien anzunehmen scheint berechtigt zu sein, wenn man bedenkt, dass noch bis in die frühe Neuzeit die Bezeichnung »India« für die Länder am Horn von Afrika benutzt wurde. Ganz sicher hing dies mit den schon seit dem Hellenismus benutzten Seerouten zwischen dem Roten Meer und Südindien zusammen. Hierbei spielten die regelmäßigen Monsunwinde eine Rolle, deren sich die Schifffahrt im östlichen Indischen Ozean seit alters her bediente. Zwar schien man zwischen »India minor« und »India maior« unterschieden zu haben; die genauere geografische Bestimmung der Länder, die dazu gehörten, ist aber nicht einfach. Noch im Mittelalter stiftete dies Verwirrungen bezüglich der Frage nach der Lokalisierung des Reiches des Königs-Priesters Johannes.[1]

Am besten bekannt sind Namen, die aus dem antiken Schrifttum stammen und aus diesem übernommen worden sind. Neben dem allgegenwärtigen Äthiopien und der schon erwähnten sog. Insel Meroë – die sich zwischen den Flüssen Atbara, Nil und blauem Nil im Süden ausdehnt – sind uns noch weitere Namen von Städten, Völkern und Landschaften überliefert: Im Norden Nubiens der Dodekaschoinos (die 12 Schoinen/Meilenzone), später auch der Triakontaschoinos (die 30 Schoinen/Meilenzone) und schließlich Nubien, das Land der Nubier, die mit den benachbarten Trogodyten/Troglodyten, aber auch den Blemmeyern zusammenlebten, dazwischen lagen Städte wie Syene und Philae. Heute sind die modernen, meist arabisierenden geografischen Benennungen hinzugekommen, deren sich auch die Archäolo-

gie, die viele Kulturen nach den gegenwärtigen arabischen Ortsnamen bezeichnet, bedient. So spricht man nun von den Tempeln von Abu Simbel, den
Gräbern von Qustol/Ballana, von der Kerma- oder Kadada-Kultur. Die Unterschiede und der »Reichtum« der Namen sind einerseits durch die alte Niltal-
Tradition, und hier besonders durch die altägyptische, andererseits durch
Namen, die in der Umwelt des nordostafrikanischen Raumes verwendet und
durch altorientalische, später auch antike Quellen überliefert wurden, bedingt. Meroitische Quellen konnten bislang nicht eindeutig geklärt werden.

## ENTDECKUNG DES RÄTSELHAFTEN GOLDLANDES DER ALTEN ÄGYPTER

> »Der Enthusiasm, der den Reisenden beym Anschauen der vielen herrlichen
> Denkmäler des Alterthums im Oberen Egypten [es ist damit auch Nubien
> gemeint] von einer Extase zu andern unaufhaltsam mit sich fortreißt, wird dem
> Leser eintönige Vergrößerung scheinen, und doch ist es weiter nichts als der
> natürliche Ausdruck des Gefühls bey dem Anblick so vieler Erhabenheiten.«
> (Vivant Denon, *Reisen*, 1803, S. 271)

### Ägypten als Hindernis

Man fand im südlichen Niltal überzeugende Parallelen zur Frühgeschichte
Ägyptens; im Osten und Westen der Sahara gab es dank zahlreicher Felsmalereien und Felsritzungen überraschende Belege für eine intensive Besiedlung in alter Zeit, in der man bereits Viehzucht getrieben und ununter-
brochene Kontakte mit dem Süden unterhalten hatte. Es ergaben sich viele
Hinweise darauf, dass in Nordostafrika zwischen dem 15. und 5. Jt. Klima-
bedingungen vorherrschend waren, die von der heutigen Situation stark ab-
wichen. Damit entstand die Überzeugung, dass die Ursprünge Altägyptens
zwischen Abydos – dem archaischen Zentrum altägyptischer Kultur in
Mittelägypten – und dem Raum um den 1. Katarakt lagen. Im Süden gab und
gibt es autochthone Kulturen, doch ihre Verbindung mit dem alten Ägypten
und ihre Abhängigkeit von ihm ist offenkundig. Umgekehrt sind auch in
Ägypten merkwürdige Spuren von Einflüssen aus dem Süden feststellbar,
wie Beispiele aus dem Mittleren Reich, der sog. Amarna-Periode, und
schließlich aus der Zeit der 25. und noch der 26. Dynastie belegen. So bestimmte die Nähe zu Ägypten von vornherein die Ausrichtung des archäolo-

∧
5   Khartum, die Hauptstadt des heutigen Staates Sudan, auf
einem Stich aus dem 19. Jahrhundert.

gischen Interesses; sie wirft zugleich lange Schatten auf Kulturen, die infolgedessen ständig mit denen des alten Ägypten verglichen werden. Sich aus dieser ägyptologisch bedingten Sicht zu befreien, ist – falls überhaupt möglich – sehr schwer.

Die Entdeckungen im südlichen Niltal waren nicht weniger faszinierend als die in Ägypten, im Vorderen Orient, Mittelmeerraum oder sogar in Amerika. Teils liegt die verbreitete Unkenntnis über den Sudan auch in der europäischen Sicht dieses Landes begründet, eines Landes, das wie kein anderes zwischen Schwarzafrika und dem arabischen Norden einerseits islamisch, andererseits durch die Vermischung verschiedener Religionen geprägt ist.

Man brachte den Sudan meist mit den grausamen Ereignissen des Mahdi-Aufstandes von 1881 in Verbindung, die nicht nur die Politik, sondern auch die Vorstellungen von fremden und »wilden« Völkern, von Sklaverei und vom Islam tief greifend beeinflusst haben. Es waren der Tod von Charles G. Gordon Pascha in Khartoum (1885), die langen Gefangenschaften von Rudolf Slatin Pascha, dem Gouverneur von Darfur, und dem Missionar Pater Joseph Ohrwalder sowie die Expeditionen zur Rettung von Eduard Schnitzler (Emin Pascha), dem anderen im Dienste der Khediven eingesetzten Gouverneur von Äquatoria, der durch die Mahdisten von der Welt abgeschlossen worden war, die den Sudan im ausgehenden 19. Jh. bekannt werden ließen; es waren aber auch Karl May und sein polnischer Kollege Henryk Sienkiewicz, die mit Werken wie *Sklavenkarawane* (1889), *Im Lande des Mahdi* (1896 ff.) und *W pustyni i puszczy* (*Durch Wüste und Busch*, 1911, dt. 1913) die Öffentlichkeit aufmerksam machten. So wird seit über 200 Jahren das südliche Niltal zwar immer wieder mit Abenteurern, Krieg, Sklavenhandel, Korruption und Fanatismus verknüpft, nicht aber mit seinen alten Kulturen und ihren Hinterlassenschaften. Dabei blickt das von Nubiern bewohnte Katarakten-Niltal auf eine lange Vergangenheit zurück.

### Der Schleier schwindet

Das besagt nicht, dass es über Nubien keine Kunde gegeben hätte, wohl aber, dass es seit dem Mittelalter, besonders nach der Niederlage der Kreuzritter im 13. Jh., zur Isolation der autochthonen christlichen afrikanischen Reiche gekommen ist, von denen nur ein einziges, das aksumitische im äthiopischen Hochland, bis in die Gegenwart zu überleben vermochte. Die orientalischen Christen, denen man in Europa mit Unwissen oder mindestens mit Unverständnis begegnete und die man zum Katholizismus »bekehren« wollte, wurden von der übrigen Welt alleine gelassen und waren auf sich selbst angewiesen. Im Laufe der Zeit konnten die christlichen nubischen Reiche sich deshalb nicht mehr gegenüber den ständigen expansiven Angriffen des Islam behaupten. Ihre Geschichte geriet in Vergessenheit.

Abgesehen von einigen mittelalterlichen Berichten, die der Archäologie nach wie vor sehr dienlich sein können, beginnt die neuzeitliche Erforschung des südlichen Niltals relativ spät. Zunächst sind es nur Reiseberichte und Erkundungen, die sowohl aus orientalischen, besonders arabischen, aber auch aus europäischen Quellen stammen. Der bekannteste Reisende der islamischen Welt, Ibn Battuta, schrieb im 14. Jh. n. Chr. über die Nubier, die Christen waren, und über ihre Städte, von denen (Alt)Dongola eine besonders wichtige Rolle spielte; ihm folgten andere. Allerdings verursachen die abendländischen (lateinischen) Quellen Probleme, weil aufgrund der unterschiedlichen geografischen Bezeichnungen eine Unterscheidung in der Lokalisierung von Ländern der Nubier, Inder und Äthiopier damals noch nicht vorhanden war. Hinzu kam noch die weit verbreitete Erzählung über das Reich des Priesterkönigs Johannes. Wenn man sich die diesbezüglichen Lokalisierungsversuche anschaut, muss man vom ganzen christlichen Orient ausgehen, der sich seinerzeit von China im Osten bis zum Niltal im Westen ausbreitete. Immerhin kannte im 14. Jh. noch Johannes von Hildesheim Nu-

bien, das er als Heimat des Melchior, eines der sog. Drei Könige, identifizierte
und damit wiederum einen Hinweis auf das Goldland gab. Auch in der Gra-
beskirche in Jerusalem fanden sich nubische Christen, die von ihrem Land
berichteten, sodass man nicht von einer völligen Isolation des Katarakten-
Niltals und seinen Bewohnern ausgehen kann, auch wenn nur wenige in Europa von ihrer Existenz wussten.

Auf Basis dieses dürftigen Wissens und infolge des steigenden Interesses
durch Berichte über Entdeckungsreisen an der Schwelle vom 15. zum 16. Jh.,
aber auch durch die Schwächung des Osmanischen Reichs, das sich bis Nubien und weiter nach Sansibar erstreckt hatte, sowie die verlorenen Schlachten bei Lepanto (1571) und Wien (1683) entstand ein immer stärker wer-
dender Austausch zwischen dem Morgen- und Abendland. Aufgrund dieser
wechselseitigen Annäherung wurden die Nachrichten über den Orient zahlreicher; europäische Herrscherhäuser übernahmen Schutzfunktionen für
orientalische Christen, die den Muslimen ausgeliefert waren. Langsam, aber
unaufhaltsam kam es zu einer europäischen Expansion in Afrika und Asien,
die an die Stelle der bisherigen türkischen Hegemonie trat, um sie schließlich
völlig zu untergraben. Dies war ein langer Weg, der sich in der Erforschung
des Niltals widerspiegelt, an der in erster Linie England und Frankreich

^
6    Die Pyramidenfelder von Meroë zur Zeit ihrer
Bekanntmachung durch Frédéric Cailliaud (1787–1869).

beteiligt waren sowie Europäer im Dienste der Khediven. Letztere hatten sich nach der Mameluken-Zeit seit Muhammad Ali in Ägypten verselbständigt (1801), obschon sie formal als Vizekönige immer noch von der »Hohen Pforte« abhängig waren.

Spätestens mit dem Feldzug Napoleon Bonapartes nach Ägypten (1798) begannen viele, sich für die spannende Geschichte des Raumes zu interessieren, und sie versuchten seine Geheimnisse zu lüften. In »beachtenswerten Biografien« über den Nil, den längsten Fluss der Erde, finden sich Namen und Ereignisse, die mit der Entdeckungsgeschichte des alten, fast vergessenen Kusch zusammenhängen. Diese lieferten Stoff für Hunderte von phantasievollen und märchenhaften Abenteurer-Erzählungen, die die Einflüsse von *1001 Nacht* nicht leugnen können, deren Übersetzer, Sir Richard Francis Burton, ebenfalls in der Reihe der Nilreisenden zu finden ist.

James Bruce scheint jedoch der Erste gewesen zu sein, der auf seinem Rückweg von Gondar am Tanasee, aus dem der Blaue Nil entspringt, 1772 die imposanten Ruinen von Meroë erblickt hat (Abb. 6). Er beschrieb sie in seinem fünfbändigen Reisebericht. Die Grundlage für die moderne Erforschung der Niltalkulturen wurde etwas später durch die an Napoleons Ägyptenfeldzug beteiligten Wissenschaftler unter der Leitung von Dominique Vivant Denon geschaffen. Sie betraten das Isis-Heiligtum auf Philae (Abb. 7) und öffneten damit symbolisch auch die Tore zu Nubien, die seitdem niemals mehr verschlossen worden sind.

Die Öffnung Nubiens führte zu einer ständig reichhaltiger werdenden Berichterstattung, die die moderne Erforschung des Niltals markiert hat. Sie stand immer in Verbindung mit Ägypten, dessen Ausstrahlung aus der kuschitischen Kulturgeschichte nicht wegzudenken ist. Die »ägyptische Brille« bei der Betrachtung Nubiens hatte ihre Berechtigung, sie führte allerdings dazu, dass Originalität und Eigenart der nubischen Erscheinungsformen oft verkannt wurden.

Infolge der europafreundlichen Politik von Muhammed Ali, aber auch des Wirkens der grauen Eminenzen Henry Salt und Bernardino Drovetti, den englischen und französischen Konsulen in Kairo, entstand im 19. Jh. eine bis dahin nie da gewesene Reisewelle, die nicht nur Abenteurer und Glückssucher, Fotografen und Schriftsteller – zum Beispiel Gustave Flaubert –, sondern auch ernsthaft interessierte Wissenschaftler ins Niltal brachte. Unter ihnen waren sowohl Orientalisten und Altertumsforscher als auch Geografen, Naturforscher – darunter Alfred E. Brehm – und schließlich Geologen, die im Auftrag des Khediven nach Gold suchen sollten. Raubgrabungen blieben

## Entdeckung einer Ruinenstadt

»Ich durchirrte die ganze Insel [d. h. Philae], um ihre verschiedenen Merkwürdigkeiten kennen zu lernen, eine allgemeine Idee – Landkarte – der Insel selbst, des Laufs des Flusses und der umliegenden Gegend zu schöpfen. Ich fand, daß diese Alterthümer verschiednen Zeiten, Völkern und Absichten ihr Daseyn verdanken, und die Vereini-

^
7   Der ptolemäische Isis-Tempel zu Philäe als Stich aus D. Vivant Denons Werk *Reisen durch Ober- und Unter-Egypten* (1803).

gung dieser Gebäude, jedes in seinen Verhältnissen regelmäßige, eine unregelmäßige, aber sehr mahlerische Gruppe bildete. Ich unterschied sechs verschiedne Heiligthümer oder Tempel, von verschiedner Größe und verschiednem Zeitalter. Einer hatte bey dem Bau dem andern zum Muster gedient; daher die Uebereinstimmung der Verhältnisse unter einander. Ein Theil der Verzierungen an manchen war nur hinzugefügt worden, um das an ihm, was früher erbaut war, dem andern ähnlich zu machen, indem man mit möglichster Genauigkeit die unregelmäßigen Winkel und allgemeinen Missverhältnisse nachahmte. Diese Art Verwirrung der architektonischen Linien, dem Anscheine nach ein Fehler des Plans, erhebt die mahlerische Wirkung mehr als kalte Symmetrie, mehrt die Mannichfaltigkeit der Gruppen, und beschäftigt das Auge mehr als jene.«
*Vivant Denon, Reisen, 1803, S. 279*

nicht aus: Die illegalen Goldfunde des italienischen Abenteurers und Militärarztes Giuseppe Ferlini in einigen Pyramiden von Meroë (1834) wurden zum Beispiel von Deutschen erworben und befinden sich heute in Museen in Berlin und München (Abb. 62 ff.).

Noch bevor zwischen den Jahren 1842 und 1845 die ergebnisreichste Expedition – initiiert vom preußischen König Friedrich Wilhelm IV. und geleitet von Richard Lepsius – ihre Dokumentationsarbeit aufnahm, waren zwei andere Deutsche in diesen Landstrichen unterwegs, nämlich Eduard Rüppell und der exzentrische Weltenbummler Hermann L. Fürst von Pückler-Mus-

8   Gebel Barkal zur Zeit der 1844 unternommenen
Forschungsreise von Richard Lepsius (1810–1884).

kau. Die Beschreibungen, die sie hinterlassen haben, sind bis heute von großem Interesse. Rüppell verdanken wir unter anderem eine sachliche Darstellung von Gebel Barkal (Abb. 8).

Dem folgt eine mehrseitige Beschreibung, die sich mit dem gegenwärtigen Zustand der Ruinen – obwohl in den letzten fast 200 Jahren manches
Neue ausgegraben wurde und vieles in einem anderen Licht gesehen wird –
vergleichen lässt.

Die preußische Expedition, die fünf Jahre später als Fürst von Pückler-
Muskau nach »Aegypten und Aethiopien« zog, hinterließ das vielbändige
monumentale Werk *Denkmaeler aus Aegypten und Aethiopien* (1859; Text-
bände 1897–1913), das bis heute benutzt wird und dessen Ergebnisse nach
wie vor gültig sind, auch wenn vieles inzwischen erweitert und verifiziert
werden konnte. Durch dieses Forschungsunternehmen war es möglich, das
südliche Niltal in einem neuen Licht zu sehen. Die objektive wissenschaftli-
che Erforschung hatte begonnen! Allerdings wurde sie durch ein unerwarte-
tes Ereignis unterbrochen, nämlich die *Mahadiya*.

## Ein Berg und seine Tempel

Die sonderbare Gestalt der Felsmasse Barkal musste zu allen Zeiten die Aufmerksamkeit der Forscher auf sich ziehen; aus der weiten Ebene erhebt sich nach allen Seiten senkrecht ein Sandsteinfels, beinahe vierhundert Fuß hoch und etwa fünf und zwanzig Minuten im Umkreis. […] Tempel häuften sich auf Tempel, und wer weiß, wie weit man hierher wallfahrten kann, um den Schicksalspruch zu berathen, ist nicht selbst von dem griechischen Wort Orakel die heutige Benennung des Orts Barkal entstanden?

Auf der Südseite des Berges Barkal liegen die Trümmer der verschiedenen Tempel in folgender Ordnung: Wenn man von Westen beginnt, kommt man zuerst an einen kleinen in den Fels gehauenen Tempel; der Plan seiner Gemächer ist symmetrisch, und die Wände waren mit Hieroglyphen geschmückt; alle Plafonds sind längst eingestürzt, und überhaupt das Ganze sehr vom Zahne der Zeit angegriffen. Den Anschein nach ist dieses der alleräälteste der hiesigen Tempel, und schon in alterthümlichen Zeiten hat man ihn vielleicht verlassen, und die Altäre nach dem benachbarten Tiphonium (Heiligthum, dem bösen Genius gewidmet) versetzt, einem größtentheils gleichfalls aus dem Fels gehauenen Tempel. Der Eingang in dieses Tiphonium ist nach Süd-Südost zu; zwei prismatische dicke Mauermassen nehmen eine Façade von sechzig Fuß ein; sie bilden die Vorwand eines Hofraums (Pronos), der mit einer Colonnade längst drei Seiten versehen ist. Acht dieser Säulen haben Kapitäler auf zwei Seiten, mit Isisköpfen [es sind hathorische Kapitelle gemeint, Abb. 14].
*Rüppell, Reisen, 1829, S. 86 ff.*

Über den bereits erwähnten Mahdi-Aufstand (1881–1899), der nicht nur religiöse Züge trug, sondern auch eng mit dem Sklavenhandel in Verbindung stand, hinterließen die von den revolutionären Ereignissen betroffenen Europäer Berichte über Land und Leute, über Denkmäler und Sitten sowie Beobachtungen, die trotz der überwiegenden Schreckensbilder, wie sie das größte Land Afrikas noch immer bietet, außerordentlich vielschichtig waren. Während die Archäologen in Ägypten kontinuierlich und verstärkt ihre Studien weiterbetreiben konnten, geriet der Sudan durch die Ereignisse um die *Mahadiya* für einige Dezenien in Vergessenheit. Zudem bekehrten die fanatisierten Muslime nicht nur die animistischen Afrikaner mit Schwert und Feuer, sondern legten auch viele Denkmäler der Gahaliya-Epoche, der dunklen »heidnischen« Zeit vor dem Auftreten Muhammeds, in Schutt und Asche. Gerade deshalb sind die früheren Reiseberichte aus der Ära vor dieser zerstörerischen Revolte so aufschlussreich für die archäologische Forschung und die Beurteilung der alten »sudanesischen« Kultur.

Mit dem 20. Jh., in dem der Sudan in den Einflussbereich der angloägyptischen Machthaber fiel, begannen einige Untersuchungen, die als Rettungsgrabungen bezeichnet wurden. Schon 1898 hatte man die Idee, die Fluten des Nils zu stauen, um seine lebensspendenden Wasser noch besser nutzen zu können. So baute man zwischen 1898 und 1902 den ersten Staudamm, der in der Folge zweimal erhöht wurde, nämlich zwischen 1907 und 1912 sowie zwischen 1929 und 1934. Man wurde sich dabei aber unter anderem auch bewusst, dass bekannte Zeugnisse alter Kulturen aufgrund der Überflutungen dem Untergang ausgeliefert und damit für die Nachwelt endgültig verloren sein würden; so unter anderem die Insel Philae mit ihrem isianischen Tempel und viele andere noch unbekannte Zeugnisse. Dies hatte zur Folge, dass die Archäologie in einem Schnellverfahren versuchen musste, wenigstens noch etwas von dem auszugraben, zu dokumentieren und festzuhalten, das mit der Fertigstellung des Damms für immer in den Fluten des Nils untergehen sollte. Die Ergebnisse dieser programmatisch archäologisch angelegten Untersuchungen waren nicht nur außerordentlich zahlreich, sondern nicht weniger sensationell als die, die im alten Ägypten ans Tageslicht gekommen waren. Sie initiierten eine fortschreitende Ausgrabungswelle, die noch andauert, aber der interessierten Allgemeinheit zunächst kaum zur Kenntnis gebracht wurde.

Mit den 1930er Jahren begann das Interesse an Nubien zu wachsen. Der Zweite Weltkrieg sowie politische Umwälzungen in Ägypten und im Nahen Osten brachten allerdings eine erneute Verzögerung mit sich. Erst mit der Entscheidung, mit Hilfe der Sowjetunion einen neuen, weitaus größeren Assuan-Staudamm bei Schellal zu bauen, d. h. in der Nähe der letzten südlichen Station der ägyptischen Eisenbahn und 7 km südlicher als der ältere Staudamm, änderte sich die Situation. Diesem Damm, der in den Jahren von 1960 bis 1968 mit rund 5 km Länge und 111 m Höhe zum Ruhme des damaligen Präsidenten Ägyptens, Gamal abdel Nasser, errichtet wurde, folgte nach seiner Fertigstellung die Überflutung riesiger Gebiete im ägyptischen und sudanesischen Teil Nubiens. Es entstand der sog. Nassersee mit einer Länge von 550 km, durch den einerseits die beabsichtigten Ziele erreicht, andererseits aber auch unvorhergesehene – oder nicht bedachte – klimatische Veränderungen und damit verheerende Auswirkungen für die Ökologie

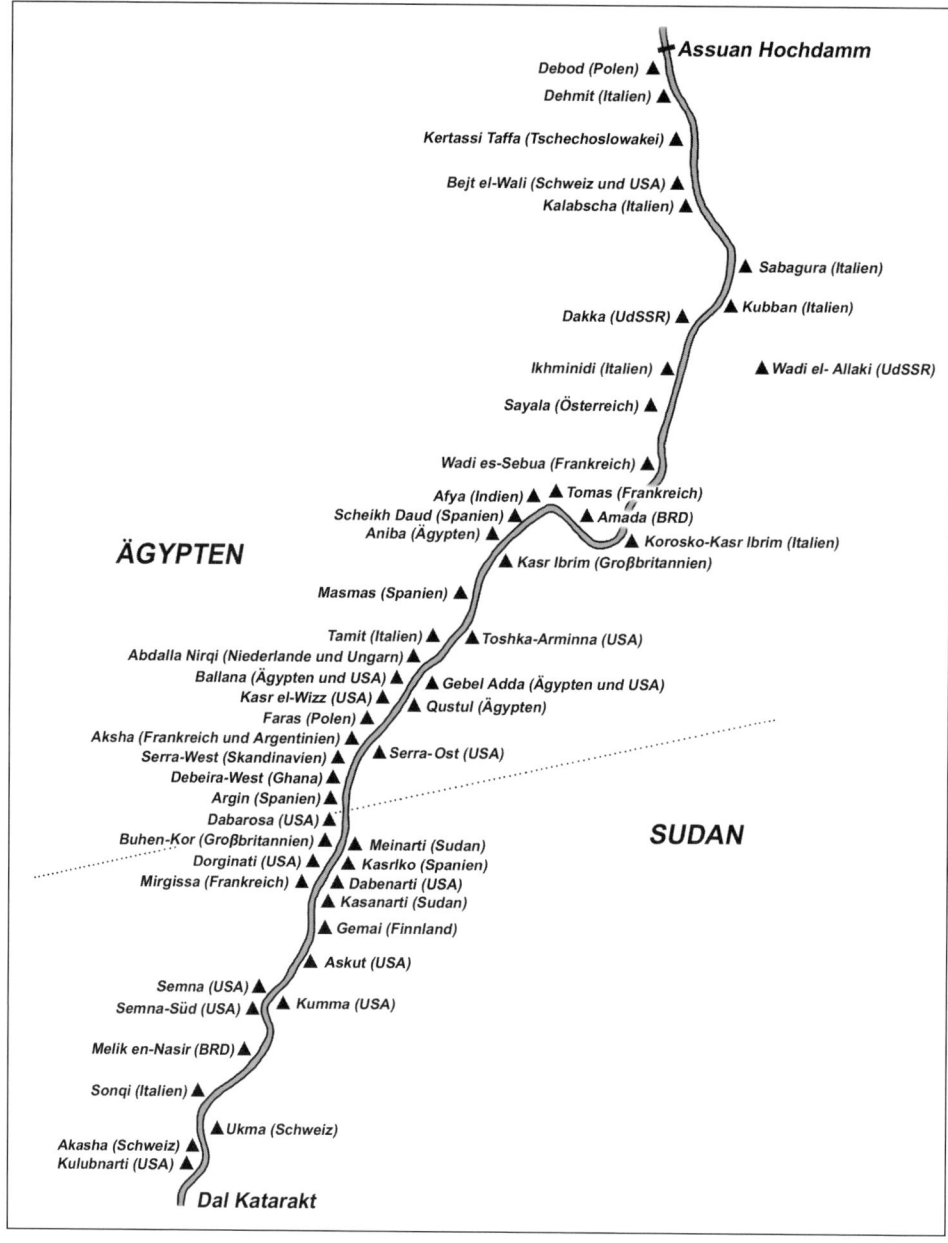

**Assuan Hochdamm**

Debod (Polen) ▲

Dehmit (Italien) ▲

Kertassi Taffa (Tschechoslowakei) ▲

Bejt el-Wali (Schweiz und USA) ▲
Kalabscha (Italien) ▲

▲ Sabagura (Italien)

Dakka (UdSSR) ▲    ▲ Kubban (Italien)

Ikhminidi (Italien) ▲    ▲ Wadi el- Allaki (UdSSR)

Sayala (Österreich) ▲

Wadi es-Sebua (Frankreich) ▲

Afya (Indien) ▲  ▲ Tomas (Frankreich)
Scheikh Daud (Spanien) ▲   ▲ Amada (BRD)
Aniba (Ägypten) ▲   ▲ Korosko-Kasr Ibrim (Italien)

**ÄGYPTEN**    ▲ Kasr Ibrim (Großbritannien)

Masmas (Spanien) ▲

Tamit (Italien) ▲  ▲ Toshka-Arminna (USA)
Abdalla Nirqi (Niederlande und Ungarn) ▲
Ballana (Ägypten und USA) ▲   ▲ Gebel Adda (Ägypten und USA)
Kasr el-Wizz (USA) ▲   ▲ Qustul (Ägypten)
Faras (Polen) ▲
Aksha (Frankreich und Argentinien) ▲
Serra-West (Skandinavien) ▲   ▲ Serra- Ost (USA)
Debeira-West (Ghana) ▲
Argin (Spanien) ▲
Dabarosa (USA) ▲
Buhen-Kor (Großbritannien) ▲   ▲ Meinarti (Sudan)
Dorginati (USA) ▲   ▲ Kasrlko (Spanien)
Mirgissa (Frankreich) ▲   ▲ Dabenarti (USA)
▲ Kasanarti (Sudan)

**SUDAN**

▲ Gemai (Finnland)

▲ Askut (USA)

Semna (USA) ▲
Semna-Süd (USA) ▲  ▲ Kumma (USA)

Melik en-Nasir (BRD) ▲

Sonqi (Italien) ▲

▲ Ukma (Schweiz)
Akasha (Schweiz) ▲
Kulubnarti (USA) ▲

**Dal Katarakt**

9    Die Ausgrabungsorte der großen internationalen Nubien-
Kampagne der 60er Jahre des 20. Jahrhunderts.

sowie für die Denkmäler Ägyptens ausgelöst wurden. Vielen der ewigen Monumente des alten Ägyptens droht nun nachhaltiger Schaden; was man zuvor richtig berechnet zu haben glaubte, hielt der eintretenden Realität nicht stand. Der Schlamm, der sich durch die alljährliche Nilüberschwemmung über das Fruchtland ausgebreitet und die Existenz von Millionen von Ägyptern über Jahrtausende gesichert hatte, bleibt nun hinter dem Damm im See stecken, dessen Wasserspiegel unter der vorgesehenen Höhe liegt, weil das Ausmaß der Wasserverdunstung sehr hoch ist. Die Leben spendenden jährlichen Überschwemmungen des Nils, die die Fruchtbarkeit des Tals gewährleistet hatten, bleiben aus. Stattdessen kommt es zu nie da gewesenen starken Regenfällen, die aber leider keinen Segen für das Land bringen. Der Sandstein der alten, bis heute bewunderten Bauten, die unter anderen Klimaverhältnissen entstanden sind, saugt das steigende Grundwasser auf, sodass das Mauerwerk zu bröckeln beginnt. Der Untergang dieser alten Kulturstätten scheint vorprogrammiert zu sein. Es könnte der Tag kommen, an dem von den Luxor- und anderen Tempeln nur noch ein Haufen Steinschutt übrig ist. Betonringe, die man immer häufiger zur Erhaltung der Denkmäler anbringt, vermögen auf Dauer keinen Schutz zu bieten.

Ob man aus diesen Erkenntnissen Lehren gezogen hat, ist schwer zu entscheiden angesichts eines weiteren Staudamms, der zwischen dem 4. und 5. Katarakt realisiert werden soll. Die dadurch drohenden Überflutungen riefen und rufen zahlreiche neue archäologische Expeditionen auf den Plan, die bis heute unermüdlich versuchen, zu retten, was noch zu retten ist.

Die Erforschung des »südlichen Goldlandes Ägyptens« ist – wie jede andere Beschäftigung mit der Vergangenheit – nicht abgeschlossen, schon deshalb nicht, weil auch seine Geschichte immer noch mehr Lücken zu verzeichnen hat, als man allgemein vermuten würde. Das Katarakten-Niltal, das nie zur Ruhe gekommen ist, sucht nach wie vor nach seiner Vergangenheit, die immer häufiger in den Fluten neuer Stauseen (zur Zeit im Raum des 4. Kataraktes) – ungeachtet unter Zeitdruck stehender Bemühungen von Archäologen – zu verschwinden droht.

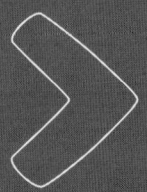

# MORGENRÖTE MENSCHLICHER KULTUREN IN NORDOSTAFRIKA

## SAHARA UND DAS NILTAL

»Man sagt, daß früher Ennedi durch einen Karawanenweg mit dem Nilgebiet verbunden war. Man bestätigte mir später in Wadâï die einstige Existenz eines solchen Weges, doch niemand wusste bestimmte Angaben über seinen Verlauf zu machen; derselbe scheint gänzlich in Vergessenheit gerathen zu sein. Auch in der Oase Dachel [Dakhla] hat sich die Tradition von einer aus Süden kommenden Karawanenstrasse, die im Beginn der Regierung Mohammed 'Alî's zum letzten Male benutzt worden sein soll, erhalten, und die Mitglieder der Rohlfs'schen Expedition in die Libysche Wüste liefern einige Anhaltspunkte für diese Verbindung [1874]. [...]« (Nachtigal, Bd. 2, S. 180 f.)

### EIN KLIMAWANDEL UND SEINE FOLGEN

Nordostafrika gehört zu den ältesten von Menschen bewohnten Territorien der Erde. Hier, im Becken des Paläo-Tschadsees, fand man nicht nur 7 Millionen Jahre alte menschliche Reste des *australopitecus*, sondern auch Belege für eine kontinuierliche Besiedlung und die Entstehung von Kulturen, die bis zu den Hochzivilisationen und sogar bis in die Gegenwart reichen. Die Erkenntnisse aus der urgeschichtlichen Periode des südlichen Niltals und der umliegenden Gebiete, die sich im Westen mit Sahara und im Osten über das Rote Meer hinaus mit der Arabischen Halbinsel verbinden, lassen diesen Teil Afrikas, aber auch den gesamten Raum um das Rote Meer in einem anderen Licht als bislang erscheinen. Bevor man sich auf das eigentliche Niltal beschränkt, muss man sich in die Zeiten zurückversetzen, in denen die sog. Niloase kulturell nur einen Teil des großen Raumes ausmachte, der sich über eine Distanz von 6000 km ausbreitete und keinesfalls nur auf das Niltal begrenzt war.

Sahara bot damals ein völlig anderes Bild als in den historisch fassbaren Perioden, obwohl auch in ihren Anfängen (9000–4000) klimatisch noch von

Feuchtigkeitsphasen auszugehen ist, in denen die Vegetation und damit das Leben nicht so extremen Bedingungen unterlag wie heute. So hat man für die alte Zeit in dem sog. Canyon von Beskéré, bei den Ausläufern des Ennedi-Gebirges (Tschad), nicht nur tropische Vegetation feststellen können, sondern in den Gueltas – großen, mit Wasser gefüllten Felsbecken – Fischreichtum und sogar die Existenz von Krokodilen, die hier im Quellgebiet eines Urflusses noch Jahrtausende überleben konnten. Wie Wadis, ausgetrocknete Flussbecken, die in einigen Regionen während der Regenzeit noch Wasser führen können, beweisen, gab es damals von allen Seiten Nilzuflüsse und auch alte Verbindungswege, die entlang Wadi Howar von ed-Dabba (südlich von Alt-Dongola) bis zum Tschadsee verliefen. Neuere Forschungen belegen, dass vor Jahrtausenden in diesem Gebiet vorzügliche Lebensbedingungen herrschten. Sie bestätigen zugleich die unter den Einheimischen überlieferte Existenz uralter Karawanenwege und Verbindungen zwischen dem Raum um den Tschadsee und dem Niltal. Wahrscheinlich hatten noch die alten Ägypter und Kuschiten auf diesen Wegen nicht nur wertvolle Edelsteine, sondern auch zahlreiche Rohstoffe in ihr Land geholt. Beispiel dafür ist das berühmte Pektoral des Tutanchamun, in dessen Mitte sich ein Skarabäus aus sog. Wüstenglas (Siliziumoxid) befindet. Wüstenglas, das aus dem Ennedi-Gebirge stammen könnte, gehörte zu den seltensten Mineralien der Erde und wurde von den alten Ägyptern hoch geschätzt.

Carlo Bergmann, einer der letzten Abenteuerreisenden unserer Zeit, folgte mit seinen Kamelen noch Karawanenrouten, deren Alter durch Funde pharaonischer Gefäßkeramik aus der Zeit um 2000–1500 in Abu Ballas (zwischen den Oasen Dakhla und Kufra) gesichert ist. Er notierte damals in seinem Tagebuch:

> »Am 19. Januar 2000 ist Abu Ballas erreicht. Bei einer ersten Inspektion des Krugdepotfelsens sichte ich nahe der Petroglyphe mit der antiken Jagdszene ein ins Gestein geritztes altägyptisches Hauszeichen und daneben zwei parallel angeordnete Kerben: Wasms, die mir von anderen Fundorten her bekannt sind. Auf einem windgeschützten Absatz sechs Meter über Grund liegen Scherben. […] Der Jäger ist mit Schurz und Gürtel bekleidet. Eine Straußenfeder schmückt seinen Kopf. Er hält ein Bündel Pfeile in der linken Hand, in der rechten einen Bogen. […] Hatte man an diesem Ort Wild zur Strecke gebracht? Oder ging man erst von hier aus zur Jagd? Unmittelbar am Krugdepothügel wird es mitunter geschäftig zugegangen sein. Es mag sein, dass lautstarke Wortwechsel, aber auch Eselsgeblöke die Tiere der Wüste aufgeschreckt und vertrieben haben.« (Bergmann, S. 430 f.)

Diese Wege dürften bis in das prähistorische Zeitalter zurückreichen. Im Altertum waren jene Gebiete noch keine Wüsten, sondern Savannen mit Bergpfaden, die sehr gut mit Eseln begangen werden konnten, wie altägyptische Expeditionsberichte, zum Beispiel des Gaufürsten Herchuf, übermitteln (s. S. 50). Esel waren für steinige Pfade viel besser geeignet als die wüstentauglichen Kamele, die auf afrikanischem Boden wahrscheinlich erst seit dem 4. Jh. von Menschen benutzt wurden. Das Pferd war in diesem Raum – wie zahlreichen Felsreliefs zu entnehmen ist – seit dem 3. Jt. (falls nicht früher) bekannt. Im ägyptischen Niltal führten erst die Hyksos dessen Nutzung ein, was nicht vergessen lassen darf, dass unter den Kuschiten Pferde schon lange vorher beliebt waren (s. S. 91 f.). Seit wann aber das Pferd im Süden bekannt war und ab wann es zu seiner Nutzung durch Menschen kam, konnte bisher nicht eindeutig geklärt werden.

Die Anwesenheit von Menschen lässt sich aus Tausenden und Abertausenden von Felsmalereien und Graffitis nachweisen. Ob (vom Nil her gesehen) im Westen oder im Osten, überall sind einmalige Zeugnisse von nomadischen Aktivitäten, Rinderherden, Tieren, aber auch Reitern und Pferden erhalten. Die Spuren aus ferner Vergangenheit belegen eindeutig die regen Kontakte zwischen dem Niltal und dem Raum um den Tschadsee. Noch heute werden hier Papyrusboote verwendet, die sich gegenüber denen, die man aus den altägyptischen Reliefs und Malereien kennt, kaum verändert haben. Uwe George, Journalist und Fotograf, schreibt in seinem Artikel »Die Ennedi-Expedition«:

»Als ich früh am Morgen meine Wanderung beginne, fließt mir ein Bach entgegen, obwohl wir Trockenzeit haben. Sogar aus zwei Nebentälern rinnt Wasser. Nach ein paar Kilometern in der sandgefüllten Talsohle versickert es. In riesigen Akazien, deren Äste 15 Meter weit ausladen, lärmen leuchtend smaragdgrüne Papageien. [...]
Immer tiefer wandere ich in die Schlucht. Die Vegetation ändert sich. Dumpalmen weichen tropischen Hölzern, unter ihnen Ficusarten. Und im Boden, zwischen den Baumwurzeln, leben Regenwürmer. Die Bäume und die Würmer könnten einen länger andauernden Wassermangel nicht überleben. Ihr Vorkommen beweist also, dass die Schlucht seit dem Ende der letzten Feuchtzeit – rund 1500 v. Chr. – ununterbrochen Wasser geführt hat.« (George, *Ennedi-Expedition*, S. 38)

Es ist also für die Frühgeschichte von anderen Klimaverhältnissen als gegenwärtig auszugehen. Sie begleiteten noch lange Zeit die altägyptische Geschichte und sprengten das enge Niltal und seine »hydraulische Gesellschaft« (Karl A. Wittfogel).

Die Verbindungen und Kontakte Altägyptens und Kuschs zu den Nachbarn im Westen und Süden, aber auch zu denen im Osten, verlangen, von einem gesamtsaharischen Gebiet auszugehen, denn der nordostafrikanische Raum scheint die Wiege ihrer Kultur gewesen zu sein. Sowohl im Osten, in der Danakil-Wüste und im Omo-Tal, als auch im Westen, in der Tschadsee-Region, fanden sich die ältesten Spuren der Menschen und ihre vor rund 400 000 Jahren gefertigten Steinwerkzeuge! Die Funde sind nicht mehr als kleine Mosaiksteine auf der riesigen Karte Saharas. Sie bieten Stoff zu vielen Hypothesen und abenteuerlichen Spekulationen, erlauben aber keine stichhaltige Darstellung der kulturgeschichtlichen Entwicklung zwischen dem Paläolithikum und den sich im 5. Jahrtausend formierenden Hochkulturen des Niltals.

10   Straußen-Jagd aus den Felsritzungen in Bir Nurayet; entdeckt und aufgenommen von Krzysztof Pluskota im Jahre 1999.

˄

11   Der Elefant aus einem der Petroglyphen aus Bir Nurayet
bestätigt, dass diese Tiere seinerzeit viel weiter im Norden
lebten als heute.

Die noch lückenhafte Aufklärung führt uns zu der eindeutig im 7. Jt. voll-
zogenen »neolithischen Revolution«, obwohl domestizierte Gerste in Wadi
Kubbaniya (20 km nördlich von Assuan am Westufer des Nils) eventuell
schon im 16. Jt. angebaut wurde. Die Bestätigungen für frühere Vermutungen werden immer häufiger, auch weil sich inzwischen die Auffassungen
über die Chronologie der Felsbilder modifiziert haben: Möglicherweise sind
sie noch viel älter, als bis jetzt angenommen wurde. So verlangen etwa Kno-
chen-, Keramik-, Bebauungs- und Nahrungsreste nach einer Einbeziehung
der unzähligen Felszeichnungen und Gravuren, die das Katarakten-Niltal
mit der Umwelt verbinden. Einer der vielen Funde, der in den letzten Jahren
gemacht wurde und kaum bekannt ist, soll stellvertretend für viele andere
stehen.[1]

Es handelt sich um eine Gruppe von Felszeichnungen, sog. Petroglyphen,
die 1998/99 in der Ostsahara (östlich vom Nil) – nicht weit von den Bergen,
die eine Höhe von über 2000 m ü. M. erreichen und zur Küste des Roten Meeres abfallen – gesichtet wurden. Der Fundort Bir Nurayet etwa 50 km südlich
vom berühmten Wadi Allaqi, aus dem die alten Ägypter unter anderem ihr
Gold schürften, wirft Licht auf die Ursprünge einer Entwicklung. Die Thematik dieser mehrschichtigen Felsbilder (Abb. 10 ff.) gleicht vielen anderen,
die man zwischen Kufra und dem Ennedi-Gebirge im Westen, im Niltal und
östlich davon findet. Man sieht immer wieder große Rinderherden, Kamele,

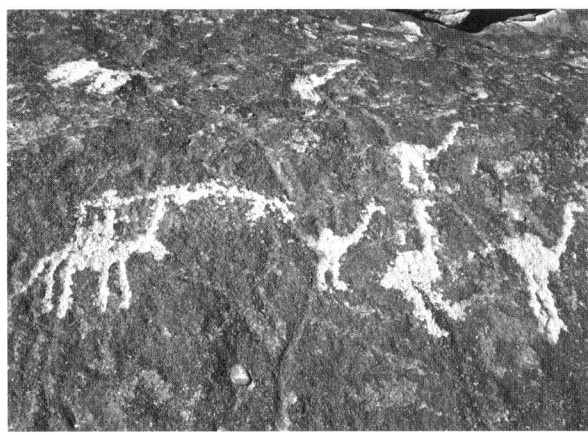

⌃
12    Jagd auf Strauße, wie sie noch Eduard Rüppell
(1794–1884) beschreibt; damals wie heute wird dazu eine
lange Riemenpeitsche verwendet.

reitende Jäger, die mit einem Lasso Strauße fangen, und sogar noch Elefanten. Die Felsbilder geben also Hinweise auf eine Situation, die in erster Linie
größere Wasservorkommen voraussetzt, ohne die keine Viehherden, geschweige denn Elefanten, hätten leben können, die aber auch für die Goldgewinnung der Ägypter notwendige Voraussetzung war (s. S. 40). Die dargestellten Strauße und Elefanten leben inzwischen etwa 1500 km Luftlinie
südlich davon. Die Felsbilder müssen also in Zeiten entstanden sein, in denen
diese Tiere dort noch zum Alltag gehörten.

Zwar findet sich unter der Herrschaft von Amenemhet II. (1929–1895
bzw. 1877–1843) auf Elephantine in dem Felsgrab des Gaufürsten Sirenpo-
wet (II.) ein Elefanten-Hieroglyph, er ist jedoch kein Beweis dafür, dass diese
Großtiere in dieser Zeit noch nördlich von Assuan existierten. Wahrscheinlich ist der Fürst ihnen auf seinen Reisen in den Süden begegnet. Die Wanderung der Elefanten vollzog sich über einen langen Zeitraum. Noch in der
Ära der Ptolemäer bezogen diese aus den riesigen Savannen der heutigen
Butana-Steppe – östlich der Meroë-Insel – Kriegselefanten für die Armeen
der Diadochen (s. S. 175). Später – wenn man dem Bericht des byzantini-
schen Gesandten am aksumitischen Hof, Nonnosos (6. Jh. n. Chr.), Glauben
schenken darf – traf man im äthiopischen Hochland noch Tausende von wei-
denden Wild-Elefanten an. Auch im meroitischen Reich wurden Elefanten
als königliche Tiere und nicht nur in Kriegen verwendet. In diesem Zu-

sammenhang ist die Bedeutung des Elfenbeins wichtig, das von alters her in allen Kulturen sehr begehrt und Material für zahlreiche Kunstobjekte war. Für den Rückzug der Elefanten aus dem Norden waren die veränderten klimatischen Verhältnisse wahrscheinlich ebenso verantwortlich, wie das Verhalten der Menschen es war.

Die Existenz von Straußen ist schon für die Frühzeit belegt, was sich zum Beispiel an den Zeichnungen auf der Naqada-Keramik nachvollziehen lässt. Diese Tatsache könnte für eine relativ frühere Datierung der Felszeichnungen aus Bir Nurayet sprechen, wenn es auf den Darstellungen nicht auch die Kamelreiter gegeben hätte. Nach vorherrschender Meinung kommen Letztere erst fast 3000 Jahre später auf! Oder kann man annehmen, dass es schon viel früher, in der prädynastischen Periode, Kamele gegeben hat, die aber – ebenso wie die Pferde, die man aus unzähligen Felsbildern der libyschen Wüste und westlich davon kennt – aus uns unbekannten Gründen wieder verschwanden? Dem fügen sich andere Indizien an: 1905 wurde in Abusir-e-Meleq eine Keramik in Form eines Dromedars gefunden; auch in der neolithischen Stätte von Maadi kam 1930/31 neben figurativen Darstellungen von Elephanten, Giraffen, Straußen und Ibissen ein ähnliches Objekt zum Vorschein. Die Liste ließe sich fortsetzen. Sie belegt das Vorkommen des Kamels auch für die Zeit des Neuen Reiches, bis hin zu den Angriffen der Assyrer (670) und Perser (525), die das Kamel bereits für militärische Zwecke nutzten. Warum aber gebrauchte man das Kamel, das seit alters her bekannt war, nicht schon vorher? Die Antwort ist denkbar einfach: Zum einen war der Esel für Steinwege und Savannen sehr viel geeigneter, zum anderen waren Sattel und Sattelbaum noch nicht erfunden worden, Kamele als Reittiere somit unbrauchbar. Ab wann genau das Kamel das Transportwesen revolutionierte, ist umstritten. Mindestens die meroitische Periode kannte den Sattel, wahrscheinlich hängt seine Entdeckung mit dem im Auftrag Alexanders des Großen geführten Feldzug des Nearchos (325/323) nach Arabia Felix zusammen. Mit der langsamen Wanderung der ersten Bewohner – die seit Urzeiten kontinuierlich die Ostsavannen (heute -wüsten) bewohnt hatten – in den Südosten wurden Kamele zum untrennbaren Bestandteil der Sahara und der Sudan-Länder.

Auch die Strauße waren seit langem bekannt. Sie konnten noch bis ins 19. Jh. in einigen Wadis der Sahara angetroffen werden, wovon Eduard Rüppell, der durch die damals türkische Provinz Dongola reiste, zu erzählen weiß:

»Ihre Pferde benutzen die Araber vorzüglich in den heißen Monaten Mai und Juni zur Jagd des Wildes in den Wüstensteppen, namentlich bei Straußen und großen Antilopen. […] An einem windstillen recht heißen Tag reiten gewöhnlich zwei Jäger zusammen aus, und suchen frische Spuren des Wildes auf; sie sind jeder mit einer kurzen Lanze bewaffnet, und mit einer Riemenpeitsche versehen. […] Die Strauße weiden immer Paarweise; […] Von den männlichen Straußen bewahrt man die Federn zum Verkauf.« (Rüppell, *Reisen*, S. 68 f.)

Man darf annehmen, dass Straußenfedern bereits in der Frühzeit als Kennzeichen der Götter (z.B. Onuris, Amun), aber auch der Krieger benutzt worden waren.

Im Zentrum der Felsbilder stehen jedoch Rinderdarstellungen, unter denen solche mit übergroßen Hörnern zu dominieren scheinen. Die sie begleitenden Hirten sind zwar sichtbar, bleiben aber marginal (Farbtaf. II). Angesichts einer solchen Hervorhebung von Rindern, besonders von Kühen, könnte man von einer schon damals bestehenden kultischen Bedeutung dieser Tiere ausgehen, die man später sowohl im alten Ägypten als auch in einigen anderen Niltalkulturen bis in die Neuzeit weiterverfolgen kann. Die Kuh – als Sublimation aller Mutterschaft und Fruchtbarkeit – erreichte im Mythos von der Himmelskuh eine kosmische Dimension, die den Ursprung der Welt erklärt. So gehört einerseits die kuhköpfige Hathor zu den wichtigsten Gottheiten der Ägypter, andererseits werden bis heute bei den nilotischen Stäm-

^
13   Darstellung eines Niloten im Opet-Fest-Relief im Luxor-Tempel.

∧
14   Säulen mit den charakteristischen hathorischen
Kapitellen der Hathor-Kapelle am Fuß von Gebel Barkal
(Napata).

men, Nuern und Schilluks am Weißen Nil, Rinder verehrt. Eine beeindru-
ckende Kunde davon überliefert eine Darstellung des Opet-Festes im Luxor-
Tempel, in der man zwischen den nach nilotischer Art gebogenen Hörnern
der Kühe einen Südländer (*nhsjw*) findet (Abb. 13). Kam also die Hathor aus
dem Süden, aus dem »Gottesland«, von dem schon die älteste altägyptische
Überlieferung von dem »Schiffbrüchigen« berichtete?

Für eine südliche Heimat der Göttin Hathor sprechen die Lokalisierung
ihrer wichtigsten Heiligtümer, nicht nur des weltbekannten Ibschek/Jbšk
(Abu Simbel; Abb. 2), sondern auch des Heiligtums in Napata (Farbtafel VI).
In Oberägypten wurde sie ebenfalls verehrt (Dendera), bis sie schließlich mit
Isis zu einer Gestalt verschmolz, um damit allgemein ägyptische Bedeutung
zu erlangen. Schließlich gilt sie auch als Herrin des »Gotteslandes«, das mit
Punt identisch ist, von wo die göttlichste aller Substanzen, der Weihrauch,
nach Ägypten kam. Man könnte noch weitergehen und behaupten, dass für
den südlichen Ursprung des Hathor-Kultes die eingangs erwähnte altägyptische mythische Erzählung (s. S. 10 ff.) spricht.

Hathor ist zum himmlischen Abbild der irdischen Königin, zur Gottesmutter (*mwt ntr*), geworden. Deshalb findet sie sich auch in zahlreichen

Tempeln, die anderen Gottheiten geweiht waren. Sie wurde zur besonderen Beschützerin der kuschitischen Herrscher der 25. Dynastie, wie einige Königsbildnisse in Begleitung der schützenden Göttin bestätigen. Als solche findet man sie aber schon unter den Königen des Alten Reiches, wie die Gruppenplastik des Menkaure (Mykerinos, 2530–04) versinnbildlicht (Abb. 15).

15   König Menkaure in Begleitung der Hathor und einer Gau-Göttin; Plastik aus graugrünem Schiefer (H. 93 cm) aus Gizeh, heute im Kairo-Museum.

### EIN EDELMETALL LEGT ZEUGNIS AB

So gibt es einen Komplex von Indizien, die erlauben für Nordostafrika von einer anderen Flora und Fauna und damit von einer anderen Gestalt der Landschaft auszugehen, als man sie heute vorfindet. Das Vorhandensein von Wasser bestimmte damals noch das Bild der heutigen Wüsten. Daraus erklärt sich unter anderem die Goldgewinnung, die in Ägypten seit etwa 3500 eindeutig praktiziert wurde.

Aus dem reichen Repertoire der ikonischen Überlieferungen der Felsbilder aus Bir Nurayet (die auch thematische Verbindungen zu solchen im Katarakten-Niltal haben) kann man im Zusammenhang mit den Kenntnissen über Wadi Allaqi, die uns Georg Schweinfurth 1903 übermittelt hat, annehmen, dass die Anfänge vieler altägyptischer Phänomene – und eben auch die Gewinnung von Gold – im Süden zu suchen sind:

»Gold muß aber schon in den ältesten Zeiten in den ägyptischen Bergen aufgefunden oder aus den Gebieten bezogen worden sein; denn in einem der prae- oder protohistorischen Gräber, die Quibell bei el-Kab aufgedeckt hat, fand sich als Totenbeigabe des Bestatteten ein kleiner Goldbarren und im benachbarten Hierakonpolis fand der selbe Aegyptologe den aus reinem Goldblech geformten Falkenkopf, der 596 Gramm wiegt und auch der protohistorischen Epoche der drei ersten Dynastien [bis 3300 v. Chr. hinaufreichend] angehört hat. [...]
Trotz aller unter der Regierung Mehemed Alis, vor nahezu achzig Jahren gemachten Anstrengungen, den Wert dieser Goldlager auf ihre Abbaufähigkeit zu prüfen, war die Frage dennoch bis in die neueste Zeit eine offene geblieben. Die Entlegenheit der Stätten, die aller Kraftmittel bare baum- und wasserleere Wüstenei des Ebtai – diesen Namen führen jene Bergeinöden zwischen Nil und Rotem Meer – ließen von jedem ernsten Versuch einer Wiederaufnahme des alten Betriebes absehen.« (Schweinfurth, S. 303 f.)

Aus diesem Bericht wird ersichtlich, worauf es bei der Goldgewinnung in erster Linie ankam. Nicht nur für die Tiere, sondern auch für die Gewinnung von Gold bedurfte es in erster Linie des Wassers, und das in großen Mengen. Der Fund von Bir Nurayet ist deshalb so beachtenswert, weil er – in Verbindung mit anderen Angaben über Wasserquellen – deutlich macht, dass es in der Frühzeit an Wasser nicht gefehlt haben konnte!

Damit bestätigt die Frühgeschichte die Auffassung des Kölner Archäologen und Sahara-Forschers, Rudolph Kuper, der schon 1981 feststellte: »Diese Befunde stehen nun einerseits den frühen Keramikfunden der Zentralsahara, andererseits den erst um die Mitte des fünften Jahrtausend datierten ältesten neolithischen Siedlungen des Niltals gegenüber. Damit stellt sich nicht nur die Frage nach den Wurzeln des ägyptischen Neolithicums, sondern auch nach der Bedeutung, die der östlichen Sahara im Rahmen der gesamten Entwicklung zukommt.« (Kuper, *Untersuchungen*, S. 217)

Kupers Aussage bleibt bindend. Die frühe Entstehung von Agrar- und Züchtungskulturen im Niltal, die man heute weit über das 10. Jt. zurückverfolgen kann, bedeutet, dass die Periode der Sammler und Jäger viel früher zu datieren ist. Der Nomadismus dagegen, der den Rinderzüchtern nahe gestanden hat, ist weder verschwunden noch ausgelöscht worden. Er ist immer Problem der etablierten Gesellschaften im Niltal gewesen und bis in die Gegenwart geblieben.

## Frühe Mobilität

Obwohl Ackerbau als Weiterentwicklung dieser Erntekultur eigentlich die höhere Kulturstufe ist, lassen sich auch in unseren Tagen noch Nomaden beobachten, die die Seßhaften, die an ihr Haus, ein »Grab der Lebenden«, gebunden sind, mit Verachtung behandeln. Sie weigern sich hartnäckig, die Parzellen zu kultivieren, die ihnen von einigen afrikanischen Regierungen zugewiesen wurden, um sie an den Ort zu binden. Fragt man einen dieser selbstbewußten Nomaden – bedroht von einer absurden Erdölzivilisation –, warum er die Bebauung des Bodens ablehne, folgt eine herablassende Bemerkung über »Sklavenarbeit« und dergleichen. Dies entbehrt nicht der Größe und Anmut. Die Nomaden sind noch immer Viehzüchter und Jäger. Sie haben eine hohe Kulturstufe erreicht, obwohl sie vielleicht in alten und diesem Jahrhundert fremden Geisteshaltungen befangen sind. Ähnlich müssen wohl auch die ersten neolithischen Menschen gewesen sein, die die Sahara erobert haben. Tatsächlich kann man sich nur schwer vorstellen, wie sie diese gewaltigen Räume in so kurzer Zeit hätten überwinden können, wenn sie mit dem umfangreichen Hausrat von Seßhaften belastet gewesen wären.
*Hugot, Sahara, S. 103*

Der nordostafrikanische Raum erweist sich als einer der ältesten, in dem Hochkulturen entstanden sind. Die Intensivierung der Erforschung Nord- und Mittelafrikas im 20. Jh. und das dadurch immer reicher werdende archäologische Material relativiert die früher vorherrschende Hervorhebung der vorderasiatischen Priorität bei der Bildung von Hochkulturen. Gleichzeitig darf man nicht verkennen, dass es kulturelle Verbindungen der Länder des sog. fruchtbaren Halbmondes seit der »neolithischen Revolution« gegeben hat. Durch ihren ständigen Austausch bestehen in der Bestimmung der Originalität einiger frühgeschichtlicher Entdeckungen manchmal Schwierigkeiten. Es ist zudem nicht ganz einfach, von einer autochthonen Niltalkultur zu sprechen, weil es zahlreiche Querverbindungen zu den Fundstätten in Wadi Howar, im Gasch-Gebiet, in Westoasen (vom Nil aus gesehen) gab und gibt. So kann man sich – mit einer Einschränkung die »orientalischen Wurzeln« der ägyptischen Kultur betreffend – Henri Hugot anschließen, der feststellt:

»Die ägyptische Kulturleistung ist gegen nichts gerichtet. Sie ist eine »Brücke« im eigentlichen Sinn des Wortes. Eine Brücke zwischen zwei Welten, die letztlich in dem gegenseitigen Austausch nur gewinnen konnten. Aus diesem Schmeltztiegel afrikanischer, orientalischer und mittelmeerischer Einflüsse entstand das ganz Eigene des ägyptischen Neolithikums, das in manchem so verschieden von seinen orientalischen Wurzeln ist.« (Hugot, *Sahara*, S. 85)

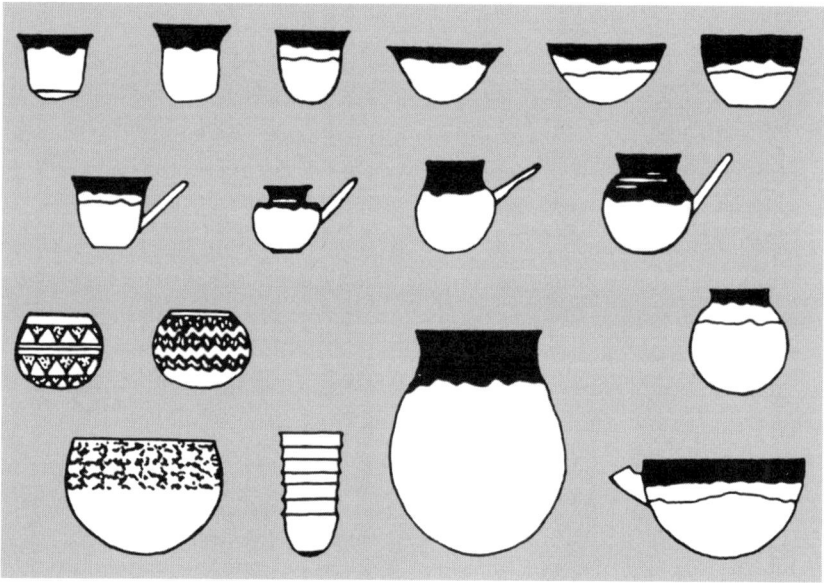

^
16   Polierte Kerma-Keramik (nach W. Emery und G. Reisner).

In neolithischen Fundorten der Katarakten-Region (el Ghaba, el Kadada, Kadero u. a.) kamen nicht nur Steinwerkzeuge und -waffen sowie Keramik (Abb. 16), sondern auch figurative Rundbilder zu Tage. Es handelt sich dabei meist um weibliche Tonplastiken (Abb. 17) mit einerseits sehr hüftbetonenden rundlichen, andererseits aber auch weiblicher Schlankheit huldigenden Formen. Rundbilder zeugen von einer Vielfalt religiöser Vorstellungen, die

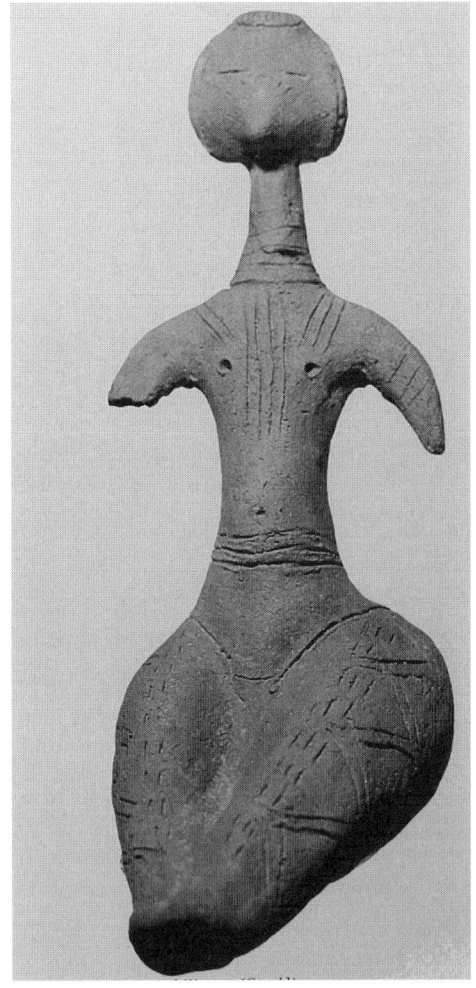

17   Neolithische weibliche Tonfigurine (H. ca. 10 cm) mit sichtbarer Tätowierung (um 1900/1550 v. Chr.).

schon auf einen Jenseitsglauben hinweisen, der sich seit dem Paläolithikum entwickelt hatte. Dafür sprechen unzählige Friedhöfe und Gräber. Sie alle, besonders in Verbindung mit den Felsbildern, zeichnen ein sehr differenziertes Panorama neolithischer Kultur. Man jagte, bestellte die Felder, schuf ikonische Ausdrucksformen des Geistes und war damit in der Lage, unterschiedliche Gesellschaftsmodelle zu gestalten. Es muss schon eine Aufgabenteilung gegeben haben, die möglicherweise aus der Haltung eines »mythisch Denkenden« (Ernst Cassirer) zu Stande gekommen war und den »Sitz im Leben« der Sakralität vieler Erscheinungsformen bestimmte. Die religionsgeschichtliche Reflexion Mircea Eliades ist nach wie vor aktuell:

»Die Sakralität des Geschlechtslebens, und vor allem die weibliche Geschlechtlichkeit, vermischt sich mit dem geheimnisvollen Rätsel der Schöpfung. […] Ein komplexer, anthropokosmisch strukturierter Symbolismus bringt Frau und Geschlechtlichkeit in Verbindung mit den Mondphasen, mit der Erde und dem, was als Vegetations-›Mysterium‹ bezeichnet werden kann. Ein Geheimnis, das den ›Tod‹ des Samens erfordert, um ihm eine neue Geburt zu ermöglichen, die um so wunderbarer ist, als sie in einer erstaunlichen Vervielfältigung geschieht. Die Verbindung des menschlichen Daseins mit dem vegetativen Leben findet in Bildern und Metaphern aus dem pflanzlichen Geschehen ihren Ausdruck. […]
Die Ackerbaukulturen entwickeln eine Religion, die als *kosmisch* bezeichnet werden kann, denn ihre religiöse Aktivität kreist um das zentrale Geheimnis der *periodischen Erneuerung der Welt*.« (Eliades, *Geschichte*, Bd. 1, 48 f.)

Die religiösen Ideen, die mit der Entstehung der menschlichen Kultur untrennbar verbunden sind, lassen sich durch die Geschichte der Nilländer kontinuierlich verfolgen.

### DIE GEMEINSAME WIEGE ÄGYPTENS UND NUBIENS

Die »neolithische Revolution« hat nachweislich Zentral- und Nordafrika erfasst und stand eng in Verbindung mit den Entwicklungen in Vorderasien. Die Domestikation von Pflanzen und Tieren entwickelte sich sehr unterschiedlich. Einerseits hielten die Hirten-Nomaden, die Träger einer hoch entwickelten Kultur waren, Pflanzenanbau für nicht erforderlich. Deshalb hing zum Beispiel der Anbau von Gerste, besonders im Niltal, in erster Linie mit einer demografischen Entwicklung zusammen. Dass es dabei zum Kulturaustausch zwischen Sesshaften und Nomaden kam, ist selbstverständlich.

Das kann man von der anthropologischen Bestimmung dieser Bevölkerungs-gruppen nicht behaupten. Heute geht man in der allgemeinen Diskussion, die leider nicht frei von Ideologie ist, davon aus, dass es im Neolithikum im Norden Afrikas zur Ausbreitung der »Kapsianiden« gekommen ist, die nicht zu dem negridischen mediterranen Typus gehörten. Im Süden blieben zahl-reiche negridische Völker erhalten, deren Wanderungen noch nicht ein-wandfrei nachvollziehbar sind. Auch die Berührungen und Kontakte mit Westasien blieben nicht ohne Auswirkungen. Es kann deshalb immer noch von altägyptischen, kuschitischen, hamito-semitischen und negridischen (z. B. den Präniloten) Völkern gesprochen werden, weil die Anthropologie und Rassenkunde hierzu immer noch keine eindeutige Meinung hat.

Die Erfolge der noch nicht abgeschlossenen Forschungen lassen erken-nen, dass sich vor der Zeitenwende über 10 000 Jahre lang Kulturen ent-wickelt haben, deren bisher bekannt gewordene Hinterlassenschaften nur einen winzigen Teil dessen darstellen, was tatsächlich vorhanden war und benutzt wurde. Dafür sprechen sowohl die Felsbilder, die Keramik als auch die Steingeräte. Daneben waren Gegenstände aus vergänglichem Material in Gebrauch, etwa Schilfboote, Kleidung, Holzwerkzeuge, Kalabassen als Be-hälter, Gegenstände aus Leder und schließlich erste Textilien. Zwischen dem 5. und 4. Jt. entstanden erste geordnete und organisierte Gesellschaftsorga-nismen, von denen die sensationellen Funde in Qustol im Jahre 1964 Zeug-nis ablegen. In den dortigen Gräbern des sog. L-Friedhofs fanden Forscher reiche Beigaben, die sie in unerwarteter Weise beeindruckt haben. So kam zum Beispiel ein mit Gravuren verzierter Weihrauchbrenner zum Vorschein (Grab L/2r), dessen Motive eindeutig an Frühägyptische erinnern. Der Kö-nig, durch die »Weiße Krone« von Oberägypten erkennbar, sitzt in einem der drei Boote, die sich in die Richtung der kanonisch gewordenen Palastfassade, *serekh*, zu bewegen scheinen, auf einem Thron. Das Bildprogramm weist die klassischen Züge einer sich konstituierenden altägyptischen Ikonografie auf. Bruce Williams, der die Ausgrabungen betreute, schrieb hierzu:

»Dank des Zeugnisses des Friedhofs L wird die Zeitperiode kurz vor der ersten Dynastie zum ersten Mal ein historischer Abschnitt. Ganz entgegengesetzt zu den bis dahin bestehenden Meinungen zeichnet sich ein völlig unerwarteter Punkt ab: Mindestens während neun Generationen, von 3500–3400 bis 3200–3100 v. Chr., war das Nubien der Gruppe A[2] ein geeinter Staat, mit allen Anzeichen einer Zivilisation – eine Regierung, ein Pharao, Beamte, eine Staatsreligion, eine Schrift und Denkmäler – ein ziemlich starker Staat, der Völker verschiedener

Rassen zusammenbringen und vereinigen konnte. So nahmen die Bewohner von Ta-Seti, ›dem Land des Bogens‹, wie die alten Ägypter Nubien nannten, völlig und auf gleichberechtigter Ebene – was niemand für möglich gehalten hätte – an den unwiderstehlichen Errungenschaften der Zivilisation des Niltals teil.« (Williams, *UNESCO-Kurier 21*, 1980, S. 44)

> Die seit der Frühzeit gewachsene Niltalkultur hat die Entstehung des ober-ägyptischen Reiches bestimmt, eines Reiches, das immer mehr nach Norden expandierte und mit der Eroberung dieser Gebiete schließlich die Vereini-gung der »beiden Länder« vollziehen konnte.

# ÄGYPTEN LIEGT IN AFRIKA

## BEZIEHUNGEN UND KULTURELLE EINFLÜSSE ENTLANG DER NILACHSE

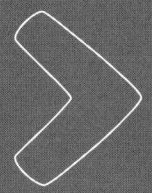

»Nachdem aber Seine Majestät die *Mntjw* [wahrscheinlich die Hyksos] von Asien [Štt] getötet hatte, fuhr er Stromauf nach Hnt-hn-nfr [in das Katarakten-Niltal], um die dortigen Nomaden [Inw-pdtjw] niederzuwerfen. Seine Majestät machte ein großes Gemetzel unter ihnen.« (*Urkunden, Bd. 4, S. 4*)

### RELIGION ALS GEMEINSAMKEIT

Nach einer gemeinsamen Periode der Niltal-Kulturen – wofür unter anderem die bereits erwähnten Funde in Qustol auf dem L-Friedhof (s. S. 45 f.) und religiöse Überlieferungen sprechen – kam es Ende des 4. Jt.s zu einer immer deutlicheren Trennung zwischen dem Norden und dem Süden, bis das benachbarte ägyptische Reich schließlich ein wirtschaftspolitisches Interesse am Katarakten-Niltal, dem heutigen Nubien, bekundete. Diese Epoche scheint sich in mythologischen ägyptischen Erzählungen und Legenden bis in die Spätzeit erhalten zu haben, zum Beispiel in der Onurislegende, dem Mythos von den Sonnenaugen oder in der Erzählung vom Auszug der Hathor-Tefnut (aus Nubien).

Bei diesen Mythen aus dem Zyklus um Onuris handelt es sich um eindeutige Quellen, die eine enge religionskulturelle Verbindung zwischen dem Katarakten-Niltal und Oberägypten belegen. In ihnen lassen sich die Grundlagen des für die damalige Gesellschaft so wichtigen sakralen Königtums nachvollziehen, das – bis zum Untergang der Niltal-Kulturen – die Voraussetzung ihrer staatlichen Strukturen und Ausdrucksformen war. Dass die Heimat so wichtiger Reichsgötter Ägyptens wie der Hathor, des Horus und seines Bruders Seth im Süden lag, könnte auf eine für Ägypten und Kusch gemeinsame religiöse Tradition hinweisen, die, besonders im Land der memphitischen und thebanischen Theologie, erst im Lauf der Geschichte neue

Formen annahm. Das neue, durch die Vereinigung des Unteren und des Oberen Ägypten entstandene Reich, konnte sich nicht von den überkommenen kultischen und rituellen Traditionen trennen.

Sie alle waren schon seit archaischer Zeit festgelegt und hängen mit den gemeinsamen Göttern Ägyptens und des Katarakten-Niltals zusammen. Besonders Philae ist an der Schwelle zwischen dem Süden und Ägypten zum kultischen Zentrum geworden. Eine herausragende Stellung nimmt Onuris ein. Der griechisierte Name kann nicht darüber hinwegtäuschen, dass es sich bei ihm um einen der ältesten Götter des thinitischen Kreises in Alt-Ägypten handelt. Er wurde bis in die Spätzeit verehrt und in zahlreichen Quellen erwähnt, so in einer Inschrift der 18. Dynastie, in der er mit Beinamen wie »Herr von This, der große Gott, der von selbst entstand« oder »Gott der Götter, König des Himmels ..., der die Urzeitlichen schuf ..., der der Menschheit Licht spendet« bezeichnet wird.

Er war Krieger und Jäger; also besaß er Merkmale, die für die Frühzeit, für die neolithische Periode, so charakteristisch sind. Wie sich in Kadero, nicht weit nördlich von Khartoum, gezeigt hat, gab es dort schon im 5. Jt. eine Siedlung, die von Jägern und Kriegern bewohnt wurde. Die nicht näher bestimmten abgerundeten Steine, die dort zu Tausenden gefunden wurden, waren Schleuderwaffen, zu denen man die wahrscheinlich ledernen Schleudergeräte aufgrund der Verwitterung nicht mehr finden wird. Aber man hat auch andere Überlieferungen, auf die man sich berufen kann. So konnten noch im 19. Jh. Reisende über vergleichbare Waffen berichten.

»Man erzählte mir von einem Araber, der einige Male ganz alleine einen Löwen erlegt hatte und zwar nach seiner Aussage auf folgende Art: mit einer Schleuder und einem Säckchen Steine versehen suchte er zu Pferd das unter einen Baumschatten ruhende Tier auf; mit großer Geschicklichkeit schleuderte er aus der Ferne Steine nach dem Löwen, dann mit flüchtiger Behändigkeit seinem Grimm entweichend. Die Bodenhitze trieb immer wieder schnell den Löwen unter einen nahen Baumschatten, wo der Araber so lange seinen Angriff mit geschleuderten Steinen wiederholte, bis ein glücklicher Wurf auf den Kopf das Tier tötete.« (Rüppell, *Reisen*, 1829, S. 71)

Onuris, der als Mensch mit vier Federn in seinen Kopfhaaren dargestellt wird, wurde als Jäger und Krieger bald mit dem König identisch. Seine Verschmelzung mit anderen Göttern, besonders mit Horus, Schu und sogar Thot, wird begründet in den mythischen Erzählungen von dem Mond- und Sonnenauge,

^
18   Gaben des Südens dargebracht von dortigen Bewohnern;
Grabmalerei des Schatzmeisters des Thutmosis IV. Sobekhotep
(um 1400 v. Chr.) in Theben West (heute im British Museum,
London).

wodurch dem Gott Onuris ein wichtiger astraler Aspekt verliehen wird. Als
Thot begegnen wir ihm auch in dem Mythos von der »Sonnenkatze, die heim-
geholt wird«, der eindeutig eine religiöse Grundlage für die archaische Verbindung zwischen dem Katarakten-Niltal und Oberägypten liefert. Die Vorstellungen von Göttern, die aus dem Süden kamen, sind tief in der altägyptischen Religion verankert. Sie flossen in die Tiergeschichten von Löwen/Kat-
zen, Affen, Kühen, Geiern ein und fanden auch bald Zugang zum Tempelkult.

Für diesen bedurfte man einer großen Menge Weihrauchs, des »Duftes
der Götter«, und als liturgische Bekleidung für die Priester Geparden- und
Leopardenfelle – alles Produkte des nordostafrikanischen Raumes (Abb. 18).
Aber auch andere Güter des Südens waren wichtige Ausfuhrartikel. Das alte
Ägypten importierte – notfalls durch Kriege – aus den südlichen Ländern
Holz, vor allem Ebenholz, Elfenbein, verschiedene Steine, Gold, Giraffen-
schwänze, Straußenfedern und -eier, Vieh und sogar Söldner.

Angesichts neuer Forschungserkenntnisse, die dahin tendieren, das alte
Ägypten immer enger mit dem Süden und Sahara zu verbinden, muss heute
gefragt werden: Wieso war in der Frühzeit für die Ägypter das Land, das man
heute als Unternubien bezeichnet, »Ausland« beziehungsweise »Fremdland«?

### HANDEL UND WANDEL ZWISCHEN NORD UND SÜD

Die Beziehungen zum Süden waren wohl – trotz der Darstellung des Sieges des ägyptischen Königs Djer (um 2980–2960) über die Feinde auf den Felsen des Gĕbel Scheik Suliman bei Wadi Halfa – von besonderer Art und nicht vergleichbar mit denen zu Asiaten. Darstellungen von Fremdvölkern beziehen sich nicht unbedingt auf die unmittelbaren Nachbarn, sondern auf die feindlichen Völker des Südens, die Negriden, die wegen ihrer Raubzüge gefürchtet waren. Deshalb errichtete man auch im Raum des 2. Kataraktes befestigte Handelsfaktoreien (z. B. Buhen).

Zwar war der Nil seit den frühesten Perioden einer der wichtigsten Handels- und Verkehrswege in Nordostafrika, es gab aber auch Überlandwege, die damals noch genügend Wasserstellen besaßen und über die sich ebenfalls die Kontakte abwickelten. Ein eindrucksvolles Beispiel für die Handelsbeziehungen zwischen Ägypten und dem Süden sind die Berichte des ägyptischen Beamten Herchuf (Hrw-hw.f) an den Wänden seines Grabes auf der Elephantine, dem Ausgangspunkt aller wichtigen ägyptischen Expeditionen zu den Nehesju (nhsjw = Südländer). Er reiste in der Zeit der 6. Dynastie mindestens dreimal in das legendäre Land Jam (J3m):

»Seine Majestät sandte mich nun zum dritten Mal nach Jam [J3m]. Ich zog aus vom thinitischen Gau auf dem Oasenwege. Ich fand den Herrscher von Jam, indem er ins Libyenland gezogen war, um die Libyer bis in die westliche Ecke des Himmels zu schlagen. Ich zog hinter ihm her ins Libyland. Ich stellte ihn zufrieden, so dass er alle Götter für den König pries.« (Edel, S. 72)

Der um das Jahr 2260 zu datierende Bericht erwähnt die eingeführten Waren und macht darüber hinaus wichtige Angaben über die Reisedauer von 7 bzw. 8 Monaten, also etwa 240 Tagen, sowie seine Route. In der Diskussion, welche Länder und Völker er erreicht hat, verdient die Erwähnung eines angeblichen Pygmäen (ägyptisch: dng) besonderes Interesse, weil sich damit die Frage nach der Nordgrenze des Wohngebietes der Pygmäen stellt. Das von Herchuf als »Jam« bezeichnete Land hat der ägyptische Beamte nach etwa 120 Tagen erreicht. Bei Herodot ist überliefert, dass man in seiner Zeit, 1700 Jahre nach Herchuf, für die Strecke zwischen Elephantine und Meroë nur 56 Tage benötigte. Diese Angabe ist aufschlussreich, weil sich weder die Wege noch die Reisebedingungen in der Zeit zwischen Herchuf und Herodot wesentlich verändert hatten. Das Land Jam dürfte in Zentralafrika (Tschadsee-Becken) zu suchen sein und im Osten an Punt gegrenzt haben. Bis dorthin konnte Herchuf in der von ihm angegebenen Zeit durchaus gekommen sein. Die Einzelheiten, die er über den Verlauf seiner Reisen durch die Sahara westlich des Niltals schildert, sprechen dafür, dass Jam, das zuweilen schon in dem Raum zwischen dem 2. und dem 3. Katarakt angesiedelt wird, viel weiter südlich gelegen haben muss. Der von Herchuf geschilderte Weg bei der Durchquerung der noch mehr steppen- als wüstenartigen Sahara entspricht der bis heute verwendeten Karawanenroute, an der sich noch immer drei lebenswichtige Wasserquellen finden (Umm Rumeila, Breiqa, Maalul). Es konnte auf diesen Wegen auch zu den von Herchuf erwähnten Auseinandersetzungen mit den Libyern (ägypt.: t3–tmhw) gekommen sein, denn diese galten bis in die klassische Antike als Bewohner der Länder westlich des Niltals. Es zeigt sich, dass der Bericht des Herchuf reale Gegebenheiten schildert, die ihm ermöglichten, Marktplätze zu erreichen, auf denen auch Pygmäen zu finden waren. Die vielen Handelsmissionen des Alten Ägypten, von denen die Herchuf-Expeditionen nur ein Beispiel sind, lassen nicht darauf schließen, dass Ägypten nicht versucht hätte, sich Unternubien auf kriegerischem Weg zu unterwerfen. Reisen in ein von Ägypten kontrolliertes Gebiet hätte man aber kaum als ein so außerordentliches Lebensereignis hervorgehoben, wie das Herchuf mit seinen Berichten tat.

## GOLDFIEBER

Die große Bedeutung des kuschitischen Raumes stieg mit der Entdeckung von Goldvorkommen (z. B. in Wadi Allaqi) in den heutigen östlichen Wüsten noch mehr. Die Goldvorkommen zwischen dem Niltal und dem Roten Meer waren schon in der Frühzeit bekannt und von der einheimischen Bevölkerung wahrscheinlich auch genutzt worden, was noch Schriftquellen aus dem Mittleren Reich belegen. Ein Blick auf die Karte (Abb. 19) lässt erkennen, dass die Orte, an denen das Metall gewonnen wurde, nicht nur sehr zahlreich waren, sondern auch, dass es sich für Ägypten dabei um einen der wichtigsten Bodenschätze, um das »Fleisch der Götter«, gehandelt habe. An einigen Stätten finden Schürfungen noch heute statt (so im Wadi Hammamat). In der Zeit Mehmed Alis kam es mit Hilfe europäischer Geologen, Bergbauingenieuren und auch Ägyptologen zu intensiven Reaktivierungsversuchen der alten Minen.

Das »Goldland« des Alten Reichs lag südlich der ägyptischen Machtsphäre, wofür die afrikanischen Ortsbenennungen (es sind die drei Städte B3t/Bt, Snsh und Hzt) in den Inschriften des Königs Djedkare-Asosi (um

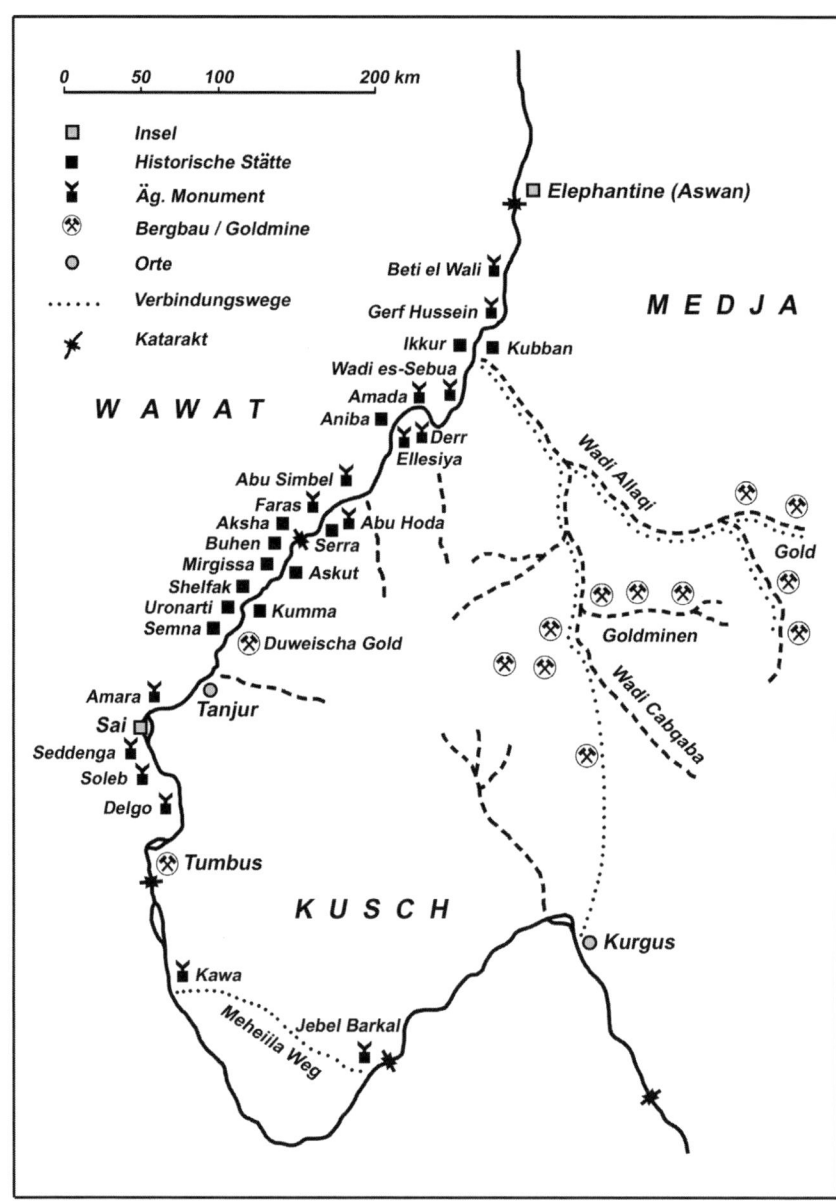

19   Karte mit den wichtigsten Goldvorkommen in
Kusch/Nubien, die sowohl von Ägyptern als auch von
Kuschiten ausgebeutet worden waren.

2410–2380) sprechen. Dorthin gelangten Handelsmissionen, die einen friedlichen Charakter gehabt zu haben scheinen. Im Laufe der Zeit erhöhte sich
nicht nur der Bedarf an Gold, sondern auch die Expansion der unterschiedlichen kuschitischen Völker nach Norden. Es ist anzunehmen, dass immer
wieder Raubzüge von Nomaden durchgeführt wurden. In den ägyptischen
Quellen werden sie als Md3jw bezeichnet. Wenn man bereit ist, in ihnen die
Vorläufer der Beduinen zu sehen, so begleiten ihre Überfälle die ägyptische
Geschichte bis in die Neuzeit.

Ohne Spekulationen über gewonnene Goldmengen anzustellen, kann
davon ausgegangen werden, dass – zum Beispiel durch die langsamen Kli-
maveränderungen und das Versiegen von Wasserquellen – eine dauerhafte
Nutzung einiger Goldminen nicht mehr möglich war. Außerdem hat wohl
auch der Süden – Jam oder Punt – Gold geliefert, das in unterschiedlichen
Formen vorkommen konnte. Dies berichten noch die spätantiken und byzan-
tinischen Überlieferungen. Es gab bis zum Untergang des Alten Reiches
Marktplätze, auf denen man Tauschhandel damit trieb. Ob man aber deshalb
– wie einige ideologisch gefärbte Ansichten das propagieren möchten – von
einer ägyptischen Kolonialpolitik und sogar einem »ägyptischen Imperia-
lismus« sprechen kann, ist aus vielerlei Gründen fraglich.

## DIE SÜDFLANKE WIRD BEFESTIGT

Die Schwächung des Alten Reiches nach der 6. Dynastie führte außerhalb
Ägyptens zu Umwälzungen, die mit dem Aufstieg neuer Reiche südlich von
Ägypten zusammenhängen. Innerhalb der Bevölkerung, die man in der Forschung unter der Reisner'schen Bezeichnung »C-Gruppe« zusammenfasst
und die sich nach jetzigen Erkenntnissen besonders auffällig im Raum zwischen dem 1. und 3. Katarakt ausgebreitet hatte, waren viele befestigte Siedlungen (Abb. 23) entstanden, die sogar an eine urbane Zivilisation denken
lassen. Unter ihnen traten besonders Aniba und Amada hervor. Die sog. C-
Gruppe unterhielt ausgedehnte Kontakte mit den Ländern um das Rote Meer,
wodurch Keramik (Fayence), Metallobjekte, Waffen u. Ä. aus fremden Werkstätten in das Niltal gelangten. Andererseits produzierte man selber Waren,
zu denen bedeutende Keramik (Abb. 20) gehörte. Die bemalte Keramik, die
Felszeichnungen (Farbtaf. II) und die Grabbeigaben liefern relativ umfang-
reiche Informationen über den Charakter und die Entwicklung der C-
Gruppe, die hier der Kerma-Kultur sehr nahe zu stehen scheint (s. S. 64 ff.).
Die Bilder von Viehherden mit ihren Hirten lassen auf ein Nomadentum

∧
20   Beispiele für Kerma-Keramik (aus Aniba, um 2300-1500 v. Chr.),
die man traditionell als die Keramik der sog. C-Gruppe bezeichnete
(Umzeichnung von Manfred Bietak).

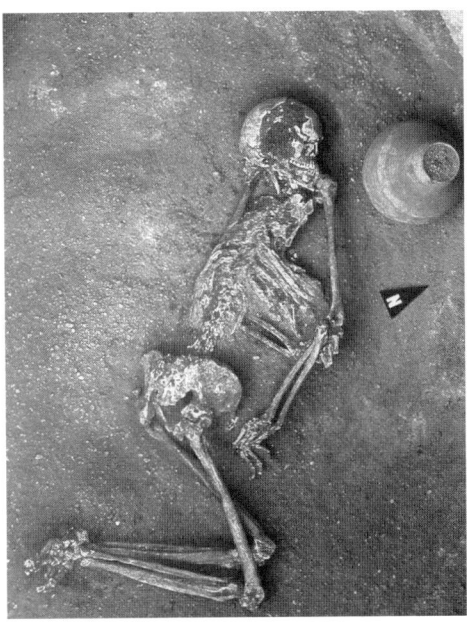

21 Typisches neolithisches Grab (hier aus el Ghaba) mit Beigaben, ausgegraben von F. Geus und der französischen Mission in Zusammenarbeit mit dem Antiquity Service of Sudan.

schließen, was einerseits an die Beǧa (Md3jw), andererseits an die späteren nilotischen Gesellschaften der Nuer und Dinka denken lässt. So ist es wahrscheinlich, dass diese Völker durch die zunehmende ägyptische Infiltration, aber auch durch die Ausbreitung der Kerma-Kultur, aus den unternubischen Gebieten verdrängt wurden. Möglicherweise sahen sie sich auch aufgrund der zunehmenden Wüstenbildung gezwungen, auf andere Weidegebiete auszuweichen. Sie wanderten in den Süden und in die Gebiete des immer noch von Geheimnissen umgebenen Landes Jam aus.

Für diese These sprechen die erhaltenen religiösen Vorstellungen, deren Elemente auch im Alten Ägypten auftraten und in denen Rindern – zum Beispiel in Form der kuhgestaltigen Göttin Hathor und des Apis-Stieres (s. S. 37) – eine besondere Bedeutung zukam. Auf die religiösen Vorstellungen der Kerma-Kultur weisen auch ihre Begräbnisarten und -rituale hin. Sie bestatteten ihre Toten meist in Hocker-Lage (embryonale Stellung; Abb. 21) in kreisförmigen Gräbern, die manchmal einen Vorraum haben, in dem Gegenstände des Alltags gefunden wurden. Die Menschen wurden in den Tumulis

∧
22 Südvölker dienten als Bogenschützen in der ägyptischen Armee; Holzfiguren aus dem Grab des Mesehti
in Assiut aus der Zeit der 11. Dynastie (2040–1990),
heute im Kairo-Museum.

oft zusammen mit ihren Tieren begraben. Aber man fand auch Begräbnisstätten, die ausschließlich Tieren geweiht waren. Die darin zum Ausdruck
kommenden Tierkult- und Opferriten haben möglicherweise Parallelen zu
besser bekannten ägyptischen Begräbniskulten.

Das Material aus der Kerma- und Pfannengräber-Kultur ist inzwischen
immer umfangreicher geworden. Es verweist auf Jenseitsvorstellungen, die
Verwandtschaft zur altägyptischen Kultur erkennen lassen. Dennoch zeichnen sich auch Unterschiede ab, die etwa die altägyptischen Md3jw-Gräber
(die man den Pfannengräbern gleichsetzen kann) aufweisen, da die Südländer dort wahrscheinlich als Söldner Dienst taten. Ein vorzügliches Beispiel
für die Anwesenheit von Südländern in den ägyptischen Truppen ist ihre Darstellung im Grab des Mesehti (um 2100) in Assiut (Abb. 22). In der Armee
des Mittleren Reiches waren sie als Bogenschützen hoch geschätzt, weshalb
sie zum Beispiel auch in Dahschur im Totentempel des Sesostris (Senwosret)
III. (1837–1818/1798?) dargestellt wurden.

Seit dem Mittleren Reich waren an der Südflanke Ägyptens politische Organismen entstanden, wodurch sich die Situation wesentlich veränderte. Ägypten sah sich veranlasst, zum Schutz seiner Südgrenze sieben Festungen im Raum des 1. und 2. Kataraktes zu errichten bzw. auszubauen. Seit der 12. Dynastie wurden in diese Befestigungen, die als Grenzgarnisonen verstanden werden können, Truppenverbände verlegt. Deshalb befahl Sesostris III. auch den alten Kanal – »dessen Name heißt ›schön sind die Wege Chakau-Res‹ Länge dieses Kanals 150 Ellen, Breite 20 Ellen, Tiefe 15 Ellen« – über den 1. Katarakt zu erneuern und bei Semna, fast 500 km südlich von Elephantine, eine Grenzstele einzurichten:

> »Südgrenze, gemacht im Jahre 8 unter der Majestät des Königs von Ober- und Unterägypten Chakau-Re (Sesostris), mit Leben in Ewigkeit ewiglich beschenkt, um nicht zuzulassen, daß überschreitet irgendein *Schwarzer* zu Wasser oder zu Land, mit einem Schiff oder mit irgendeiner Schar von ihnen selbst; ausgenommen, wenn ein Schwarzer kommt, um in Iken [bei Buhen] Handel zu treiben oder mit einer Vollmacht oder auch mit etwas Gutem, ohne jedoch zuzulassen, daß irgendwann ein Schiff der *Schwarzen* bei Heh [Semna] nilabwärts [nach Norden] passieren könnte.« (Zit. nach: Breasted, Bd. 1, § 652; Übers. P. S.)

Im Zusammenhang mit Feldzügen in den Süden zeugt diese Grenzinschrift von einer anderen, einer neuen Politik gegenüber dem Katarakten-Niltal. Im Mittleren Reich wird eine bewusste Trennung spürbar. Die ursprüngliche Verbundenheit scheint durch Herrschaftsveränderungen in Ägypten, aber auch durch die Entstehung einer um Beachtung heischenden Macht im »Goldland«, in Kerma, in Vergessenheit geraten zu sein.

Die Festungen des Mittleren Reichs im Raum des 2. Katarakts – Semna, Kumma, Uronarti, Mirgissa, Buhen, Schelfak und Debenarti (wahrscheinlich unvollendet) – waren neben den späteren Verteidigungsbauten in den Oasen (z. B. in Kharga) die einzigen derartigen Bauwerke der ägyptischen Architektur. Sie sicherten die Handelswege, boten die Möglichkeit, die Waren – besonders Gold, aber auch Steine zum Bau der Pyramiden – sicher aufzubewahren und für den weiteren Transport vorzubereiten. Das sog. *Ramesseumonomastikon*, das 1895 hinter dem Ramesseum in Theben im Grab eines Arztes gefunden wurde, berichtet darüber, dass es 1700 zwischen dem 1. und 2. Katarakt 14 Festungen gegeben habe: Semna-Süd, Semna-West, Kumma, Uronarti, Schelfak, Askut, Mirgissa, Buhen, Serra-West oder Faras, Serra-Ost, Aniba, Kuban, Bigge und schließlich Elephantine (Aufzählung von Süd nach

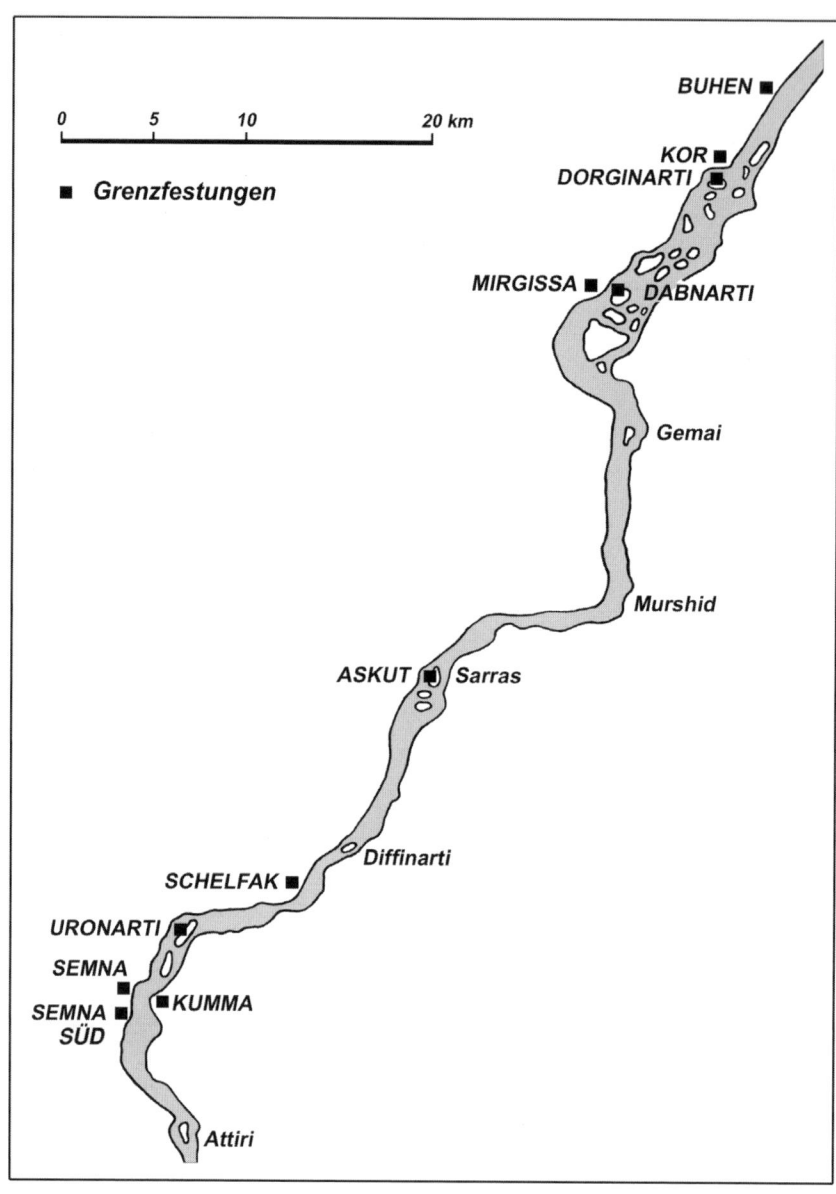

^

23   Ägyptische Festungen im Bereich des zweiten
Katarakts; sie wurden besonders in der Zeit des Neuen
Reichs ausgebaut.

^
24   Die Insel Sai mit zahlreichen Ausgrabungsstätten, deren
Evidenz von urgeschichtlichen bis zu christlichen Funden reicht,
die wiederum bestätigen, dass die Nil-Insel besonders intensiv
besiedelt war.

Nord). Diese Festungen, die in den 1960er Jahren erforscht wurden und heute
zum größten Teil durch den Nassersee überflutet sind, befanden sich überwiegend in dem am wenigsten besiedelten Teil Nubiens, den die arabische Bevölkerung als »steinernen Bauch« (Batn el-Haggar) bezeichnet. Diese karge
Landschaft bildet besonders im Abschnitt des faszinierenden 2. Kataraktes,
der auch als »Großer Katarakt« bezeichnet wird, eine fast unüberwindbare,
natürliche Barriere zwischen Nord und Süd. Die Felsen und Inseln boten sich
als Wehrmauern und Bastionen an, die man mit Lehmziegeln bis zu l0 m hoch-
zog und deren Basen bis zu 8 m breit waren. Erstaunlicherweise bauten die
Ägypter diese Festungen in sehr geringen Abständen voneinander (Abb. 23),
was an den Semna-Festungen nachzuvollziehen ist. Dadurch entstanden Fes-
tungsketten, die bis heute Rätsel aufgeben. Wahrscheinlich muss man davon
ausgehen, dass die Ägypter sich hier einer ihnen fremden und feindlich ge-
sinnten Umgebung gegenübergestellt sahen, die durch kleine Garnisons-
städte oder verstreute Festungen nicht zu beherrschen gewesen wäre. Die
autochthone Bevölkerung, die in der Nähe dieser Festungen lebte, wird wahrscheinlich oft die ägyptischen Besatzungen angegriffen oder belagert haben.
Darüber hinaus kann nicht ausgeschlossen werden, dass durch den allmäh-
lichen Aufstieg des künftigen kuschitischen Großreiches von Kerma im Gebiet
südlich des 2. Kataraktes eine noch ernsthaftere Gefährdung für die Ägypter
im Entstehen begriffen war. Zwar liegen die Anfänge des kuschitischen Rei-

ches noch immer im Dunkeln; Hinweise in ägyptischen Quellen und Grabungsergebnisse auf der Insel Sai (ägypt. Schaat; Abb. 24) lassen jedoch erkennen, dass Kusch schon damals ein im Kommen begriffener Gegner Ägyptens gewesen sein muss.

Zu einer neuen politischen Konfiguration und zur Stärkung des ersten kuschitischen Reiches kam es in der Zeit, in der Ägypten den Hyksos unterlegen war. 1580 richtete der Hyksos-Fürst Apophis, der die Herrschaft über Unterägypten innehatte, eine Botschaft an den Herrscher von Kusch:

»Ich, Aweserrê, des Sohn des Rê, Apophis, grüße meinen Sohn, den Herrn von Kusch. Weshalb hast Du Dich zum Herren gemacht, ohne es mich wissen zu lassen? Hast du denn [nicht] gesehen, was Ägypten gegen mich getan hat, der Herrscher, der in ihm ist, Kamose, der Mächtige, indem er mich aus meinem Lande vertrieb, wo ich ihm doch gar nichts getan habe – ganz genauso wie er gegen Dich gehandelt hat; er sucht sich die beiden Länder aus, sie zu verwüsten, mein Land und das Deinige, und er hat sie zerstört. Komm, fahre sogleich nordwärts und sei nicht furchtsam! Sieh, er ist hier bei mir […].
Ich werde ihn nicht gehen lassen, ehe Du eingetroffen bist. Dann werden wir die Städte dieses Ägypten unter uns aufteilen.« (Zit. nach: Gardiner, *Geschichte*, S. 184)

Dieser Text, der 1954 im Karnak-Tempel auf der Stele des thebanischen Königs Kamose (1555–1551) gefunden wurde, verrät leider nicht, ob es wirklich zwischen dem asiatischen Fremdherrscher Ägyptens und den Kuschiten zu einem Pakt gekommen war; aber schon die Tatsache, dass ein solches Komplott beabsichtigt wurde, deutet auf eine politische Entwicklung hin, die nicht nur durch die Funde aus der Kerma-Kultur bestätigt wird, sondern die fast 1000 Jahre später dazu führte, dass die Kuschiten Ägypten in Besitz nahmen.

Neben ihrer strategischen Funktion dürften die Festungen in Unternubien auch anderen Zwecken gedient haben. Sie sollten nicht nur die Wasserstraße nach Afrika schützen, sondern die lebenswichtige Wasserversorgung Ägyptens sichern. Die Überwachung der Handelswege nach Afrika scheint demgegenüber nicht so entscheidend gewesen zu sein, weil es den Ägyptern vor der Zeit des Neuen Reiches sowieso kaum möglich war, die Gebiete südlich des 2. Kataraktes zu kontrollieren.

Außerhalb der ägyptischen Bastionen trugen die staatlich organisierten Einflüsse der pharaonischen »Entwicklungshilfe« einen sehr unterschiedlichen Charakter, was sich sowohl in der Politik als auch in der Wirtschaft

∧
25  Ein Südländer auf einer Säulenbasis des Tempels
von Soleb aus der Zeit des Amenophis III.

zeigte. Man versuchte einerseits, sich die Häuptlingsfamilien durch Geschenke und besondere Vergünstigungen dienstbar zu machen, andererseits
durch eine geschickte Ethnienpolitik Gruppen gegeneinander auszuspielen
oder sie von Ägypten abhängig zu machen. So lässt sich vielleicht die Ein-
setzung der Med3jw als »Wüstenpolizei« erklären. Die Unterwerfung der
ethnisch so undurchsichtigen Südländer (Abb. 25) und deren manchmal
erstaunliche Abhängigkeit von den Luxusartikeln Ägyptens schuf eine
sonderbare Situation, die sich besonders in der Entwicklung der Kerma-Kultur gezeigt hat (s. S. 64 ff.). Die nubischen Festungen waren aber auch für
den Ausbau und die Aufrechterhaltung des Seehandels im Roten Meer von
großer Bedeutung. Sie ermöglichten, die Wüstenrouten nach Osten zu den

Anlegestellen der Ägypter am Roten Meer zu kontrollieren und zu versorgen, über die sich unter anderem die für sie so wichtigen Kontakte zu Punt, die seit dem Alten Reich immer gepflegt worden waren, abwickelten. Hinzu kam das Interesse an den verschiedensten Expeditionen – zum Beispiel in der Zeit des Sesostris lll. (Senwosret, 1878–43), die dazu dienten, neue Edelstein- und Goldvorkommen ausfindig zu machen. Vielschichtige Beweggründe zwangen die Ägypter also dazu, mit der dortigen, wahrscheinlich nomadischen Bevölkerung Frieden zu schließen. Ob es sich dabei um die späteren Blemmeyer, die aus antiken Quellen bekannt sind, oder um die heute noch dort lebenden Beǧa-Stämme handelte, muss offen bleiben.

Gleichzeitig ist es aber kein Geheimnis, dass die riesigen Gebiete der heutigen Ostwüsten zwischen dem Niltal und dem Roten Meer nur dann sinnvoll kontrolliert werden konnten, wenn man über berittene Truppenverbände verfügte. Ob es solche gab, ist schwer zu beantworten, obwohl schon in der Festung Buhen nachweislich Pferdereste aus dem Jahr 1675 zum Vorschein gekommen sind. Nachdem jedoch sowohl Pferde, Esel und schließlich auch Kamele, deren Nutzung für die Frühzeit noch sehr umstritten ist, bekannt waren, kann man annehmen, dass Maultiere (Darstellungen in Sahara/Magreb sind bekannt) verwendet wurden. Diese sind wesentlich robuster und werden deshalb in einigen Gegenden (z. B. in Äthiopien) den Pferden immer noch vorgezogen. Es ist zudem nicht auszuschließen, dass man Strauße als Reittiere abgerichtet hatte, bevor Maultiere gezüchtet wurden. Diese Vermutung bedarf allerdings noch weitergehender Untersuchungen. Die Med3jw dürften aber die Ersten gewesen sein, die die Ostgebiete mit Reittieren beherrschten und als Söldner verschiedenen Herren des Niltals gedient hatten.

Wie gut die Zentralregierung Ägyptens – jedenfalls in der Zeit des Mittleren Reiches – über die Geschehnisse südlich von Assuan informiert war, bezeugen die Kopien der sog. Semna-Depeschen(-Papyri), die im Zentralarchiv von Theben aufbewahrt wurden. Sie enthalten genaue Informationen über die Verwaltung und die militärische Organisation der verschiedenen Garnisonen und über die oben erwähnte »Wüstenpolizei«, die unter anderem die Aufgabe hatte, den Warenschmuggel nach Ägypten zu verhindern, um eine Gefährdung des staatlich geregelten Handels auszuschließen.

Die Ägypter bemühten sich intensiv, die durch ihre Festungen kontrollierten Gebiete dem Reich anzugliedern. Das führte zu dem Plan, den Nil bis Semna schiffbar zu machen. Amenemhet III. (1844–1797) ließ zu diesem Zweck in der Nähe dieser Festung ein Stauwerk errichten, das das Niveau des

Nils so weit anheben sollte, dass die Kataraktenschwelle gefahrlos zu passieren war. Das stetige Vordringen Ägyptens nach Süden fand schließlich infolge der Schwächung des Mittleren Reichs eine vorläufige Unterbrechung und lebte erst mit dem Aufstieg des Neuen Reiches wieder auf.

Diese geschichtlichen Abläufe in der Zeit der sog. großen ägyptischen Burgen des Mittleren Reiches wurden durch intensive archäologische Untersuchungen aufgedeckt, die zugleich vieles zu Tage brachten, was über die herrschenden Zustände und die Gefühle der Menschen Aufschluss gibt: so die magischen Ächtungstexte, mit Darstellungen von Feinden, die unter anderem auf Vasen zu finden waren, welche den Toten in die Gräber mitgegeben wurden. Aus ihnen lässt sich die Angst der Ägypter vor der kuschitischen Bevölkerung erkennen, die sogar dazu führte, dass man die dort stationierten ägyptischen Truppen fast ganz aus Ägypten versorgte und peinlich darauf achtete, dass auch die ägyptischen Götter ihre Heiligtümer innerhalb der Festungen hatten. In einigen Perioden bestanden aber auch friedliche Beziehungen zur einheimischen Bevölkerung, was sich aus vielen Funden ägyptischer Waren außerhalb der Festungen ablesen lässt. Auch ließen die Garnisonen in ihrer Umgebung kleine Agrarwirtschaften aufblühen.

Die erste Periode der ägyptischen Infiltration, die sich bis zum 2. Katarakt erstreckte, lässt die großen wirtschaftlichen und politischen Interessen Ägyptens an ihrem südlichen Nachbarn erkennen. Die größte Konfrontation, die sich im Mittleren Reich an der Südflanke anbahnte, hing mit dem Aufstieg des sog. Kerma-Reiches zusammen, das zugleich den Ursprung der kuschitischen Herrschaft entscheidend geprägt hat.

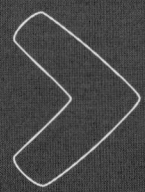

# KERMA UND DAS UNGELÖSTE PROBLEM DER MELUḪḪA

## EIN REICH ENTSTEHT

»Aus (verschiedenen) Parallelen folgen neue Gesichtspunkte für die Beurteilung der Stellung der Kerma-Kultur und für ihre Bedeutung in der Geschichte der Alten Welt. Chronologisch gesehen [etwa 2500/2400–1600/1450], lassen die Parallelen auch die Möglichkeit zu, dass Völkerwanderungen aus dem Alten Orient nach Südwesten stattgefunden haben […] von wo aus sie Afrika erreichen konnten.« (Scholz, *Bemerkungen*, S. 135)

### AUSGRABUNGEN IM ZENTRUM EINES GEHEIMNISUMWITTERTEN REICHES

Südlich des 3. Kataraktes, im nördlichen Teil des sog. Dongola-Beckens, liegt heute, befreit von der gespenstischen Bedrückung des »Steinernen Bauchs« (Batn el Haggar) ein von den Wassern des Nassersees nicht überfluteter Ort: das nubische Städtchen Kerma. Dort finden sich riesige Lehmziegelruinen – die in Mahas, einer der drei noch existierenden nubischen Sprachen – *Deffufa* genannt werden. Richard Lepsius, der sich dort im Juni des Jahres 1844 aufhielt, hat sie wie folgt beschrieben:

»Auf der Insel Argo entdeckten wir die ersten ägyptischen Skulpturen der Hyksoszeit und bei Kerman [Kerma] am rechten Ufer die Spuren einer weit über die Ebene ausgedehnten Stadt mit einem sich anschließenden ungeheuerlichen Gräberfelde, auf welchem sich vor allem zwei mächtige Grabdenkmäler auszeichneten, von denen das eine Kerman (wie das Dorf), das andere Defufa genannt wurde. Es sind keine Pyramiden, sondern längliche Vierecke, das erste von 150 zu 66, das zweite von 132 zu 66 Fuß Ausdehnung und gegen 40 Fuß Höhe, ganz massiv aus guten festen ungebrannten Nilerdziegeln gebaut, jedes mit einem Ausbau versehen, das den Vortempeln der ägyptischen Pyramiden entsprochen haben dürfte. Mehrere umherliegende Statuen-Fragmente, vom besten alten Style, zum Theil mit guten Hieroglyphen versehen, zeugen von ihrem hohen Alter, so daß wir hier die älteste bedeutende ägyptische Niederlassung auf äthiopischen Boden vermuthen müssen, welche wahrscheinlich durch das Zurückdrängen der ägyptischen Macht nach Aethiopien während der Hyksoszeit-herrschaft in Aegypten veranlasst wurde.« (Lepsius, *Briefe*, S. 253 f.)

Die Kerma-Kultur wird heute in drei Perioden aufgeteilt: die Frühe (2500/2400–2050), Mittlere (2050–1750) und Klassische Kerma-Kultur (1750–1500). Da sowohl Bauten als auch Begräbnisarten und Keramik in Kerma nicht unbedingt ägyptische, sondern vielmehr andersartige Züge tragen, spricht man inzwischen von der autochthonen Kerma-Kultur.

Bei Kerma haben wir es zweifellos mit einem eigenen, von Ägypten unabhängigen Reich zu tun, das die Ägypter »Kusch« nannten. Auf dem Kreuzungspunkt der Wege zwischen dem Süden (heute Darfur und Tschadseebecken) und Norden (auf der Route zu den lybisch-ägyptischen Westoasen) einerseits und zwischen dem Westen mit den transkontinentalen Sahara-Routen und dem Roten Meer im Osten andererseits hatte sich ein Zentrum entwickelt, das schon im 4. Jt. Bedeutung gewonnen hatte. Während der »Prä-Kerma-Kultur«, die zwischen 2800 und 2400 einsetzte, etablierte sich im Norden das Oberägyptische Reich (thinitische Periode), im Süden dagegen bildeten sich Strukturen, die man als Anfang der Königreiche von Kerma ansehen kann. Die ursprünglichen kulturellen Verbindungen zwischen dem Katarakten-Niltal und Mittelägypten, die sich am Beispiel der Funde der A-Gruppe und der Naqada-Kultur deutlich zeigen, waren im Lauf der Zeit zerfallen. Feindschaften entwickelten sich, die sich unter anderem in den auf Bildern verewigten Kämpfen (Gebel Scheik Suliman) und in den ägyptischen Festungen des 2. Kataraktes manifestierten. Die Gründe dafür dürften vielschichtig gewesen sein und sind bis heute nicht eindeutig geklärt. Um Lösungen zu finden, müssen Funde sprechen.

Bei den riesigen Ruinen der Ost- und West-Deffufa handelt es sich um Lehmziegelbauten, die – im Fall der West-Deffufa – eine Baumasse von 52 m Länge, 26 m Breite und 19 m Höhe hatten (Abb. 26). Dieser Bau befindet sich in der Mitte einer riesigen Nekropole. Er enthält kaum größere Räumlichkeiten – man glaubt, dass sich maximal 100 Menschen in dem Komplex aufhalten konnten, was für kultische Zwecke ausreichend gewesen wäre. Es muss angenommen werden, dass die Deffufas sakralen Charakter besaßen, der leider wegen der starken Zerstörungen an ihren Oberflächen und den oberen

∧
26   Die große Deffufa von Kerma. Schweizerische Archäologen
unter Leitung von C. Bonnet führen dort seit Jahrzehnten erfolg-
reiche Ausgrabungen.

Abschlüssen, die wahrscheinlich mit Steinbauten versehen waren, nicht
mehr eindeutig nachweisbar ist. Es könnte sich bei ihnen um die Manifestation der religiös bedingten Vorstellung eines Berges gehandelt haben, der
möglicherweise mit einem pyramidenförmigen Heiligtum gekrönt war.

Bevor man sich jedoch theoretischen Spekulationen zuwendet, sollte
man sich die schmalen Gänge und kleinen Räume versinnbildlichen, deren
Wände mit farbigen und figurativen (Löwen)-Fayenceplatten bedeckt waren,
durch Wandmalereien mit Tieren-, Booten- und Menschenbildnissen ergänzt. Manches scheint noch eine Nähe zu Programmen der ägyptischen
Grabmalereien des Mittleren Reiches zu haben; kämpfende Stiere erinnern
an solche, die man aus den Gaufürstengräbern von Elephantine kennt. Nach
Meinung des Ausgräbers Charles Bonnet handelt es sich um Totentempel, die
in Verbindung zu der Nekropole stehen, die sie auch architektonisch beherrschen. Die Konstruktion der Deffufa erinnert in einigen Elementen an den
mesopotamischen *Zikkurat* (Lehmziegelbauweise, steinerne Treppenrampen,
die zur Spitze führen). Dieser vorderasiatische, altorientalisch anmutende
Aspekt der religiösen Vorstellungen der Kerma-Menschen wird verstärkt
durch ihre Begräbnisarten, die man sonst im Niltal nur noch in Qustol/Bal-
lana fand. Diese 2000 Jahre später auftauchende Parallele (s. S. 205 ff.) darf

27   Tumuliartige Grabanlage in der Mitte der Kerma-
Nekropole.

allerdings nicht maßgebend sein, weil es bei der Frage nach einer kulturellen Genese um ihre Vorbilder und Verbindungen geht.

Die riesigen Grabtumuli (Abb. 27) in Kerma, deren Innenraum bis zu 490 m$^2$ groß war und die mit Millionen von Ziegeln erbaut wurden, dienten dem dortigen Herrscherhaus. Neben dem bestatteten König fand man Überreste von 322 Menschen, Verwandten des Herrschers und seiner Dienerschaft, die bei seinem Ableben getötet wurden, um mit ihm begraben zu werden. Man sprach deshalb vom »Sati-Begräbnis«, das man auch in Alt-Indien praktizierte. Aus Mesopotamien kennt man ebenfalls solche Massenbegräbnisse: So fand man in den sog. Königsgräbern von Ur aus der Zeit um 2000 oder etwas früher (2500?) ebenfalls Überreste von Höflingen, die mit dem König begraben wurden.

Die Begräbnissitten von Kerma könnten als Ursprung der altägyptischen angesehen werden; dafür sprechen Gräber aus der Frühzeit in Abydos, in denen man nach neuesten Entdeckungen noch Menschenopfer vorfand. Es handelt sich um eine Reihe von Skeletten von gleichaltrigen Dienern, die mit dem Herrscher bestattet worden waren, um dem Verstorbenen im jenseitigen Leben weiterdienen zu können. Im Alten Ägypten etablierte sich schon sehr bald eine Vorstellung von der Lebendigkeit der kanonisch festgelegten Menschenbildnisse, die durch ihren ständigen Kontakt mit ihrem *KA* (quasi eine ewige Seele) im Jenseits belebt werden können. Auch die Bestattung ganzer Herden von Widdern und Ziegen dienten der Sicherung des Weiterlebens des Königs. Dass die beigesetzten Rinder gleichzeitig eine weitergehende sakrale Bedeutung gehabt hatten, könnte im Zusammenhang mit dem bekannten altägyptischen Tierkult (z. B. Apis-Nekropole) angenommen werden.

Die Ausstattung der Kerma-Tumuli beschränkte sich nicht auf bestattete Menschenopfer; sie enthielten zugleich zahlreiche Objekte aus Stein, Ton, Knochen, Elfenbein, Schilf, aber auch aus Bronze (Dolche, Fischfanghaken, Spiegel), wie man sie gleichfalls aus Ägypten kennt. Neben der rot-schwarz polierten und gemusterten Keramik, fand man auch solche mit figurativen Darstellungen von Menschen (Jägern?) und Tieren von vorzüglicher Qualität und großem Formenreichtum. Das Inventar der Bestattungsstätten enthält zwar viele durch den Lauf der Jahrtausende beschädigte Objekte, die erhaltenen Teile erlauben aber, sich eine Vorstellung vom Leben der ersten Kuschiten (so werden sie in der Kamose-Stele genannt) und von deren Gebrauchsgegenständen zu machen, so zum Beispiel von Betten, die mit Mika- und Elfenbeinbesatzstücken verziert waren und auf Gold- beziehungsweise Fayence-Füßen in Pfotenform standen. Sie erinnern an Formen, die bis heute bei den von Nubiern benutzten Betten, den *Angareb,* anzutreffen sind. Das Repertoire der Besatzstücke ist beachtenswert. Es beinhaltet auch eine religiöse Ikonografie, die Verwandtschaft zu der altägyptischen verrät. So finden sich die Thoeris (Mutter-Schutz-Gottheit in ihrer Gestalt als Nilpferdkuh, die man aus Tausenden und Abertausenden von ägyptischen Amuletten auch kennt), die Löwen-Gottheit (Apedamak?) und mythische Tiergestalten, deren religiöse Funktion noch nicht eindeutig zu klären ist. Überdies fanden sich prachtvolle Halsketten aus Edelsteinen und Gold und schließlich vielsagende Rundplastiken. Unter anderem wurde ein Widderkopf gefunden, der von Dieter Wildung für das Vorbild des widderköpfigen Bildnisses des ägyptischen Gottes Amun gehalten wird: »Aus Kerma stammt ein Widderkopf aus Quarz, der die Species Ovis platyra abbildet. Diese Widderart mit halbkreisförmig das Ohr umziehenden Hörnern ist seit Beginn der 18. Dynastie eine der Erscheinungsformen des ägyptischen Götterkönigs Amun.« (Wildung, *Sesostris*, S. 181) Einige Forscher bezweifeln diese These. Schon unter den nomadischen Völkern der Sahara hatte der Widder als eines der ältesten domestizierten Tiere kultische Bedeutung, die sich beispielsweise in einigen Felsbildern des »Sonnenschafs« niederschlug. In der weiteren kuschitischen Geschichte wird der widderköpfige Amun zur zentralen Gottheit aufsteigen,

28   Diese seltene Beinstatuette aus Kerma stellt möglicherweise eine Beterin dar.

was zahlreiche Bildnisse des Gottes in seinen Tempeln (u. a. in Kawa, Napata
und Meroë) bestätigen.

Die ausgeprägte und reiche Bildprogrammatik der Tempelanlagen, die
gut fundierten Belege für Jenseitsvorstellungen, der Tierkult, die Fortsetzung der königlichen Horus-Ikonografie, die aus der L-Nekropole von Qustol
(Grab L 24) bekannt wurden und die sich auch in dem kuschitischen Horus-
Tempel in Buhen manifestiert haben; dies alles sind schriftlose Zeugnisse,
die für ein sehr reifes Religionssystem sprechen.

Neben den Tierdarstellungen finden sich in den Gräbern auch ägyptisierende Statuen, die sich der Kunst des Mittleren Reichs unterordnen. Das

könnte an Auftragswerke, die Ägypter ausgeführt haben, denken lassen. Viel wahrscheinlicher jedoch ist, dass es sich bei ihnen um Kriegsbeutestücke der Kerma-Truppen aus Oberägypten (besonders auf Elephantine) handelte, die sie ins eigene Land verschleppten. Hier könnte uns eines von vielen der ältesten Beispiele begegnen, in denen neben Menschen, Tieren und Gütern unterschiedlichster Art auch schon Denkmäler zu Kriegsbeute geworden waren.

Die seltene Plastik einer Frau aus Kerma (Abb. 28), die möglicherweise eine Beterin darstellt (es fehlen leider die Hände), lässt auf eine nicht negridische Bevölkerung schließen – unter der Voraussetzung, dass diese Elfenbeinstatuette (etwa 9 cm hoch) tatsächlich eine Frau aus Kerma abbildet. Wenn ja, besteht die Möglichkeit, dass sie mit dem Volk, das in der Sahara dem Widderkult anhing und das man als »Kaukasoides« bezeichnet, verwandt war. Ein weiteres Beispiel, das auf viele Parallelen hinweist, weil der Widderkult auch im Zweistromland bekannt war, bestätigt das berühmte Bildnis des »Widders, der einen Strauch anspringt« aus einem Königsgrab in Ur (um 2500).

Schließlich darf man auch nicht die großen architektonischen und urbanen Leistungen übersehen, die, neben den *Deffufa*, in kreisförmigen Tumuli aus Lehmziegel- und Steinmauerkonstruktionen mit einem Querschnitt von rund 100 m zum Ausdruck gekommen sind. Ihre Grundform entsprach der kreisförmigen, im Zentrum des Ortes erbauten Herrscherresidenz, die für die Tumuli Vorbild gewesen sein dürfte. Ihre Ausstattung sollte nach dem Vorbild des Palastes das Weiterleben der Verstorbenen im Jenseits sichern. Menschenopfer und Grabbeigaben weisen auf einen hoch differenzierten Glauben an ein Weiterleben und religiöse Vorstellungen hin, die dem sakralen Königtum dienten. Das macht die Kerma-Kultur mit anderen Hochkulturen der damaligen Welt vergleichbar und gleichberechtigt.

### AUSDEHNUNG DER KERMA-KULTUR

Es spricht vieles dafür, dass man sich der Meluhha-Problematik zuwenden muss, um Fragen, die die Kerma-Kultur aufwirft, gerecht werden zu können. Man kann sicher festhalten, dass seit dem 4./3. Jt. die Länder am Persischen Golf – wo sich das alte Dilmun (Bahrain?) mit seinen nachgewiesenen Beziehungen zu anderen orientalischen Kulturen befand – von einer intensiven Migration erfasst worden waren. Zudem hat zwischen diesem Raum und dem um das Rote Meer dank der Monsun-Winde schon in alter Zeit eine regelmäßige Seefahrt bestanden, die sogar bis Indien (Industal-Kulturen) geführt hatte. Alle diese Regionen hatten mit Sicherheit Verbindungen mit Meluhha, Magan und Dilmun.

Wenn man – wie die assyrischen Quellen belegen – dabei von einer Gleichsetzung von Meluhha (das Schwarze Land) mit Kusch (Kasi usw.) ausgeht, dann sind die ikonografischen Vergleiche zwischen den antithetisch gesetzten Tieren beziehungsweise den vierköpfigen Götterbildern in den Intarsien aus Kerma und denen auf den Rollsiegeln, Reliefs und der Rundplastik des alten Orients nur folgerichtig. Aber auch die der Kerma-Architektur eigenen Rundbauten haben ihre Parallelen in Oman (Magan?), auf Bahrain und in Mesopotamien.

Hinzu kommt die historische Entwicklung, die bestätigt, dass sowohl auf dem Landweg über den sog. Horus-Weg durch den Nordsinai als auch auf den Seewegen asiatische Völker, die unter anderem den Untergang des Mittleren Reichs in Ägypten verursacht haben, in das Niltal eindrangen. Schon die Kamose-Stele (s. S. 60) bestätigt nicht nur die freundlichen Beziehungen zwischen den Kerma-Herrschern und denen von Avaris (Tell el Dab'a in Unterägypten), sondern auch, dass die Hyksos, die Oberägypten kontrollierten, scheinbar bei Gebelên eine gemeinsame Grenze mit ihren Kerma-Alliierten hatten. Auch die Keramik aus Tell el-Yahudiya (etwa 20 km nördlich von Heliopolis) spricht für intensive Kontakte und Parallelen zwischen dem Katarakten-Niltal und Unterägypten während der Hyksos-Zeit. Es ist nicht auszuschließen, dass in dieser Zeit sowohl von den Hyksos als auch von den Kerma-Kriegern nicht nur vergleichbare Waffen verwendet wurden, sondern dass zugleich Pferde, die nachweislich die ägyptischen Herrschaftsvorstellungen vom König als Kriegswagenlenker beeinflusst hatten, im Süden beliebt waren und genutzt wurden. Eine nähere Betrachtung des Kerma-Reiches zeigt deutlich, dass es bei seinen ausgedehnten Kontakten – wahrscheinlich im Norden bis nach Kreta (minoische Keramik ist inzwischen belegt), im Südwesten bis zum Tschadsee-Becken und im Osten bis zum Persischen Golf – auch noch weitere wichtige Orte wie Aniba, Amara, Argo, Sai gegeben hat, deren Bewohner sich gegenüber der autochthonen Bevölkerung der Med3jw abgesondert und Schutz hinter ihren Befestigungen gesucht hatte. Damit würde der Schluss nahe liegen, dass im Alten Ägypten die Hyksos – ein Teil der asiatischen Migration, die auch im Alten Testament bis hin zu der Erzählung von Josef und seinen Brüdern (Gen 37–50) Erwähnung gefunden hat – vertrieben wurden. Der andere Teil blieb jedoch im Süden, im Katarakten-Niltal, noch an der Macht. Deshalb erscheint verständlich, dass zu den Hauptpfeilern der Politik des Neuen Reiches, besonders aber der Thutmosiden, die Vertreibung der Hyksos gehörte.

Die territoriale Ausdehnung des Kerma-Reiches erreichte schließlich das früher von den Ägyptern beanspruchte Gebiet zwischen den beiden ersten Katarakten und Teile Oberägyptens. Im Süden reichte es bis tief in das heutige Dongola-Gebiet. Man kann nicht ausschließen, dass sich damals aufgrund eines anderen Flussverlaufs auch östlich des heutigen Niltals – in der jetzigen Senke Letti und noch weiter in der nunmehrigen Ostwüste – viele Siedlungen und Städte befunden hatten. Die Bedeutung und Ausbreitung der Kerma-Kultur ist für die Entstehung des späteren kuschitischen Reiches von Napata wesentlich. Nur unter Berücksichtigung der kulturellen Errungenschaften einer reichsähnlichen Organisation, die sich wahrscheinlich schon damals auf ein sakrales Königtum gestützt hatte, erscheint es verständlich, dass die Macht, die später das Ende des Neuen Reiches verursachte, aus dem Süden kam.

Zuvor waren aber die ägyptischen Könige siegreicher. Über 500 Jahre übten sie die Herrschaft über das heutige Unternubien aus und kontrollierten große Gebiete der »elenden Kuschiten«, die sich immer weiter in den Süden zurückzogen.

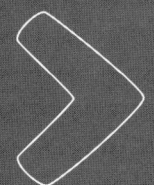

# DIE GÖTTER ÄGYPTENS MÜSSEN SIEGEN!

## DAS »ELENDE KUSCH« UND DAS NEUE REICH

»Es besiegte der starke Arm Pharaos, dieses vollendeten Herrn, das Land ʾArmi [wahrscheinlich Teil des Landes ʾAkujata], das elende. [Er nahm den Großen] von ʾÁkujata [Goldländer östlich des Niltals?] zusammen mit seiner Frau und seinem Sohn sowie allen seinen Verwandten gefangen, wobei ich der Truppenkommandant als Wegführer an der Spitze seines Heeres war. Nicht konnte sich [dieses elende Land] Kusch verstecken, sondern wer eilen konnte, eilte vollständig erbeutet, weil ich es an einen Ort zusammenbringen ließ. Ich veranlaßte, daß man von ihnen erfuhr, indem man [sie] nach Ägypten schleppte. […]
Ich baute alle Heiligtümer dieses Landes Kusch, die seit alters völlig verfallen waren, neu errichtet auf den großen Namen Seiner Majestät, wobei die Kartusche festgemacht war auf ihnen in Ewigkeit. […]
Laß doch jeden Beamten tun, was ich meinem Herrn getan habe! Fand er doch, daß mein ganzes Wesen so war, daß man die Namen aussprach für den Ka des Königssohnes, Vorstehers der Goldländer, Wedelträger zur Rechten des Königs Śt3w, des Gerechtfertigten.« (Die Stele des Śt3w aus Wadi es-Sebua, Z.13/15, 18/19, 23/24; zit. nach: Helck, *Die große Stele,* S. 91 f.)

### NEUES REICH IM BOGEN-LAND

Mitte des 16. Jh.s stabilisierten sich in Ägypten die politischen Verhältnisse durch die Vertreibung der Hyksos im Norden und den Aufstieg der thebanischen Herrscher. Zu den ersten militärischen Handlungen der Begründer des Neuen Reiches (1550–1075) gehörte schon unter Ahmose I. (1510–1525 bzw. 1539–1514) die Rückeroberung von Wawat (=Unternubien), also der Region der ägyptischen Festungen zwischen den beiden ersten Katarakten (s. Karte, S. 74). Es gelang ihm, bis nach Buhen vorzudringen. Man kann daraus entnehmen, dass die Ägypter diese bizarre Landschaft als Bestandteil ih-

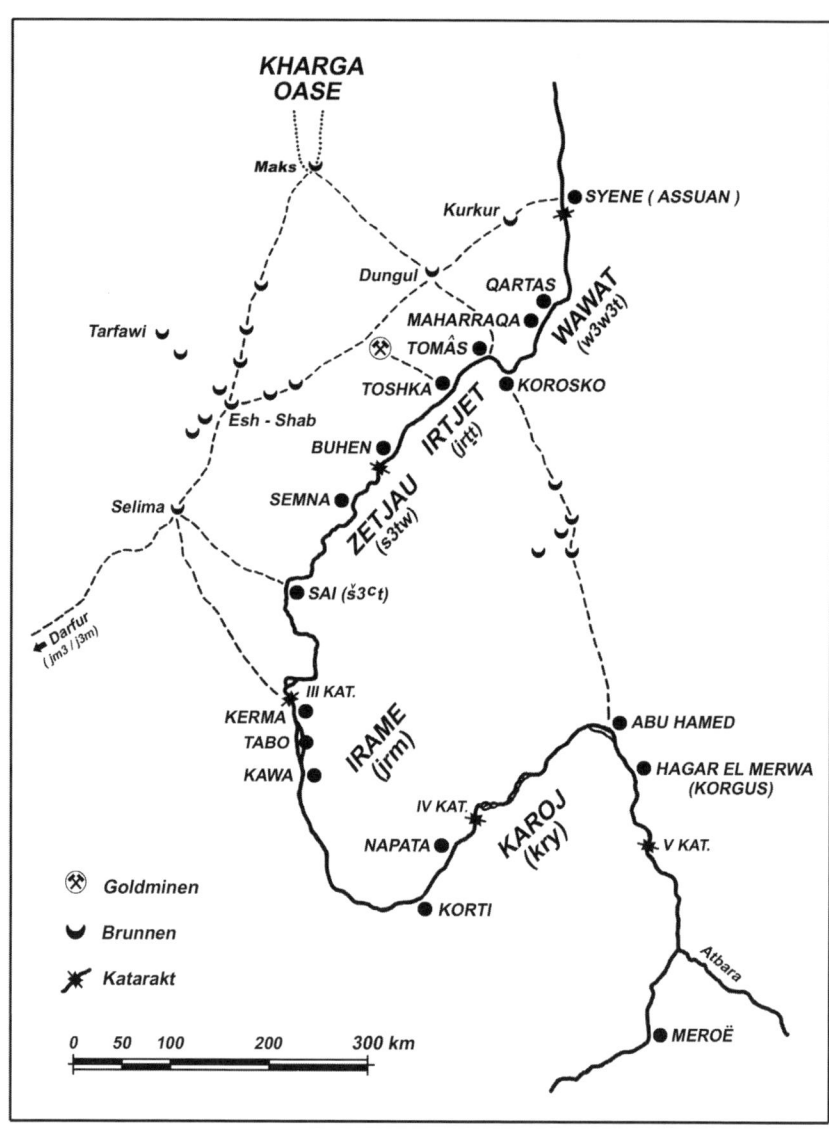

^

29   Karte mit der altägyptischen Toponomastik Nubiens und
den wichtigsten Karawanenwegen.

res Reiches betrachteten, weil diese Gebiete von alters her eng mit Ägypten verbunden und von den Ägyptern selbst als gemeinsamer religionskultureller Raum angesehen worden waren. Diese Sicht dürfte sich in der Zeit des Aufstiegs des Kerma-Reiches verändert haben, während der sowohl im Norden als auch im Süden Fremdvölker die Macht ergriffen hatten. Deshalb scheint es verständlich, dass nach diesen Erfahrungen, die unter anderem zum Untergang des Mittleren Reiches geführt hatten, die Könige Ägyptens nun sehr darum bemüht waren, die Südflanke des Reiches so weit wie möglich nach Süden auszudehnen. Sie trieben dort eine intensive Ägyptisierung voran, um die regelmäßige Versorgung ihres Landes mit zahlreichen wichtigen Gütern aus Afrika sicherzustellen.

Schließlich legten sie unter Ramses II. (1279–1212) ihre Südgrenze eindrucksvoll durch den Bau der Tempel von Abu Simbel fest (Abb. 2), obwohl sie bei ihren Feldzügen noch tiefer in das frühere Kerma-Reich eingedrungen waren. Thutmosis I. (1504–1492) gelang es sogar, Kerma einzunehmen und wahrscheinlich auch zu zerstören. Dann überschritt er den 4. Katarakt und verewigte sich bei Kurgus durch eine bis heute auf einem Felsen erhaltene Grenzinschrift. Ihm folgten andere Herrscher, die den Ruhm der ägyptischen Götter in das eroberte Land trugen. Man errichtete Tempel, Siedlungen, Handelsfaktoreien, Kontroll-Stützpunkte und den Regierungssitz eines Vizekönigs in Aniba (ägypt.: Miam). Der ägyptische Vizekönig, der eigentlich den Titel »Königssohn von Kusch« trug, hatte eine sehr einflussreiche Stellung; in der Zeit der 18. Dynastie wurde diese Position meist mit einem Prinzen aus königlichem Geschlecht bekleidet. Dies unterstreicht die Bedeutung dieses Amtes für die reibungslose Funktion des Reiches in diesen Gebieten und der ägyptischen Präsenz in Aniba (230 km südlich von Assuan, einem der Zentren von Wawat).

## KOSTBARE SCHÄTZE DES »ELENDEN KUSCH«

Die Gründe für diese Anstrengungen liegen auf der Hand, wenn man die wirtschaftliche Bedeutung des Niltals und seiner Rohstoffe für Ägypten bedenkt: Zu den ursprünglich wichtigen Steinbrüchen war etwas viel Wesentlicheres gekommen, nämlich das Gold, das im Neuen Reich nicht zuletzt wegen der Zahlungen an die asiatischen Vasallen immer mehr benötigt wurde. Nach den Angaben in den Annalen des Thutmosis III. (1490–1436) waren die Leistungen »des elenden Kusch« (*Urkunden*, Bd. 4, S. 708) gewaltig. Sie ergänzten die Rohstoffe, die man schon aus Wawat holte. So erreichten zum Beispiel in einigen Jahren die Goldabgaben aus Kusch an Ägypten 270 kg (= 2845 dbn, 1 dbn = 9l g), was bedeutet, dass Nubien der größte Goldlieferant Ägyptens war.

Die Tatsache, dass für die Ägypter gemäß den ältesten Überlieferungen über ihre Wirtschafts- und Handelstätigkeiten Gold immer von großer Bedeutung war und das Augenmerk der Herrscher auf sich zog, war mit Sicherheit für ihre nach Süden ausgerichteten Expansionen mit ausschlaggebend. Das Gold wurde aus Hunderten von teils bekannten, teils vermuteten Goldminen geschürft (s. Karte S. 52). Es bestand zudem die Möglichkeit, Gold durch Tausch oder als Tributzahlungen von Völkern, deren Wohngebiete tief nach Zentralafrika reichten, zu erhalten. Ein einmaliges Beispiel hinterließ Königin Hatschepsut (1467–1445 bzw. 1479–1458) in ihrem Totentempel von Deir el-bahari (Theben West), auf dessen Wänden sie von einer ihrer gelungenen Handelsexpeditionen nach Punt berichten ließ. Die beiden Länder – Ägypten und das legendäre afrikanische Punt – standen seit der Zeit des Alten Reiches in enger Handelsverbindung.

Punt/Pwnt, ein »Gottesland«, das nach ägyptischem Verständnis südlich von Kusch lag – und damit weit südlicher zu lokalisieren ist, als bisher angenommen – erstreckte sich wahrscheinlich von der Küste des Roten Meeres (Somaliland?) im Osten bis nach Zentralafrika im Westen und zu den Gefilden von Jam (J3m, Jm3), ohne dass man scharfe Grenzen zwischen den Ländern erkennen könnte. Schon die Inschrift aus der Zeit des Königs Djedkare-Asosi (um 2410/2380) erwähnt eindeutig afrikanische Namen (B3t, Hzt, Snsh), die sich auf Orte beziehen, die außerhalb des Niltals gelegen haben. Für den afrikanischen Charakter von J3m und Punt sprechen nicht nur die Waren und Güter, die zum Beispiel Hɜw-ḥwjſ/Herjuef in seiner Inschrift erwähnt (s. S. 50), sondern auch die Darstellungen in der Punt-Halle des Hatschepsut-Tempels. Dort sind Spezifika des äquatorialen Afrika wiedergegeben: runde Pfahlbauten, Dum-Palmen und schließlich die Fürstin Iti selber, die üppige Herrscherin von Punt (Abb. 4), deren hüftbetonte Körperform Ausdruck des herrschaftlichen »Schönheitsideals« der dortigen Stämme gewesen sein dürfte.

Neben den im Warenkatalog erwähnten oder dargestellten Gütern gab es auch Waren, die durch Zwischenhandel ins Land gelangten. Besonders beeindruckend sei als Beispiel Lapislazuli genannt, ein besonders wertvoller blauer Stein, der im Altertum nur aus dem Ladjward-Ini-Tal bei Firganu in Badachschan (heute Afghanistan) stammen konnte. In Ägypten wurde er über den Süden meist in rohem Zustand bezogen, um dann sachgemäß verarbeitet zu werden. Er gelangte auf den Seewegen aus dem Persischen Golf und dem

Raum des Roten Meeres in den Süden, um von dort weiter nach Ägypten gebracht zu werden. Dank dieses Zwischenhandels kam auch Weihrauch (Bos-
welia) nach Ägypten, der meist in den Ländern um den Bab el-Mandeb und
auf Soqotra gewonnen wurde, also im legendären Magan/Ophir und den angrenzenden Gebieten. Mit einer Ausnahme verhielt es sich mit dem Gold ähnlich: Als sehr weiches Metall, daher auch »Fleisch der Götter« genannt, hatte
es besondere Eigenschaften und konnte viel häufiger als Lapislazuli und in
unterschiedlicher Form gefunden und gewonnen werden. Das Gold, das man
aus Punt brachte, konnte aus den verschiedensten Lagerstätten Afrikas (aber
nicht nur!) stammen, wenn es sich nicht sogar um die sog. Nuggets (Gold-
klumpen) handelte, die bekanntlich ein Gewicht von 50 und mehr Kilogramm
erreichten. Dies dürfte jedoch damals nicht die Regel gewesen sein. Meist
wurde Gold nur unter erheblichen Schwierigkeiten gewonnen, was noch
Agatharchides von Knidos im 2. Jh. berichtet.

## Hart erarbeitetes Gold

Schroffe Berge und überhaupt solche von hartem Gestein, in denen Gold geschürft wird, brennt man durch Holzfeuer aus, und hat man sie durch die
Hitze des Feuers aufgelockert, kommen die Arbeiter zum Bearbeitungsversuch
heran und reißen die gelockerten Felsen mit dem Brecheisen auf. Die Leitung der gesamten Bauarbeit liegt bei einem Spezialarbeiter, der sich mit
dem Gestein auskennt. […]
Die starken und jungen Arbeiter zerschlagen mit Eisenhämmern den glänzenden Marmorbogen, wobei sie den Schlag nicht mit einer bestimmten
Technik, sondern lediglich mit roher Körperkraft führen. Sie hauen mehrere
Stollen in schräger Richtung in den Fels, da die goldführende Gesteins-
schicht einmal nach oben, einmal mehr nach unten, ein anderes Mal nach
links, wiederum ein anderes Mal wie die Baumwurzeln schräg und quer verläuft. Da sie infolge der Krümmungen und Windungen der Schächte im Dunkel arbeiten, müssen sie Lampen mit sich herumtragen, die vorn an die Stirn
gebunden sind. So zerschlagen sie das Gestein, immer der gleichsam weiß
schimmernden Gesteinsader folgend
[…].
Die unmündigen Kinder kriechen durch die Stollen in die Felsenaushöh-
lungen, heben die in kleinen Stücken herabgeworfenen Felsbrocken mühsam
auf und bringen sie außerhalb des Eingangs ins Freie. Von jenen nehmen die
Älteren das Gestein in Empfang und tragen es weiter zu den Schlägern.
Diese Männer im Alter unter dreißig

Jahren und kräftiger Statur, zerkleinern nach Empfang von Steinträgern das Gestein sorgfältig mit einer Eisenkeule. Nachdem sie die größten Brocken auf Erbsenformat zerkleinert haben, messen sie das Gestein mit demselben Maß, mit dem sie es empfangen haben und leiten es anderen zu. Von diesen empfangen die Frauen und ältere Männer, die erbsengroßen Steine und schütten sie in mehrere, in einer Reihe stehende Mühlen. Zwei bis drei Frauen bedienen eine Kurbel und mahlen das ihnen zugeteilte Maß zu Feinheit von Weizenmehl. […]

Von den Frauen gelangt das, auf diese Weise gemahlene Pulver zu den *Selangen* [sing. Selangeus], Spezialisten, deren Aufgabe es ist, die Arbeit zum Nutzen des Königs zum Abschluß zu bringen. Der Arbeitsvorgang ist folgender: sie schütten den gemahlenen Mamurstaub auf ein breites und nach geradem Schnitt geglättetes Brett, das nicht an einem ebenen Ort, sondern einem Platz mit geringer Neigung steht. Darauf reiben sie nach Überspülung mit Wasser den Staub zuerst behutsam mit den Händen, dann fester, wodurch, glaube ich, erreicht wird, daß die Erdbestandteile weggespült werden und nach der Neigung des Brettes herabfließen, die schweren und brauchbaren Partikel aber unbeweglich am Holz haften bleiben. Hat der Selangeus wiederholt mit Wasser die zurückgebliebenen Marmor- und Goldkörner überspült,

greift er zu weichen und dichten Schwämmen, mit denen er die Marmorkörner leicht anzieht. Er berührt nämlich eine Zeitlang die leichten und lockeren Marmorteilchen, wodurch sie in den Lücken des Schwammes haften bleiben, nimmt sie dann vom Brett und wirft sie weg. Die schweren und glänzenden Körner lässt er gesondert auf dem Brett zurück, weil sie von Natur aus infolge ihres schweren Gewichts nicht leicht zu bewegen sind.

Nachdem der Selangeus durch dieses Verfahren die Goldkörner gereinigt hat, übergibt er sie den Schmelzern. Diese nehmen die nach bestimmten Maß und Gewicht sortierten Goldkörner und schütten sie in ein irdenes Gefäß. Daraufhin vermischen sie die Goldkörner in entsprechendem Verhältnis zur Menge mit einem Bleiklumpen und Salzkörnern, fügen auch ein wenig Zinn und Gerstenkleie bei, legen dem Gefäß einen genau passenden Deckel auf und schmelzen die Masse fünf Tage und Nächte ohne Unterbrechung im Ofen. Nachdem sie den geschmolzenen Körnern die notwendige Kaltluft zugeführt haben, schütten sie die erstarrte Masse am folgenden Tag in ein anderes Gefäß. Von den beigefügten Zusätzen findet man nichts mehr, nur die feste Masse des geschmolzenen Goldes ist übrig, dessen Quantität durch einen Abgang von Schlacke verringert wird.

*Agatharchides von Knidos V,25*

Diese Schilderung ist zwar viel jüngeren Datums, als die Goldgewinnungen im Neuen Reich es sind, aber sie verliefen wohl im 2. Jt. nicht wesentlich anders. Noch im 19. Jh. unserer Zeit benutzten die Goldgräber dieses altbekannte Verfahren, um Gold zu waschen.

Weil die Angaben aus der Zeit des Neuen Reichs über die Goldmengen außerordentlich hoch sind – zum Beispiel übergab Thutmosis III. (1467/ 45–13) laut den Urkunden (*Urkunden*, Bd. 4, S. 329 ff.) dem Amun-Tempel in Karnak etwa 15 000 kg Gold –, muss angenommen werden, dass Gold aus den unterschiedlichsten Lagern und über die verschiedensten Handelswege gekommen ist. Die Minen auf ägyptischem Boden, besonders in den Ostgebieten um Wadi Allaqi, konnten dies nicht allein leisten; Expeditionen nach Afrika, die Kontrolle der kuschitischen Goldbergwerke und schließlich der Tauschhandel waren zur Deckung des Bedarfs nötig.

Neben Gold gelangten weitere Produkte aus den eroberten Gebieten nach Ägypten: zum Beispiel Rinder, Weihrauch, Myrrhe und andere Aromata, Gummiarabicum, Tierfelle, exotische Tiere für die Tiergärten der Kö-

^
30  Südländer mit Goldgaben; eine Kopie der Wandmalereien
aus einem Privatgrab des Neuen Reichs (Umzeichnung).

nige, Straußenfedern, unterschiedlichstes Steinmaterial von Granit über Diorit bis hin zu Edelsteinen sowie Elfenbein und Ebenholz (Abb. 30). Wie die *Annalen* erwähnen, kamen auch die »Söhne des Fürsten von 'r-m [südlich von Kerma]« in Begleitung ihrer Höflinge (*Urkunden*, Bd. 4, S. 708) nach Theben, was einer gezielten Ägyptisierung der Herrscherhäuser des eroberten Landes dienen sollte.

## ÄGYPTISIERUNG DES SÜDLANDES

Die wirtschaftliche Bedeutung des Südens drückte sich unter anderem in der dortigen ägyptischen Bautätigkeit aus. Man errichtete prunkvolle Heiligtümer, um den Dank an die Götter auszudrücken. Ihre monumentalen Spuren zeugen bis heute von der Herrlichkeit Ägyptens (Abb. 32). Zwischen Beit el Wali – heute im Raum des Nassersees – und Napata entstanden die für die späteren Perioden gleichfalls wichtigen Sanktuarien, von denen das in Napata bei Gebel Barkal (Abb. 31) dem widderköpfigen Gott Amun geweiht war. Dieser neben Karnak größte Tempelkomplex des Gottes Amun war seit Thutmosis III. zu einem imposanten Bau gewachsen, der auch nach dem Untergang des Neuen Reiches das zentrale Heiligtum des kuschitischen Reiches beherbergte. Der Amun, »der an dem reinen (heiligen) Berge wohnt« (= Gebel Barkal) vereinigte sich mit dem lokalen Widdergott. Er ist damit das erste uns bekannte Beispiel eines synkretistischen Gottes, der Zugang in das thebanische Heiligtum gefunden hat.

Die Errichtung so repräsentativer Tempel wie in Soleb (Abb. 32), sollte nicht nur dem Ansehen der großen Götter Ägyptens dienen, sondern gleichzeitig die Macht ihrer Erbauer, besonders die von Amenophis III. (1387–1350), demonstrieren. Die Bilder der besiegten Völker füllten die Säulenbasen (Abb. 25); sie wurden damit dem Gott unterstellt, worin sich die sakral bedingte Herrschaft des ägyptischen Gott-Königs ausdrückte. In diesen Monumentalbauten, die man so weit außerhalb Ägyptens mit ungeheurem Aufwand errichtete, spiegelte sich die ägyptische Politik, die das Ziel verfolgte, den »elenden Völkern Kuschs« Angst einzujagen.

Weil das alleine aber nicht wirksam genug war, stützte man sich auf die bekannten Festungen im Raum des 2. Katarakts, die nicht nur reaktiviert, sondern weiter ausgebaut wurden. Dadurch entwickelte sich Buhen in der Zeit der Hatschepsut (1479–1458) zum wichtigen Handelsumschlagplatz und zur Militärgarnison, in der man auch einen großen Tempel errichtete. Darüber hinaus fanden sich viele neu angelegte Siedlungen mit entsprechen-

^
31    Napata, Tempelruinen am Fuße von Gebel Barkal.
Es dominiert die große Anlage des Amun-Tempels mit der
Prozessionsstraße, die zum Nil führt.

den Bauten, die einen notwendigen Schutz für die ägyptischen Beamten und
die für die Weiterverschiffung vorbereiteten Waren boten. Alle unterstanden
dem jeweiligen »Königssohn von Kusch«, der im Namen des Pharaos die Regierungsgeschäfte in Wawat ausübte. Zahlreiche Inschriften zeugen davon.
So zum Beispiel: »Der Königssohn von Kusch, Vorsteher der südlichen Fremd-
länder, Wedelträger zur Rechten des Königs, der Hochgelobte des guten Gottes,/Vorsteher/der Gold/länder/des Amun. [...]. Rindervorsteher des Amun
in diesem Lande von Kusch, Tapferer Seiner Majestät bei der Wagenkämpfer-
truppe; kgl. Schreiber/Hw/j« (*Urkunden*, Bd. 4, S. 2074).

Die Ägypter in ihrer politischen Klugheit griffen zu noch eindrucksvolle-
ren Methoden, deren Folgen die gesamte weitere Entwicklung bis zum Untergang Meroës geprägt haben. Sie begannen mit einer programmierten Ägyp-

∧

32   Der Soleb-Tempel, erbaut von Amenhotep III., erforscht
unter der Leitung von Michaela Schiff Giorgini und dem Patronat
der Universität Pisa.

tisierung der Südländer, wofür nicht nur Texte (*Urkunden*, Bd. 4, S. 708),
sondern auch Ausgrabungsergebnisse sprechen. In Toschka fand man die
Grabanlage des Heka-nefer, eines lokalen Fürsten aus Miam, der in der Zeit
des Tutanchamun (etwa 1347–1338) die Regentschaft in seinem Lande von
Ägyptens »Gnaden« ausüben konnte. Er übernahm ägyptische Sitten und ließ
sich sogar als Ägypter darstellen. Im Gegensatz dazu wurde er in dem thebanischen Grab des Vizekönigs Hwj als dunkelhäutiger Fremdling wiedergegeben. Diese langfristige und gezielt betriebene Ägyptisierung hatte großen
Erfolg bei den Häuptlingsfamilien der verschiedenen im Niltal ansässigen
Stämme. Darüber hinaus schlug sie sich auch auf viel breiterer Ebene nieder,
etwa in der Vermischung der religiösen Erscheinungsformen. Es lassen sich
dabei im alten Ägypten Phänomene beobachten, die aus dem Süden kamen.
Umgekehrt übernahm man im Süden, wie schon ausgeführt, immer häufiger
ägyptische Schrift, Sitten, Begräbnisarten und wahrscheinlich auch verschiedene Technologien im Bereich der Baukunst und bei der Herstellung
von Keramik. Nach einer fast tausendjährigen Einwirkung der ägyptischen
Religion und Kultur scheint der spätere kuschitische Anspruch auf den Thron
der Herrscher von Theben nicht nur verständlich, sondern fast legitim zu
sein. Für den Prozess der Ägyptisierung mag auch die in Zweifel gezogene

Annahme sprechen, dass viele Anhänger der alten Amun-Religion in der Zeit der Echnaton-Revolution (um 1350) zum Amun-Tempel nach Napata flohen. Dort entwickelte sich ein starkes Zentrum des Amun-Kultes und seines Orakels, das für die spätere Gott-König-Vorstellung des kuschitischen Königshauses in Napata entscheidend wurde.

Die intensive Ausbeutung der Länder im Süden erforderte nicht nur eine vorzügliche Organisation, sondern auch eine starke »Kolonialmacht«. Doch durch die innere Krise Ägyptens unter Echnaton (1364–1347) kam es zum langsamen Niedergang der weltpolitischen Machtstellung Ägyptens, was alle bisherigen Vasallen dazu veranlasste, sich von den ihnen auferlegten Lasten zu befreien und durch diesen »Freiheitskampf« wieder ihre Unabhängigkeit zu erlangen.

Ehe die Vasallen sich aber endgültig gegen Ägypten erheben konnten, hatte das Alte Ägypten unter den Ramessiden noch seine größte Machtentfaltung erreicht, die sich unter anderem in der intensiven Bautätigkeit, besonders unter Ramses II. (1279–1213), in Unternubien manifestierte. Schon das Verzeichnis der wichtigsten Tempelgründungen beeindruckt. So entstanden unter anderem Heiligtümer in Beit el Wali, Gerf Hussein, Quban, Wadi es Sebua, Derr, Abu Simbel, Akscha, Amara (von Norden nach Süden aufgeführt). Meist handelt es sich dabei um Felsheiligtümer, die inzwischen unwiederbringlich vom Nassersee überflutet wurden. Ramses II. kehrte im Süden in den Schoß der Hathor ein, deren kleiner Tempel in Abu Simbel zugleich seiner Lieblingsgemahlin, der schönen Nefertari, geweiht war (Abb. 2). Gleichzeitig wurden in ihm auch die Katarakten-Nilgöttinnen Anuket, Satet und Miket verehrt. Ihre besondere Hervorhebung betont die – man möchte beinah sagen – sakrale Verbindung und Einheit Ägyptens mit Wawat/Unternubien, einem Land, das ursprünglich einmal am innigsten mit Ägypten verbunden war. Es wird aber auch deutlich, dass man die Gebiete südlich des 2. Katarakts als (meist befreundetes) Fremdland betrachtete. Die Ramessiden setzten somit auf eine bewusste Wiederbelebung der alten mythischen Traditionen, was die berechtigte Frage aufwirft, inwieweit die Kultivierung und Hervorhebung dieser Erinnerung religiösen Charakter hatte und – gegenüber den Turbulenzen in der damaligen Umwelt – der Grundidee der Schaffung und Erhaltung eines einheitlichen Reiches dienen sollte. So entstand die neue Epoche, die auch als die Zeit der »Schwarzen Pharaonen« (Rudolf Fischer) bezeichnet wird.

Zwischen den Festungen und den ägyptisierenden Siedlungen lebte die autochthone Bevölkerung, die wahrscheinlich mit 20 000 Menschen zu beziffern ist. Es handelt sich bei ihnen um die sog. C-Gruppe, die mit den Md3jw identisch zu sein scheint. Sie ägyptisierte sich nur sehr langsam und stellte noch lange ihre traditionelle Keramik her. Ihre besonderen Eigenarten beeinflussten wahrscheinlich die sich konstituierende kuschitische Kultur. Neben ihnen, in der kaum erforschten Ostwüste, lebten wohl verwandte Stämme, die zwar im Dienste der Ägypter standen, aber doch unabhängige Vorfahren der heutigen Beǧa waren. Ihre Spuren im Niltal – unter der Bezeichnung *Pan-Graves-Culture* (Pfannen-Gräber-Kultur) bekannt – sind, außer in der Form ihrer Gräber, die zur Bezeichnung der Kultur führte, nicht sonderlich spezifisch, sodass eine genaue Bestimmung und Charakterisierung sich noch immer auf sparsame Reste von Keramik, wenige Alltagsgeräte, Begräbnisarten und einiges mehr beschränken muss. Ägyptisierende Elemente scheinen in dieser Periode eine dominierende Stellung eingenommen zu haben, obwohl auch hier eine Verschmelzung von kulturellen Eigenarten zu beobachten ist.

Diese Verschmelzung diente einer wichtigen Idee, die auch die kuschitischen Herrscher später verinnerlicht zu haben scheinen: Man versuchte das ägyptische Weltbild zu erweitern und die »Weltherrschaft« nur als eine solche über die Nilländer zu begreifen. Die erst später entstandene römische Vorstellung von einem *imperium* war den ägyptischen Königen, als den siegreichen Gottessöhnen, fremd. Ihre Einbettung in einen lokalen Mythos erhob keinen Anspruch auf Universalität. Sie galt nur in Ägypten für Ägypter, deshalb bemühte sich auch die kuschitische (äthiopische) 25. Dynastie dem gerecht zu werden. Sie gab sich vollkommen ägyptisch und fand im Amun-Tempel Anerkennung. Dies reichte bis hin zu der Institution der »Gottesgemahlinnen«, die im Niltal sogar die Kuschiten noch überlebt hat.

# KUSCHITEN UND IHRE REICHE

## GEBURT EINER NEUEN MACHT IM KATARAKTEN-NILTAL

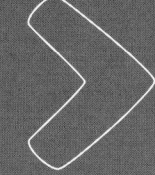

»Hört, was ich tat, wodurch ich meine Vorfahren übertraf!
Ich bin der König, das Abbild Gottes, lebendes Bildnis des Atum,
der den Mutterleib bereits mit dem Kennzeichen des Herrschers verließ,
vor dem selbst Größere Furcht haben,
von dem sein Vater wußte (und) von dem seine Mutter erkannte:
›Er ist zum Herrscher bestimmt schon im Ei!‹
Ich bin der gute Gott, geliebt von den Göttern,
Sohn des Re, der handelt aus eigener Kraft,
PIJE MERI-AMUN!«
(Nach der Übersetzung von Kausen, TUAT Bd. 1, S. 559 f.)

### KUSCHITEN VON NAPATA

Die ägyptische »Weltherrschaft«, die – im Gegensatz zu den imperialen Ansprüchen der Hethiter oder Assyrer in erster Linie der Erhaltung der *Ma'at* (ägypt.; alles umfassende göttliche Ordnung, Harmonie) im eigenen Kernland gedient hatte, war inzwischen gezwungen, ihre Grenzen festzulegen und zu sichern. Die »Fremdvölker« versuchten das Gleichgewicht von Ober- und Unterägypten ins Wanken zu bringen. Von allen Seiten drängten die Fremden ins Niltal. Sie versuchten das Schicksal des alten Ägypten zu bestimmen, es gelang ihnen aber nicht, ohne den ägyptischen Göttern zu huldigen und sich den religiösen Vorstellungen des Landes anzupassen. Im Süden, hinter dem 2. Katarakt, erblühte inzwischen ein »neues« altes Reich. Dort besann man sich auf die Ursprünge der Niltal-Kulturen sowie deren Götter und nutzte die zivilisatorischen Errungenschaften der Ägypter, die Jahrhunderte lang, seit dem Untergang ihres ersten Kerma-Reiches, auf die Kuschiten intensiven Einfluss ausgeübt hatten. Die Kuschiten empfanden sich – im

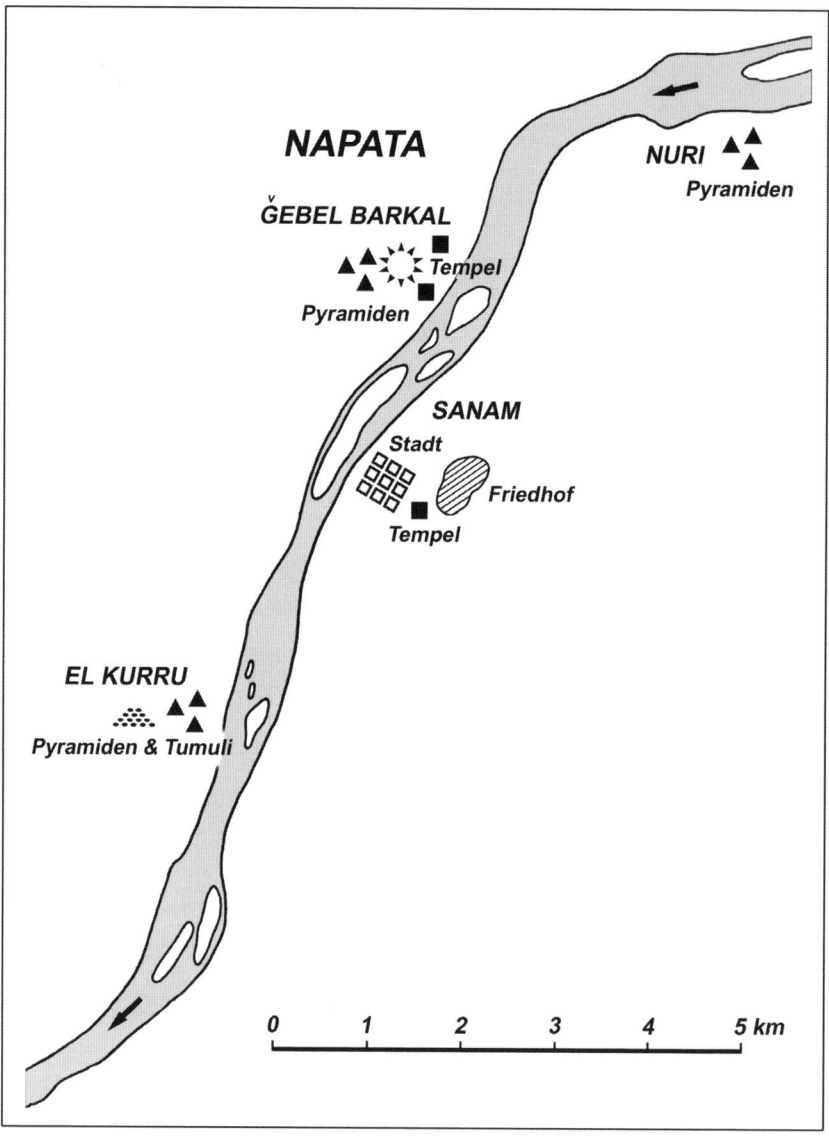

33   Lageplan von Napata.

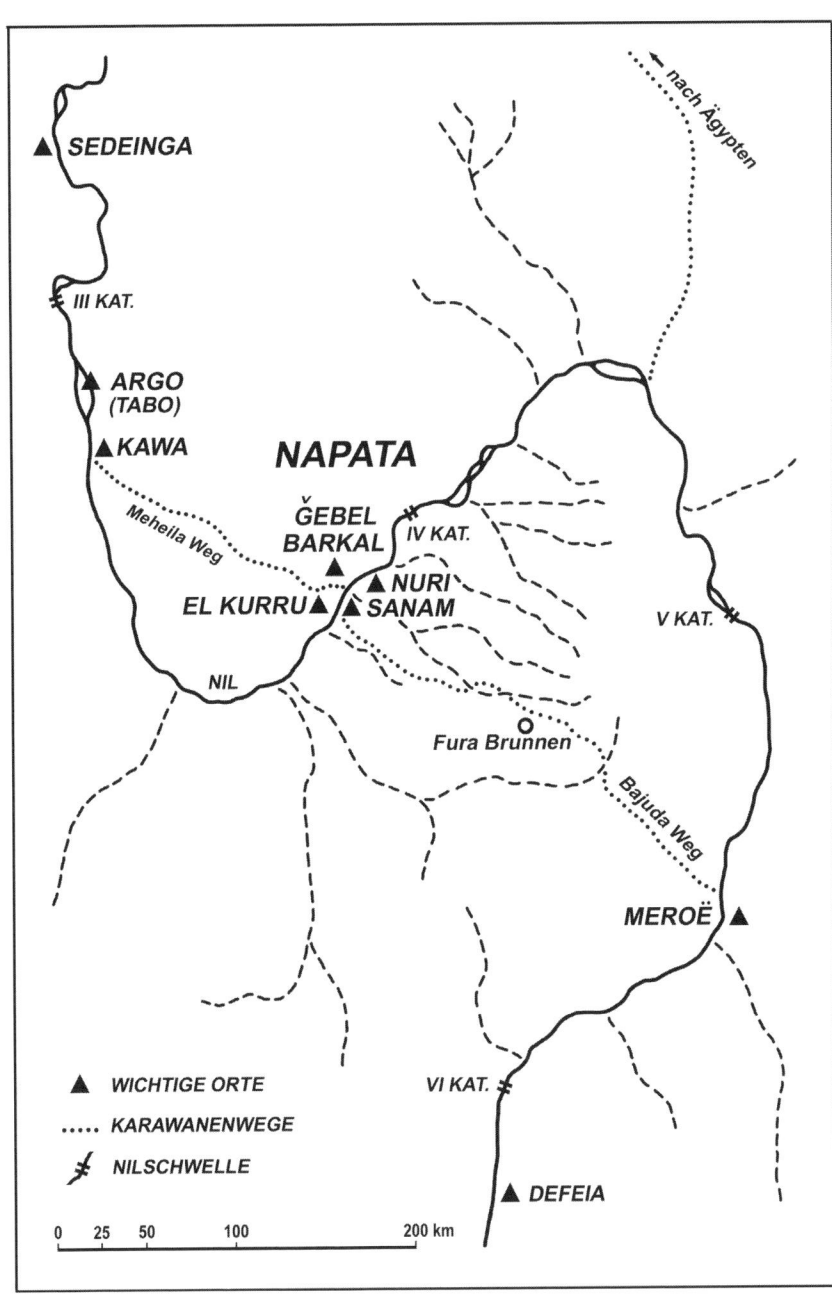

^
34   Das kuschitische Reich von Napata zwischen dem II. und
VI. Katarakt.

Gegensatz zu allen anderen Fremdherrschern über Ägypten – als legitime Nachfolger der ägyptischen Könige und verhielten sich entsprechend.

Zwischen den Ereignissen, die mit dem Aufstieg der sog. kuschitischen (nach Manetho »äthiopischen«) 25. Dynastie in Ägypten (713–661) verbunden waren, und der Zeit des letzten ägyptischen Verwalters des kuschitischen Niltals am Ende der 20. Dynastie (Herihor, etwa 1076–1066) liegen annähernd drei Jahrhunderte. Die meisten Darstellungen der kuschitischen Geschichte schweigen über diese »dunklen Zeiten«, weil Quellen für die Ereignisse unter der 22.–24. Dynastie, der sog. »dritten Zwischenzeit« (1100–650), entweder nicht mehr vorhanden oder aber sehr verwirrend sind. Dabei waren gerade diese »dunklen Zeiten« für die Entstehung eines so mächtigen Reiches mit seinem Zentrum in Napata von entscheidender Bedeutung.

Trotz der mangelnden Forschungsergebnisse gibt es deutliche Hinweise auf eine neue kulturelle Entwicklung in der Ostwüste zwischen dem fruchtbaren Dongola-Becken und der Bergkette entlang des Roten Meeres: Das Niltal verlief damals in diesem Gebiet weiter östlich; die heutige Senke Letti in der Nähe von Alt-Dongola weist viele Spuren vergangener Kulturen seit Pije (=Pianchi, 745–713) auf; die ältesten kuschitischen Gräber in el-Kurru (Ku 6) erinnern an die Tumuli aus Kerma, und eine größere Siedlung aus der kuschitischen Periode ist auf der Höhe von Kawa (Ostufer des Nils gegenüber von Dongola-Urdi) festzustellen. All dies lässt darauf schließen, dass sich eine weitere, zum Teil von Ägypten unabhängige staatlich organisierte Macht dank der Schwächung des Neuen Reiches im Niltal ausbreitete. Die Einflusssphäre des ersten historisch fassbaren Herrschers der neuen Machthaber, Kaschta (760–747), erstreckte sich bis zur Elephantine, wahrscheinlich bezwang er sogar Theben. Die neue Autorität war weiterhin intensiv mit der ägyptischen Kultur und Staatsstruktur verbunden, aber ihr Schwergewicht lag nun nicht mehr in Theben, wo die kuschitischen Könige der 25. Dynastie zwar residierten, sondern in Kusch, dem Land ihrer Vorfahren und Mütter, in dem sie auch ihre Heiligtümer und Begräbnisstätten errichteten. Das ägyptische Reich vernachlässigten sie trotzdem nicht. Man kann im Gegenteil für ihre Zeit, besonders in Theben und seiner Umgebung, von einer Renaissance der ägyptischen Archaik sprechen. Bis heute bewundern alle Ägypten-Besucher die einmalige Taharka-Säule im ersten Hof des Karnak-Tempels und die zahlreichen Bauten und Plastiken, die von den – aus der Sicht der Ägypter – »Fremdherrschern« in dem zentralen thebanischen Heiligtum des Amun errichtet wurden. Wie stark die archaisierenden Tendenzen der Kuschiten waren, zeigt sich am besten an den königlichen Nekropolen in

35  Kuschitische Pyramidenruinen von Nuri; hier wurde
wahrscheinlich auch Taharqa bestattet.

el-Kurru (Abb. 37) und Nuri (Abb. 35), in denen man die in Ägypten seit langem nicht mehr verwendete Pyramidenkonstruktion wiederbelebte und bis zum Ende des meroitischen Reiches beibehielt.

Die zum Aufstieg der Kuschiten führende Entwicklung kann man bislang nur ungenau nachvollziehen. Unter Ramses XI. (1104–1075) war in Ägypten der Einfluss der Beamten, insbesondere der Priesterschaft des Amun, an deren Spitze der allmächtige Oberpriester, General und Vizekönig von Kusch, ein »Wesir« namens Herihor, stand, ständig stärker geworden.[1] Herihor und sein Schwiegersohn Pianch rissen die Macht an sich, ohne sich jedoch zum König zu erheben. Sie setzten die Restauration eines totalen theokratischen Staates durch, der sich durch das Orakel des Gottes Amun manifestierte. Möglicherweise hatten die Begründer der 21. thebanischen Dynastie, die noch immer den Titel »Königssohn von Kusch« trugen, sehr gute Verbindungen zu ihren Glaubensgenossen in den Tempeln von Napata, die sich als Priester des Amun zugleich auch als Verwalter seiner Domänen im Süden empfanden. Dafür sprechen die historisch feststellbaren Tatsachen, dass in Napata und Theben der Amun-Kult und sein Orakel eine große, ja entscheidende Rolle spielten und die Kuschiten nach der Übernahme der Herrschaft in Ägypten den weiteren Ausbau des thebanischen Heiligtums fortsetzten. In diesen Jahrhunderten (rund 1050–800) vollzog sich im Katarakten-Niltal die vollständige Anpassung der alten Kerma-Kultur an eine ägyptisierende Tradition. Man kann nicht ausschließen, dass es auch zwischen der herrschenden Priesterschaft des Amun von Theben und der von Napata zu familiären Verbindungen kam und Herihor, dessen Lebenslauf verborgen bleibt, ein kuschitischer Würdenträger war, der als Amun-Priester in Ägypten große Karriere gemacht hatte und deshalb den Titel eines »Königssohns von Kusch« tragen durfte. Er herrschte nur über Oberägypten, in Unterägypten überließ er die Regierungsgeschäfte seinem wahrscheinlichen Sohn Smendes I. (1069–1043).

Diese Verbindungen hatten in der Vermählung einer »Gottesgemahlin des Amun« mit einem Kuschiten ihren Ursprung. Sie lassen die später üblich gewordene Königssukzession mit ihrer entscheidenden Funktion der Königin-Mutter, der Kandake, verständlich erscheinen, weil das Amt einer »Gottesgemahlin« in der Zeit der kuschitischen Herrschaft auch in Ägypten respektiert wurde. Immerhin trug die einflussreiche Gemahlin von Herihor, Nedjem, den Titel »Gottesgemahlin des Amun«. Man begegnet hier einer für die ägyptische Spätzeit wichtigen und ausschlaggebenden Institution. Sie gehörte einer sehr alten, man könnte sogar sagen, einer afrikanischen Tradition an, die im Katarakten-Niltal wahrscheinlich schon lange praktiziert wurde, wenn man der Erwähnung der rätselhaften Königin (Gottesgemahlin?) Katilama in der Inschrift des Thutmosis III. im Semna-Tempel (dem Gott Dedun und vergöttlichten Sesostris III. geweiht) glaubt.

Möglicherweise waren sowohl die libyschen als auch die kuschitischen Machthaber so stark ägyptisiert, dass sie in Ägypten »nicht mehr als wesensfremd« empfunden wurden. Man kann aber noch weitergehen und bedenken, dass im Westen, aus dem die Tehenu/Temehu, die Libyer, kamen, und im Süden, aus dem Kuschiten, die dem Amun-Tempel in Napata eng verbunden waren, stammten, die programmatische Ägyptisierung eine ebenso große Rolle spielte wie die Rückbesinnung auf urzeitliche Gemeinsamkeiten, die in den Strukturen des »mythisch Denkenden« (Ernst Cassirer) verankert waren. Die politischen und verwandtschaftlichen Verknüpfungen zwischen den libyschen Dynastien in Tanis und der Theokratie der Amun-Priester in Theben sind offensichtlich. Die »Gottesgemahlinnen« und die Hohenpriester des Gottes Amun, die meist Königssöhne waren, garantierten zugleich die Einheit des Landes und standen ihren Verbündeten in Napata nicht feindlich gegenüber. Der Süden griff erst dann in die Geschehnisse nördlich der Elephantine ein, als in Ägypten die *Isfet*, das Chaos, überhand zu nehmen begann.

Im fernen Napata, in dem das Orakel des Amun-Tempels die Geschicke des Landes bestimmte, festigte sich eine kuschitische Dynastie, die mit dem legendenumwobenen Alara – dessen Existenz teilweise bestritten wird – die Bühne der Weltgeschichte betrat. Schon vor ihm hatte es mindestens fünf Herrscher gegeben, deren Namen zwar noch unbekannt sind, die jedoch seit dem 10. Jh. in der Königsnekropole von el-Kurru beigesetzt wurden. Der Bruder von Alara, Kaschta (760–747), fasste in Ägypten Fuß und wurde auf Elephantine im Chnum-Tempel als legitimer König des Oberen und Unteren Ägypten, als Sohn des Re, anerkannt. So begann der Aufstieg der Kuschiten, der noch in die Zeit der von Manetho aufgestellten 23. und 24. Dynastien (808–740) fällt, während in Ägypten eine quasi Kleinstaaterei entstanden war, die den Untergang des Landes heraufbeschwor, was die Amun-Priester nicht billigen konnten.

Es darf daher nicht erstaunen, dass sich Kaschtas Sohn, König Pije/Pianchi (747–716), als rechtmäßiger ägyptischer König fühlte, dem die Aufgabe zukam, die Fremdlinge und Chaoten, die Feinde des Gottes, zu vertreiben und zu besiegen. Er ließ deshalb – als ergebener Verehrer des Amun – das theokratische Reich des Gottes in Theben weiterbestehen. Seine Schwester, Amenirdis, wurde von der »Gottesgemahlin« Schepenupet I., einer Tochter Osorkons III. (787–759), adoptiert und damit zur Nachfolgerin bestimmt. Ein siegreicher Feldzug um 730 führte Pije bis vor die Tore von Memphis. Seine Beschreibung, die beidseitig 159 Zeilen einnimmt, findet sich auf der umfangreichsten ägyptischen Königsstele. Sie war für Napata hergestellt worden.

> »Seid euch jedoch bewußt, daß Amun der Gott ist, der uns gesandt hat!« Wenn ihr Theben erreicht habt, das gegenüber von Karnak liegt, säubert euch im Fluß, bekleidet euch mit dem schönsten Linnen, entspannt die Bogen und laßt den Pfeil ruhen. Rühmt euch nicht, Männer von Kraft zu sein, denn ohne ihn [nämlich Amun] ist kein Tapferer im Besitz von Kraft. Er macht die Schwachen stark, so daß viele vor wenigen fliehen und ein einzelner imstande ist, tausend Mann zu besiegen. Benetzt euch mit dem Wasser seines Altars. Küßt die Erde vor seinem Anblick. Sprecht zu ihm: Gib uns eine Gelegenheit, laß uns streiten im Schatten deines Armes! Dem jugendlichen Soldatenheer, daß du ausgesandt hast, gehört der Sieg, und viele sollen beben vor ihm!« (Z. 9–14; zit. nach der Übers. von de Meulenaere, FWG IV, S. 235 f.)

Pije, dessen Name dem des ägyptischen Oberpriesters Pianch zu gleichen scheint, soll nach Ansicht einiger Wissenschaftler in einer verwandtschaftlichen Beziehung zu dem Begründer der 21. Dynastie, Pianch, gestanden haben, wofür auch die gemeinsame Liebe zu Pferden sprechen mag (eine alte Tradition der Sahara-Völker!). Ersterer trug den Titel »Vorsteher der Pferde des Landesherrn«, und der Kuschite beklagte den elenden Zustand der hungernden Pferde in Hermopolis mit den Worten:

»Ich schwöre, so es wahr ist, daß Ra mich liebt, daß mehr die Tatsache auf meinem Herzen drückt, daß diese Pferde Hunger gelitten haben, als das Übel, das Du verursacht hast, indem Du Deinen ehrgeizigen Plänen folgtest. Wusstest Du nicht, daß der schützende Schatten Gottes über mir ist und daß mein Glück niemals untergeht?« (Zit. nach: Curto, S. 47)

Wie groß die Bedeutung der Pferde für Pije war, offenbart die bereits im Vorspann zitierte Triumphstele des siegreichen Kuschiten von Napata, die im oberen Teil die Huldigung des besiegten Namlot und seiner Gemahlin Nestanetmeh in Begleitung eines Pferdes zeigt. Das Pferd war wahrscheinlich als besonderes Geschenk zur Besänftigung des zornigen Pije gedacht, der seine Lieblingsrosse in der Nähe seiner Grabpyramide in separaten Schächten, aufrechtstehend, bestatten ließ, in der Hoffnung sie auch im Jenseits nutzen zu können.

Dieser ägyptische Hintergrund und der religiöse Eifer sprechen für die bewusst ägyptische Haltung des Kuschiten, der im Rahmen einer gemeinsamen Religion seine Pflichten als Hüter der göttlichen Ordnung ernst nahm. Dass er sich nach seinem Sieg in Ägypten nach Napata zurückzog, ist darauf zurückzuführen, dass die offizielle Anerkennung der Machtverhältnisse von den »Gottesgemahlinnen« abhängig war. Seit Kaschta beeinflussten die königlichen Schwestern und Gemahlinnen nachweislich die Struktur des kuschitischen sakralen Königtums, was sich unter anderem an den prunkvollen Gräbern der Königsfrauen in den Nekropolen von El-Kurru und Nuri ablesen lässt. Diese Frauen waren der entscheidende Faktor für die Herrschaft von Pije über Ägypten, was John Wilson sehr treffend formulierte:

»Schon seit geraumer Zeit war der Hohe Priester des Amun so mächtig geworden, daß die Vorgänger Pianchis auf den Ausweg verfallen waren, ihm eine Priesterin, die ›Gottesgemahlin des Amun‹ überzuordnen und diesen entscheidenden Kontrollposten mit einer Königstochter zu besetzen. Pianchi fand es nun ideal, einen Statthalter in Theben zu etablieren, der Ägypten vor allem mit Hilfe des Amun-Orakels regieren könnte und dennoch keine Gefahr für den neuen Pharao bedeuten würde. Er zwang die amtierende ›Gottesgemahlin des Amun‹, seine Schwester zu adoptieren und zu ihrer Nachfolgerin zu bestimmen; dieser Schwester übertrug er die Regierungsgewalt. So kam Ägypten nominell unter die Herrschaft eines Äthiopiers aus den verachteten ›barbarischen‹ Grenzgebieten und faktisch unter das Regiment einer Frau.« (Wilson, PWG I, S. 502)

Die immer verwirrenderen Streitigkeiten und Kämpfe unter den quasi feudalen Vasallen und die Gefahr einer assyrischen Invasion zwangen die Kuschiten zur Verlagerung ihrer Königsresidenz von Napata nach Theben, womit um 713 offiziell die 25. Dynastie eingeführt wurde. Ihr Beginn ist eigentlich mit dem nicht ganz fassbaren König Alara (775–765?), dem Vorgänger Kaschtas, anzusetzen.

## ÄGYPTEN UNTER DEN KUSCHITEN

An der Ostgrenze Ägyptens zeichnete sich deutlich die Gefahr einer assyrischen Invasion unter Sargon II. ab. Die erste Schlacht bei Raphia (720), einer wichtigen Stadt auf dem Karawanenweg von Ägypten nach Palästina, die schon bei den Ortsnamen der Soleb-Tempel aus der Zeit des Amenophis III. erwähnt ist, wurde von den Ägyptern unter Führung von Osorkon IV. (729–719), einem Delta-Fürsten, verloren. Das setzte ein Signal für Schabaka, den Bruder von Pije. Er zog 716 (oder etwas früher) von Napata nach Theben und erreichte schließlich die Vereinigung des zersplitterten Reiches, das sich nun bis zu den Westoasen erstreckte. Im Osten, wo er die Asiaten vertrieb, erreichte Schabaka sogar Ninive, wo sich sein Siegelstempel fand. Die *Ma'at* stellte nun die Ordnung in dem vom Chaos erfassten Land wieder her, und die kuschitische Renaissance des ägyptischen Reiches führte nicht nur zur politischen Erneuerung der glanzvollen Macht der vergangenen Reiche, sondern erweckte auch bei den Assyrern Respekt, die – vorerst – nicht mehr wagten, Ägypten anzugreifen.

Schabaka, dessen Sohn Horemachet zum Hohenpriester des Amun ernannt wurde, ließ die Arbeiten zur Erweiterung der Heiligtümer fortsetzen; so kam es innerhalb der Karnak-Tempel zu den Umbauten der Ptah-Kapelle. In Memphis wurde die alte Kultstätte des Gottes Ptah und seines Stieres Apis, dem auch die Kuschiten huldigten, erneuert. In der besonderen Begünstigung und Förderung der Kulte von Ptah und Hathor offenbarte sich Schabakas Besinnung auf das große »Weltreich«, die eindeutig an die Tradition des Alten Reiches anknüpfte.

Auf Schabaka, dessen Regierungszeit (um 713–699/698) sich lückenlos an die thebanische anschloss, die offiziell der göttlichen Macht einer »Gottesgemahlin« – damals seiner Schwester Amenirdis I. – unterstand, folgte für kurze Zeit Schebitku (Schabataka; etwa bis 690), Sohn des Pije und Bruder seines bekannten Nachfolgers Taharqa (Abb. 41). Er hatte als Oberbefehlshaber der ägyptischen Armee den ungünstigen Verlauf der Schlacht mit den

Assyrern unter Sanherib (705/704–681) bei Eltheke/Altaqu (701), an dem auch das Königreich Juda unrühmlich beteiligt war, erkannt. Als die Verbündeten die Front wechselten, zog er sich nach Ägypten zurück. Doch die Assyrer wurden von einer Seuche heimgesucht, und Sanherib kehrte nach Ninive zurück. Diese Ereignisse spiegelt eine assyrische Elfenbeinarbeit (Farbtaf. V) wider, in der der Kuschite symbolisch von dem Löwen (Assyrien) bezwungen wird.

Die enge Verbindung zwischen den Brüdern Schebitku und Taharqa erschwert es heute, Unterschiede in ihrer Regierungstätigkeit zu erfassen. Schebitkus Politik diente der Erhaltung des Reiches, was im ganzen Land religiöse Aktivitäten zur Folge hatte. Er stärkte nicht nur die Position der »Gottesgemahlin des Amun«, sondern belebte auch den Osiris-Kult in den Karnak-Tempeln, in denen er die Osiris-Kapelle erweiterte. Er wurde, wie seine Vorgänger, in der Grabpyramide in el-Kurru beigesetzt.

### KÖNIG TAHARQA UND SEINE NACHFOLGER

»Ich eroberte die Herzen – meiner – Untertanen und pflanzte Liebe ein bei jedermann. Ich wurde zu Memphis gekrönt, nachdem der Falke [d. h. Schebitku] gegen Himmel geflogen war. Mein Vater Amun befahl mir, daß alle

36   Die Ruinen von Kawa, gegenüber von Dongola (Urdi) am
Ostufer des Nils.

fremden Länder unter meine Fußsohlen gestellt werden sollten, südwärts bis Retehukabet und nordwärts bis Kebehuhor, ostwärts bis zum Aufgang der Sonne und westwärts bis zu ihrem Untergang.« (Zit. nach: Kawa Insc. V, FWG IV)

Die Taharqa-Inschrift aus dem Kawa-Tempel (Abb. 36) ist eine wichtige Quelle über die Regierungszeit des großen Kuschiten, der am längsten über das ägyptische Reich herrschte. Taharqas Regierungsjahre (690–664) sind – trotz der Unruhen, die von seinem Gegenspieler im Delta ausgelöst worden waren – als relativ ruhig zu bezeichnen. Er bereiste das Land zwischen dem Mittelmeer und Meroë und schuf dabei unvergängliche Denkmäler einer ägyptischen Rückbesinnung auf alle Werte, die man verloren zu haben glaubte. Man feierte den Segen spendenden König, als in dessen 6. Regierungsjahr in Ägypten eine nie zuvor da gewesene Rekordernte verzeichnet wurde.

---

## Eine segensreiche Zeit

Es war aber das ganze Land zu seiner Zeit im Überfluß, wie es zur Zeit des Allherrn war: Jedermann schlief bis zum hellen Tag. Es wurde nicht »Oh, hätte ich doch« wegen irgendeiner Sache gesagt. Die Gerechtigkeit war installiert, in allen Landen. Das Böse war auf dem Grund festgenagelt. [Denn] es waren zur Zeit Seiner Majestät, im sechsten Jahr seines Erscheinens [auf dem Thron], Wunder geschehen, wie man seit der Zeit der Vorfahren nie ähnliche Dinge gesehen hatte; denn sein Vater Amun-Re liebte ihn so sehr. […] Es regnete aber (auch) der Himmel im »Bogen-Land« [T3–stj, d.h. Katarakten-Niltal]; er machte alle Berge glänzend. Jedermann im »Bogen-Land« war an allem in Überfluß. Ägypten war im schönen Fest. […]

[Aber] er [Amun] hat für mich das ganze Ackerland fruchtbar werden lassen. Er hat die Ratten und die Schlangen in seinem Innern vernichtet. Er hat die Heuschreckenplage abgewehrt. Er hat die Südwinde nichts wegbringen lassen. [Sondern] ich brachte die Ernte in die Scheunen ein, und man wußte gar nicht die [ungeheuer große] Zahl an ober- und unterägyptischer Gerste und an jeglichem Getreide, [das auf dem Rücken des Landes [gewachsen war].

*Nach der Übers. v. Kausen, TUAT, S. 591 f.*

---

Auch große Ereignisse, wie der Besuch seiner Mutter Abale/I-ba-ru in Memphis, werden festgehalten.

## Jubel für eine Königsmutter

Ich hatte mich von ihr als zwanzigjähriger Jüngling entfernt, damals, als ich mit Seiner Majestät nach Unterägypten ging. Nun kam sie stromabwärts, um mich nach einem Zeitraum von [vielen] Jahren [wieder] zu sehen. Sie fand mich auf dem Throne des Horus erschienen, nachdem ich die Krone des Re empfangen hatte, und nachdem sich die Beiden Uräen auf meinem Haupte vereinigt hatten, und alle Götter [standen zum Schutz] hinter meinen Gliedern. Da hat sie überaus laut gejubelt, als sie die Vollkommenheit Seiner Majestät sah, wie Isis, als sie ihren Sohn Horos auf dem Thron seines Vaters Osiris erschienen gesehen hatte, nachdem er als Jüngling im Nest von Chemmis gewesen war. Ober- und Unterägypten [und] jedes Bergland [Fremdland] neigten die Stirn bis zum Boden für diese Königsmutter; sie waren überaus sehr im Fest [in erhabener Stimmung], die Großen von ihnen gemeinsam mit den Kleinen von ihnen; sie jauchzten dieser Königsmutter zu mit den Worten: »Wenn Isis ihren Sohn Horus empfängt, ist sie wie die Königsmutter, die sich mit ihrem Sohn vereinigt hat, dem König von Ober- und Unterägypten Taharqa, er lebe ewiglich, geliebt von den Göttern.«
*Nach d. Übers. v. Kausen, TUAT, S. 593 f.*

In Theben entstand, neben dem heiligen See ein scheinbar rätselhaftes Sanktuarium mit unterirdischen Gängen und Sälen, in denen mysterienartige Riten vollzogen wurden, die den König als Herrscher auf Erden und als Gottessohn legitimierten. Karol Myśliwiec beschreibt diese:

»Der erneuerte Amun kehrte aus Djeme zu seinem Sitz in Karnak zurück, aber bevor die Statue des Gottes in ihren Raum zurückgestellt wurde, betrat sie noch jenes geheimnisvolle Bauwerk am Heiligen See. Hier trat Amun, der Geist des Sonnengottes Re, ein, damit er in der Morgendämmerung wieder in seinem vollen Glanz erstrahlen konnte. Er erneuerte sich aus seiner Gestalt des verstorbenen Osiris, der auf diese Weise auch zum Sonnengott wurde. Und da der König das einzige lebende Abbild dieses vereinten göttlichen Wesen war, rückte hier letztendlich sein Kult in den Vordergrund.« (Myśliwiec, *Herr beider Länder*, S. 117)

Ähnliche Riten wurden wohl auch in dem Bergsanktuarium von Gebel Barkal vollzogen. Dort, in Napata, errichtete man ebenfalls in 65 m Höhe auf dem »Reinen Berg« eine mit Goldblech bedeckte Inschrift (etwa 1 m x 2,5 m), die den siegreichen Taharqa preist und die – die Sonne widerspiegelnd – wie ein

˄
37   Wandmalereien in der Pyramide von el-Kurru zeigen den
*BA*-Vogel (= Seelenvorstellung), ein sehr populäres Motiv in der
kuschitischen Kunst.

Leuchtturm viele Kilometer weit im Lande sichtbar war. Diese Entdeckung
zeugt von den immer neuen Überraschungen, die die Periode der 25. Dynastie in Ägypten den Forschern beschert und an denen sie nicht arm ist. Man
kann z. B. auf der Felsnadel, die aus dem Gebel Barkal herausgehauen zu sein
scheint, eine monumentale Uräusschlange erkennen, ein Symbol Ägyptens,
zu dem die Kuschiten damals auch ihr Land als zugehörig betrachteten. Im
Auftrag des in das Alte Reich verliebten Taharqa kopierte man alte Texte und
pflegte die klassische ägyptische Sprache, baute und erweiterte zahlreiche
Tempel, zum Beispiel in Sanam (heute Merawi), Napata, Kawa, Semna, Qasr
Ibrim, Buhen, Medinet Habu, Karnak und Memphis. Solche Aktivitäten hatten natürlich eine Blüte aller Künste zur Folge, die bis zu den ausgezeichne-
ten Grabmalereien reichen, die nicht mehr auf ägyptischem Boden, sondern
in el-Kurru entstanden sind (Abb. 37). Man muss anerkennen, dass die Leistungen während der 26-jährigen Herrschaft Taharqas, die man an den Denkmälern ablesen kann, denjenigen der Periode der Ramessiden kaum nach-
stehen. Ihre ästhetische Qualität ist sogar weit höher einzuschätzen als die
der Ramessiden-Zeit.

Taharqas Regierungsjahre waren von andauernden Kriegen mit den Assyrern begleitet, was dem König die »Ehre« einbrachte, sogar im Alten Testament (4 Rg 19.9), als Tirhaka, erwähnt zu werden. Leider hatte er in den Auseinandersetzungen – zuerst mit Asarhaddon (681–668), der ihn als Gefangenen im Basaltrelief von Sendschirli zeigen lässt, und dann mit Assurbanipal (669–631) – kein Glück. Triumphierend lobte Asarhaddon seinen Sieg:

»Von der Stadt Ischhupri bis nach Memphis, [also über] eine Strecke von 15 Tagen, schlug ich täglich sehr blutige Schlachten gegen Tarku [Taharqa], den König Ägyptens und Äthiopiens [Kusch], der von allen großen Göttern verdammt ist. Fünfmal traf ich ihn mit der Spitze meiner Pfeile und brachte ihm Wunden bei, und dann belagerte ich Memphis, seine königliche Residenz. Ich zerstörte es, riß seine Mauern ein und brannte es nieder. [...]
Alle Äthiopier [Kuschiten] verschleppte ich aus Ägypten und ließ auch nicht einen einzigen zurück, der mir hätte huldigen können. Überall in Ägypten setzte ich neue Könige, Statthalter, Offiziere, Hafenaufseher, Beamte und neues Verwaltungspersonal ein.« (Zit. nach: Gardiner, *Geschichte Oberägyptens*, S. 384)

Assurbanipal erreichte sogar Theben (667/666) und ließ Taharqas Vertraute nach Ninive deportieren, was sich in dortigen Palastreliefs eindrucksvoll widerspiegelt. Taharqa selbst suchte Unterschlupf in seiner Heimat, wo er auch starb. Seine Begräbnisstätte ist umstritten; er hatte zwar für sich eine Pyramide in Nuri, nicht weit von Sanam (heute Merawi), vorbereiten lassen, aber man schließt nicht aus, dass er in Sedeinga, in der Nähe des Amenophis III. Tempels der vergöttlichten Teje, seine letzte Ruhestätte fand.

Sein Nachfolger, Tanwetamani/Tanutamun (664–656), der letzte Kuschite auf dem Thron der »Beiden Länder«, wirkt sehr anigmatisch, nicht minder wie seine sog. Traumstele, nach deren Text er zum Bezwinger der Assyrer wurde. Die Tatsachen scheinen aber etwas anders gewesen zu sein: Erst Psammetich I. (664–610) ist es gelungen, Ägypten vom assyrischen Joch zu befreien (655), möglicherweise waren aber schon die Feldzüge seines Vorgängers Tanutamun für die Angreifer sehr verlustreich.

Tanutamun, der sich in el-Kurru bestatten ließ, war während seiner epigonalen Herrschaft nicht nur an kriegerischen Handlungen beteiligt, sondern setzte auch die Bautätigkeit der kuschitischen Herrscher fort. Seine Königsplastiken entsprechen der vorzüglichen Qualität, die aus Karnak bekannt ist. Dort entstand zum Beispiel die Plastik des Hermakis, eines Sohnes von Schabaku und Hohen Priesters des Amun.

Währenddessen war man in Napata mit der Verfolgung der eigenen Interessen ausreichend beschäftigt und versuchte, eine Politik zu entwickeln, die sich auf Nordostafrika konzentrierte. Man darf aber nicht verkennen, dass an den politischen Geschehnissen, mit Auswirkungen auch auf die 26. (Saiten) Dynastie, die »Gottesgemahlin« Schepenupet II. und Monthemhet, der »Vierte Prophet des Amun«, maßgeblich beteiligt waren. Letzterer war zugleich Bürgermeister von Theben, der Vermögensverwalter der »Gottesgemahlinnen« und schließlich Gemahl der kuschitischen Prinzessin Udjarenes. Schepenupet II., die große Schwester von Taharqa, hatte 710 ihr ehrwürdiges Amt von ihrer Tante Amenridis I. übernommen. Schepenupet II. adoptierte 670 ihre Großnichte, die Tochter Taharqas, Amenridis II., die zugleich die Schwester Altanersas (653–643) war. Altanersa bestieg zwar nur noch den Thron des »Bogen-Landes« in Napata, hatte aber wahrscheinlich noch gute Kontakte zu Ägypten. Die Position der kuschitischen »Gottesgemahlinnen« war unanfechtbar, sodass es erst 656/655 mit der (wahrscheinlich erzwungenen) Adoption der Tochter Psametichs I., Nitokris, als Nachfolgerin der Amenridis II., zu immer stärker werdenden Einflüssen der Saiten kam, die schließlich – nach dem Tod von Amenridis II. (640) – die Oberhand gewannen. Hierzu fand sich eine Inschrift auf der markanten Stele im Vorhof des großen Amun-Tempels in Karnak:

> »Danach gelangte sie [Nitokris] zu dem Gottesweib Schep-en-upet; sie sah sie, sie war zufrieden mit ihr; sie hatte sie lieber als irgend etwas. Sie machte ihr die Imet-per-Urkunde, die ihr ihr Vater und ihre Mutter gemacht hatten, samt ihrer ältesten Tochter Amun-ir-di-es, der Tochter des Königs [Taharqa], wahr an Stimme. Ihre Verfügungen wurden schriftlich gemacht mit folgendem Wortlaut: ›[Hiermit] geben wir dir alle unsere Habe auf dem Land und in der Stadt. Du sollst auf unserem Thron sein und bleiben und dauern bis zum Ende der Ewigkeit.‹ Zeugen ihrer Verfügung waren alle Gottesdiener, Reinigungspriester und ›Freunde‹ des Tempels.« (Nach d. Übers. v. Kausen, TUAT I, S. 599)

So endete die Herrschaft der Kuschiten über Ägypten. Sie zogen sich nach Napata zurück, ihre Hinterlassenschaften bleiben jedoch imponierend und zeugen von der Machtfülle, die sie im Niltal seit dem 9. Jh. innegehabt hatten.

### GÖTTER, TEMPEL UND GRÄBER

Die Macht und Herrlichkeit der kuschitischen Könige ist aus der religions-
kulturellen Einheit eines Gottesreiches zu verstehen, das sich eindrucksvoll
in seinen erhaltenen Denkmälern manifestierte. Ihre Entstehung und ihr
Charakter sind für die erste Periode des kuschitischen Reiches (bis zum
Untergang der »napatäischen« Herrscher) kaum von Ägypten zu trennen. Ursache hierfür waren sowohl politisch-religiöse Gründe als auch die beinahe
absolut wirkende Identifikation der Nachfolger Kaschtas mit den »Söhnen
Res«. So kam es zu einer Belebung der ägyptischen Werkstätten, deren Handwerker ihre Arbeit im Auftrag der Könige nicht nur im Lande der Väter, sondern auch im Herzen des kuschitischen Staates aufnahmen. Das war allerdings nichts Neues.

Auch im Neuen Reich hatten ägyptische Meister »Häuser Gottes« in Soleb (Abb. 32) und Napata gebaut. Im Zuge dieser Arbeiten dürften lokale
Werkstätten entstanden sein. Dies wird besonders seit dem 7. Jh. erkennbar,
wenn man beispielsweise die archaisierenden Königsplastiken des Schabako
aus Ägypten (Karnak, Memphis) mit denen aus Napata vergleicht. Man findet einerseits die für die Ewigkeit gedachte zeitlose Statik eines kanonischen
Königsbildes, das in der Manier der Statuen des Alten Reichs mit den dazugehörigen Insignien (Kopftuch, mit abgedeckten Ohren und Doppelkrone)
dargestellt ist. Andererseits existiert das fast »klassische Bild« eines kuschitischen Königs in einer naturalistischen Monumentalität, die den Ägyptern bis
dahin unbekannt war: mit der typischen Kappe und den doppelten Uräen,
die als Königsdiadem die Vereinigung von Kusch und Ägypten symbolisieren
sollen. Die Plastizität dieses Königsbildes wird durch grandiose Wandmalereien aus der Königs-Nekropole in el-Kurru (Farbtaf. VII) verstärkt. Hier verbinden sich ägyptisierende mit lokalen Elementen zu einer wirkungsvollen
Einheit. Die Malereien und die anderen Königsdarstellungen lassen das
Zeichen Amuns in Form eines Widderamulettes (Abb. 38) erkennen. Dieses
Gottessymbol findet sich auch bei den monumentalen Plastiken der Widderallee wieder, die in das Innere der Tempel führten, so bei Gebel Barkal
(Abb. 31). Die Bildnisse des allmächtigen Gottes Amun sind Ausdruck seiner
Schutzfunktion gegenüber dem König, der sich zwischen seinen Hufen ab-
bilden ließ. Ihre Vollendung erreichen diese Darstellungen des Bildes des
Gottes zusammen mit dem des Königs und der Archaismus in dem rätselhaf-
ten Bild einer Sphinx.

Derartige Darstellungen waren aber nicht nur den Königen, sondern
auch den nicht minder mächtigen »Gottesgemahlinnen des Amun« vorbehal-

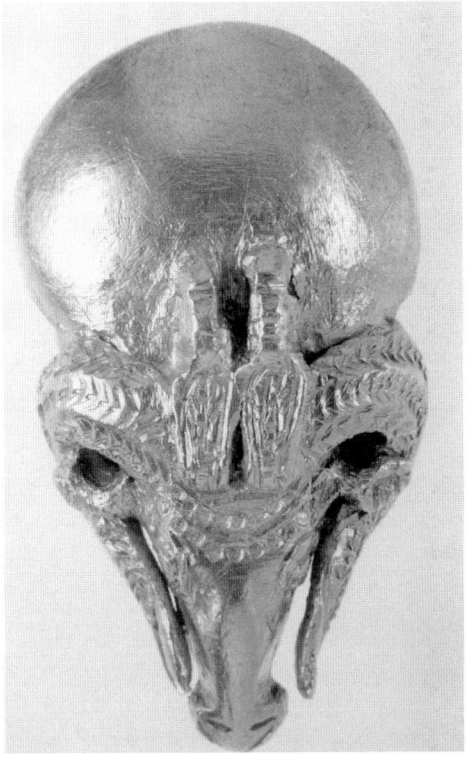

^

38    Ein goldenes Widder-Amun-Amulett mit der
Sonnenscheibe (H. ca. 13 cm), das man oft bei
kuschitischen Königsbildnissen als Anhänger findet.

ten. So wurde Schepenupet II., die Schwester Taharqas, in Karnak sogar in einer eigenen Kultkapelle als Sphinx dargestellt. Diese außerschriftliche Manifestation der Stellung der »Gottesgemahlin« birgt einen wichtigen Aspekt des
sakralen Königtums, das für die kuschitische Herrschaft während ihrer ganzen Geschichte entscheidend war: Die »Gottesgemahlinnen« wurden neben
den Göttinnen als einzige weibliche Gestalten bildlich dargestellt (Abb. 40),
denn sie waren die eigentlichen Herrscherinnen, göttlich legitimiert. Einen
fast menschlich erotischen Aspekt verrät eine Bronzearbeit von hoher Qualität, die eine Frau mit Königsinsignien, im Übrigen jedoch nackt, wiedergibt.
Ihre nicht mehr vorhandenen Arme, die beweglich waren, sprechen für die
sog. Konkubinen-Bilder, die man als ägyptische Grabbeigaben seit dem Mittleren Reich kennt. Sie sollten für die »jenseitige Realität« die Möglichkeit des

^
39   Der knieende kuschitische König
(Bronzeplastik, H. ca. 12 cm; heute im
Brooklyn Museum, New York).

^
40   Königin und Gottesgemahlin aus der
Zeit der 25. Dynastie (heute im Brooklyn
Museum, New York).

Vereinigens und des Beschützens ausdrücken. Die kuschitischen und naturalistischen Züge ihres Gesichts und die vollen Formen ihres Körpers lassen sie
im Vergleich zu ägyptischen Frauenbildnissen üppiger wirken. Ein anderes
als das ägyptische Schönheitsideal manifestierte sich offensichtlich. Auch für
die spätere kuschitische Ikonografie der Kandake (s. S. 137) und der weiblichen Gottheiten, die man aus vielen Amuletten kennt, war dieses unägyptische Ideal bestimmend.

Zu den am häufigsten im kuschitischen Raum dargestellten Göttern und
ihren Symbolen gehören Amun (Abb. 38), Horus, Hathor-Isis (Abb. 30), Bes,
Thoeris und die »löwenköpfige Göttin« (Tefnut). Ihre Bildnisse finden sich

sowohl in der Architektur, in Reliefs, auf Pektoralen, Stelen, als Grabbeigaben. Schon die oberflächliche Betrachtung verrät – gegenüber den unter der 25. Dynastie und besonders in der Regierungszeit Taharqas auf ägyptischem Boden geschaffenen Bildwerken – eine deutlich unterschiedliche Darstellungsart und sogar eine andere Thematik.

Im Lande der Pharaonen fühlten sich die Kuschiten offensichtlich dazu verpflichtet, eine Kontinuität beizubehalten, deren kanonische Strenge in ihrer Zeit in Ägypten ein Ausmaß erreichte, das man vorher nur in der Blütezeit des Alten Reichs und des Neuen Reichs gekannt hatte. Einerseits mag dies an einer Überempfindlichkeit der Kuschiten, die auf keinen Fall »unägyptisch« erscheinen wollten, gelegen haben, andererseits lässt sich nicht übersehen, dass in Ägypten Handwerker wirkten, die in einer alten Tradition gewachsen und ihr treu geblieben waren. Die Verbindungen Ägyptens mit Kusch werden durch Funde verdeutlicht, die zum Repertoire einer religiösen Sprache zählen und sich in diesen außerschriftlichen Formen ausdrückten und Vorstellungen prägten. Dazu gehörte die monumentale Architektur, die sowohl in Ägypten als auch in Kusch entstanden ist. Die Tempelarchitektur, die aus Gebel Barkal, Sanam, Kawa (Abb. 36) und vielen anderen Orten bekannt ist, geht auf ägyptische Vorbilder zurück. Beispiel hierfür ist der große Amun-Tempel in Napata bei Gebel Barkal (Abb. 31). An ihm kann man die verschiedenen Bauphasen des größten sakralen Baukomplexes der Kuschiten verfolgen. Direkt am Fuß des Berges, zum Teil sogar in ihn hinein, wurde in der Zeit des Neuen Reichs, wahrscheinlich unter Thutmosis III., die erste Anlage errichtet, die noch an unternubische Felsentempel erinnert. Nach einigen Verbesserungen der vorhandenen Bausubstanz baute Pije dann eine Säulenhalle, die sich der bisherigen ägyptischen Konstruktion anschloss und die kurz danach um eine weitere in Richtung Nil erweitert wurde. Abgesehen von den später vorgenommenen Innenausbauten wurde die ganze Anlage durch eine zum Teil noch sichtbare Widderallee (Farbtaf. VI) und eine Rampe mit dem Nil verbunden, über die der Kontakt zu den in der Nähe gelegenen Friedhöfen der Stadt Sanam und zu anderen Sanktuarien entlang des Niltals nach der bewährten Tradition leicht möglich war.

Zu diesen anderen, heute nur noch in den Fundamenten erhaltenen Tempeln gehören auch die von Kawa (Abb. 36), in denen man die wichtigsten Quellen über die Regierungszeit Taharqas fand. Die dort entdeckten Texte eröffnen sowohl zu der ägyptisierenden Tradition als auch zur lokalen Königssukzession der kuschitischen Herrscher, die in den Händen der Königsmutter (Kandake) lag, einen neuen Zugang. Neben dem Amun-Tempel in

Kawa errichtete Taharqa in Buhen, Qasr Ibrim und Semna Sanktuarien des Reichsgottes.

Einer einheimischen, wenn auch an das Alte Reich anknüpfenden Tradition entsprechen die Pyramiden, deren Zahl die aus Ägypten bekannte weit übersteigt. Sie wurden in den ersten Königsnekropolen von el-Kurru (Abb. 6), Nuri (Abb. 35), Napata (Farbtaf. IV) und später auch von Meroë (Abb. 42) erbaut und sind ein markantes Beispiel für die Langlebigkeit einer Tradition, die man sonst nur aus Ägypten zu kennen glaubte. Erwähnt sei darüber hinaus, dass die Hügelberg-Form der napatäischen Pyramiden wahrscheinlich auch ein Vorbild in den Deffufa-Bauten der Kerma-Kultur hatten, die sich in der Mitte einer Nekropole befanden und möglicherweise mit einer Pyramide gekrönt waren. Die Pyramiden Kuschs erlangten niemals die Ausmaße der großen ägyptischen Vorbilder, aber ihre Vielfalt ist groß. Sie reicht von Lehmziegelbauten in el-Kurru, denen bald eine Steinkonstruktion folgte, über steinerne Treppenpyramiden in Nuri und Napata, nördlich von Gebel Barkal, bis zu den steilen Pyramiden von Meroë, die noch bis um die Zeitenwende gebaut wurden und meist die Höhe von 20 m erreichten.

Die kuschitischen Pyramiden, die immer zu einer Grabanlage gehören, waren mit einer Kapelle und einer unter ihnen liegenden gewölbten und nach Westen orientierten Grabkammer versehen. Nicht nur die Könige, sondern auch die Königinnen wurden in gleichrangigen »Häusern der Ewigkeit« bestattet. Die Wände der Grabkammern waren mit Malereien ausgestattet, die zum Beispiel in el-Kurru (Farbtaf. VIIa) noch erhalten sind. Der Leichnam des Königs fand in einem Sarkophag seine Ruhestätte. In der Nähe befanden sich Grabschächte, in denen die Lieblingspferde der Könige bestattet wurden, die zu dem besonderen Status der Könige der 25. Dynastie gehörten. Pferde, die die ägyptischen Fürsten dem siegreichen König als Tribut zollten, sind deshalb auch im Tempelrelief von Gebel Barkal dargestellt – also eine absolut unägyptischen Sitte, deren Spuren zum Vorderen Orient und weiter nach Asien führen. Dort wurden die Pferde ebenfalls schon früh rituell (auch als Grabbeigabe) geopfert und standen in Verbindung zum Sonnenkult: eine religiöse Tradition, die im indoeuropäischen Raum sehr verbreitet war und zu der bekannten Vorstellung des Helios-Gespanns führte. Es ist deshalb kein Zufall, dass dies dem König als dem »Sohn der Sonne« vorbehalten blieb. Es sei auch hier angemerkt, dass Pferde der sog. Dongola-Rasse in Nubien viel früher nachzuweisen sind als in Ägypten und dass man Reitkunst (Reiter auf dem Kawa-Relief um 690) und Reitertruppen kannte. Die Verbindung der Pferde zum Sonnenkult wird erkennbar, wenn man den Schmuck der kuschitischen Pferde oder ihre späteren Reliefs im Sonnentempel zu Meroë beachtet (s. S. 129). Leider blieben auch die Ruhestätten der kuschitischen Könige, ihrer Familien und hohen Beamten nicht von Grabräubern verschont, wodurch die vollständige Klärung ihrer Begräbnissitten erschwert wird. Es scheint jedoch sicher zu sein, dass sich – trotz der fortgeschrittenen Ägyptisierung – noch immer Relikte, die man auch aus der Kerma-Kultur kennt, erhalten hatten.

Die Wandmalereien, die man schon aus den früheren Perioden kennt, entsprechen den ägyptischen Konzeptionen (Farbtaf. VIIa). Aus den Funden in Qasr Ibrim bzw. aus Spuren an den bemalten Taharqa-Reliefs im Amun-Tempel am Fuße des Gebel Barkal ist zu schließen, dass die Tempelbauten ebenfalls reich bemalt waren. Architektur und Grabanlagen waren somit Ausdrucksformen des Religiösen, die ebenfalls auf ein sakrales Königtum als Grundlage der Herrschaft der Könige zu Napata hinweisen.

Die Königsplastik – im napatäischen Raum anders als in Ägypten dargestellt – entwickelte sich zu einer selbständigen Rundplastik, die in der Hauptsache die Könige wiedergab, auch wenn Privatpersonen, hohe Beamte und Priester ebenfalls in Stein verewigt wurden.

Die kuschitische Plastik hat in der Zeit der 25. Dynastie auf napatäischem Boden einen lokalen, monumentalen und naturalistischen Stil entwickelt, der sogar in der Kleinplastik, obwohl es ihr an Dimensionalität fehlt (Abb. 39 f.), noch deutlich zu spüren ist. So wie seinerzeit Echnaton bemüht war, einen eigenen neuen Kanon zu kreieren, um auch die ikonische Sprache seiner Religion von bisherigen Formen zu unterscheiden, so haben die Kuschiten versucht, mit einer ihnen charakteristischen Ausdrucksform Zeichen zu setzen. Als Beispiel sei die Bronze-Statuette eines kuschitischen Königs aus dem Amun-Tempel bei Gebel Barkal genannt, die Taharqa zugeschrieben werden kann (Abb. 41). Ihre jetzige Höhe von 20 cm entspricht nicht ihren ursprünglichen Maßen, weil die ganze Gestalt des schreitenden Königs dargestellt war, heute aber ein Teil der Beine leider nicht mehr erhalten ist. Die Königsinsignien und die Schürze sind mit Gold bezogen, ebenso die *Ma'at*-Statuette, die der König als Beigabe in der Hand hält. Man erkennt das Königsdiadem mit den beiden Uräus-Schlangen, die Kappe mit zwei nach hinten fallenden Schleifen, die Widder-Amun-Amulette um den Hals und auf der Brust, goldene Armbänder und auch den physischen Ausdruck seines Gesichts und des Körpers, der sicher nicht als brutal bezeichnet werden kann. Die leicht typisierte (kanonisierte) Physiognomie ist zwar dem Ägyptischen fremd, jedoch nicht negroid. Es handelt sich vielmehr um Merkmale einer äthiopiden Rasse, die als »hamito-kuschitisch« bezeichnet werden kann. Der schmale Nasenrücken, die zusammengepressten Lippen und die stark betonten, manchmal übergroßen Ohren sind Ausdruck einer Regel, an die sich die Handwerker bei der Modellierung der kanonisch vorgeschriebenen Königsstatuen zu halten hatten. Deshalb ist es – wenn die Beischriften fehlen – schwer, die Königsplastiken mit Sicherheit einem bestimmten Herrscher zuzuordnen.

Aufgrund seiner intensiven Bautätigkeit und der langen Regierungszeit von Taharqa hat man die nicht näher bestimmbaren Objekte meist ihm zugeschrieben. Daraus ergibt sich, dass auch in Napata von einem individuellen Königsporträt keine Rede sein kann. Dies entspricht dem ägyptischen Grundkonzept, das man heute zu revidieren sucht, indem man nach individuellen, porträthaften Zügen Ausschau hält, die allerdings auch unter Berücksichtigung der vorhandenen Königs-Uschebtis weder in Ägypten noch in Kusch zu finden sind. Nach dem Untergang der kuschitischen Herrschaft in Ägypten blieb die Form der Rundplastik während der sog. napatäischen Periode erhalten. Monumentale Bilder von Göttern und Königen entstanden weiterhin (Abb. 57). Dagegen blieb die Absicht – wahrscheinlich von Taharqa –, das eigene Monument aus dem Fels des Gebel Barkal herausschlagen zu lassen, unvollendet und ist mehr als fraglich.

Neben der Rundplastik verdient besonders das Relief wegen einer oft nicht ägyptischen Art der Ausführung Aufmerksamkeit, obwohl uns im Amun-Tempel bei Gebel Barkal auch fast gänzlich ägyptisch wirkende Reliefs begegnen, so zum Beispiel im Taharqa-Sanktuarium. Dies rechtfertigt die Annahme, dass man – besonders in den Tempeln, in denen der ägyptische Charakter der Götter weiter manifestiert wurde – bemüht war, die ägyptischen kanonischen Strukturen beizubehalten: Ein nicht ägyptisch wirkender Osiris wäre eben kein Osiris mehr, was für die religiöse Ikonografie von vorrangiger Bedeutung blieb.

Diese religiösen Inhalte waren auch für die so unterschiedlichen Kleinplastiken ausschlaggebend, die von Fayence über kleine Bronzestatuetten bis zu vorzüglichen Goldschmiedearbeiten reichten (Abb. 61). Ihre Entwicklung und Qualität ist in den kommenden Perioden der kuschitisch-meroitischen Geschichte noch zu beobachten. Besonders die Kleinkunst ist Ausdruck des persönlichen Glaubens der Menschen, der auf das so entscheidende Konzept der alles regelnden »Gottesmütter« Mut und Hathor-Isis ausgerichtet war. Ihre Allgegenwärtigkeit kann nicht als ein dem Alltag ferner Glauben verstanden werden, sondern war ein Aspekt des Seins jener Zeit, zu

∧
41   Unvollständig erhaltene Königsplastik
aus Bronze mit Vergoldungsspuren.

dem auch die überragende Vorstellung eines sakralen Königtums gehörte,
die nicht nur die 25. Dynastie, sondern auch die gesamte Geschichte des
nubisch-äthiopischen Raumes auszeichnete.

## DAS SAKRALE KÖNIGTUM UND DIE »GOTTESGEMAHLIN«

Das wesentliche Phänomen in der Geschichte der kuschitischen Reiche – das
sich überzeugend in ihren schriftlichen und ikonischen Hinterlassenschaften
manifestierte – resultiert aus der Sakralität ihrer Machtstrukturen, die
wiederum das sakrale Königtum bedingte. Das Phänomen, mit seinem
»Sitz im Leben«, lässt von Anfang an erkennen, was schon die frühzeitlichen
Funde im Katarakten-Niltal (z. B. Weihrauchbrenner aus Qustol) bestätigen:

Für den »mythisch Denkenden« (Ernst Cassirer) bestand eine existenzielle Notwendigkeit, in der Ordnung der Welt das Heilige zu sehen und damit die Ordnung als Gabe Gottes zu empfinden. Die Beschützer und Garanten einer solchen Ordnung und Harmonie (*Ma'at*) konnten nur einer – damals fassbaren – Göttlichkeit entsprungen sein. Die Schlüsselfigur war dabei die sog. »Gottesgemahlin des Amun«, die nicht nur die Sukzession der Könige legitimierte, sondern in der Zeit der 25. Dynastie auch die Macht in Theben ausübte bzw. wesentlich bedingte. Dies veranlasste wahrscheinlich Taharqa dazu, Memphis als ägyptische Residenz vorzuziehen. Bedenkt man die Macht der Amun-Priesterschaft, so mag dies nicht der einzige Grund gewesen sein, aber sicher ein wichtiger. Die Institution einer »Gottesgemahlin des Amun« gehörte zu einer altägyptischen Tradition, die man wahrscheinlich bis zu der Vorstellung einer Gottesmutter zurückverfolgen kann, deren Spuren sich schon im Alten Reich festsetzen. Ihre Bedeutung folgt aus dem Verständnis des »Gott-Königs«, der als »Gottessohn« auch einer göttlichen Mutter bedurfte. Im Neuen Reich wurde dieses Thema zum Gegenstand des zentralen Bildprogramms des »Geburtsmythos des Gott-Königs«, dessen Elemente sich noch bis in die meroitische Zeit nachvollziehen lassen. Sie waren als wichtiger Bestandteil des Königsdogmas offenbar unverzichtbar. Mit dem Untergang des Neuen Reiches blieb die Funktion der »Gottesgemahlin« (Abb. 41), die wie der König ihren Namen in der Kartusche verewigte, als essenzieller Faktor eines theokratischen Reiches erhalten. In den libyschen Dynastien ist ihr eine Brückenfunktion zwischen Heiligem und Profanem zugekommen.

Diese immer wiederkehrende Konfiguration der Adoptionen der Gottesgemahlinnen (s. S. 99) war ausschlaggebend für die Legitimation des Herrschers in Ägypten. Für die dynastische Sukzession spielte aber die »Mutter des Königs« – deren Funktion der einer »Gottesgemahlin« glich – eine entscheidende Rolle. Die Betonung liegt auf »Königsmutter« (Kandake), die zugleich die Königsschwester war. Diese Konfiguration findet sich in allen Kawa-Inschriften, so auch in der Taharqa-Inschrift (s. S. 96).

Die Gräber der Königsfrauen sind mit den Königsgräbern gleichrangig. Die Königsfrauen erscheinen auf den Königsstelen und Tempelreliefs vor dem Gott Amun in Begleitung des göttlichen Sohnes. In dem Grab der Königin Nefru-ka-Kaschta, der Gemahlin des Pije, in el-Kurru fand man ein Amulett, das eine »von einer Göttin gestillte Frau mit einem Anch-Zeichen in der Hand« darstellte. Die Göttin ist durch die Sonnenscheibe zwischen den Hörnern, den hathorischen Insignien, als eine Muttergottheit erkennbar. Die stehende weibliche Gestalt, die von ihr gestillt wird, trägt ein Uräus-Diadem, über dem ein Geier seine Flügel ausbreitet. Der Bestandteil des Titels jeder »Gottesgemahlin« war die Bezeichnung »Tochter des Geiers«, so wird sie noch in einer späteren mythologischen Erzählung genannt. Von einer Göttin gestillt zu werden, war eine besondere Auszeichnung, die bislang nur dem König zukam, was aus ähnlichen Plastiken bekannt ist. Die weibliche Gestalt auf dem Amulett wurde dadurch zu einer »Tochter der Göttin« und Auserwählten für die besonderen Aufgaben einer zukünftigen »Gottesgemahlin«, die die Frucht des Gottes austragen durfte.

> »Sein [persönlicher] Gott, er liebte [ihn (bereits) im Nun]. Indem er ihn auswählte im Mutterleib, ehe er geboren war. / Er gab ihm alles Leben und Heil. / Und das Erscheinen auf dem Thron des Horus, ewiglich.« (Taharqa-Stele, zit. nach: Altenmüller/Moussa, S. 67)

Diese göttliche Erhöhung geben weitere Amulette wieder, die ebenfalls dem Grab beigegeben waren. Sie zeigen nackte, üppige weibliche Gestalten, geflügelt und mit den göttlichen Attributen, den zwei Uräen und der Sonnenscheibe zwischen den Hörnern. »Mögest Du jeden Tag leben, denn Amun-Re ist mein [Dein] Herr, so daß alles Leben zu Dir kommen soll [mein] Kind. Amun-Re wird Dein Schutz sein und Du sollst leben ohne Furcht« (ebd.). Dies bestätigt, dass die Darstellung auf den Amuletten die Jenseitsvorstellungen der Königin Nefru-ka-Kaschta enthält, nach denen sie auch nach ihrem Tod ihre Funktion als Gemahlin Gottes weiter wahrnahm. Diesen Amuletten verwandt sind jene mit einer löwenköpfigen Gottheit, die möglicherweise auf Tefnut und damit auf den Löwenaspekt des sakralen Königtums zurückgehen, was sich in der meroitischen Periode noch deutlicher zeigen wird (s. S. 135 ff.). Diese noch schwierig zu lösenden Probleme hängen mit der spezifisch kuschitischen Religiosität im Reich von Napata zusammen, in der – trotz der starken Abhängigkeit von den ägyptischen Vorstellungen eines Ptah, Horus, Chons, Min, Onuris, Atum, einer Mut, Hathor-Isis oder Tefnut – immer wieder Elemente auftraten, die unägyptisch waren oder die sich von einer Tradition ableiten lassen, die beiden Niltalkulturen Pate gestanden hat. Der archaisierende Aspekt der kuschitischen Kultur mag immer vorhanden gewesen sein und einiges mit den vorangegangenen Kulturen gemeinsam gehabt haben, was im Alten Ägypten mit dem Untergang des Alten Reiches zu Ende gegangen ist, aber südlich davon weiter existierte. Dazu gehört das Konzept eines sakralen Königtums, dessen Bestandteile nicht nur im meroitischen Reich, sondern auch in vielen wesentlich später entstandenen afrikanischen Königreichen zu finden sind.

Der wahrscheinlich unblutige Rückzug der kuschitischen Herrscher aus Ägypten änderte nichts daran, dass sie sich auch weiterhin als die rechtmäßigen Herren Ägyptens fühlten: Dies ergibt sich aus der für dieses Phänomen beachtenswerten Stele des kuschitischen Königs Nastansen (um 335–315): »Jahr 8, erster Monat der Keimzeit, neunter Tag, unter dem Horus starker Widder, der in Napata erschienen ist, Sohn des Re, Nastansen. Ich, der König von Ober- und Unterägypten, Sohn des Re, Herr der beiden Länder [...].« (Zit. nach: Curto, *Nubien*, S. 51; mit geringfügigen Modifikationen entsprechend der Fassung von Priese AK 63) Es handelt sich bei dieser Granitstele um das letzte kuschitische Dokument in ägyptischer Sprache. Sie zeigt den König Nastansen in Begleitung seiner Mutter Pelech und seiner Gemahlin Sachmach vor dem Gott Amun, der in menschlicher und widderköpfiger Gestalt erscheint. Hier bestätigt sich die Bedeutung der Königsfrauen, die auf keiner der fünf erhaltenen Stelen des napatäischen Reiches fehlen. Die Inschrift bezeichnet den König als »Gottessohn«.

»Ich war der ›gute Sohn‹ [d.h. der Erbprinz] in Meroë, da rief mich, Amun von Napata, **mein guter Vater**, in dem er sagte: komm doch! [...] Ich ließ erscheinen den Amun von Napata, meinen guten Vater, indem er herauskam aus dem großen Tempel. Er gab mir das Königtum von T3 stj (Bogen-Land), Aloa (südlich von Meroë), die neun Bögen, die beiden Fruchtländer, die vier Ecken (der Erde). [...] Nicht Menschen haben mich zum König gemacht, an jenem 24. Tag, du hast mir die Herrschaft gegeben. Die Großen und Kleinen waren auf dem Wege. Sich verneigen vor dem Angesicht des Re. [...] Der Sohn des Re [d.h. Gottessohn], Nastansen, ist heraufgestiegen, und sitzt auf dem goldenen Thron [...].« (Nastansen-Stele; zit. nach Curto, ebd.)

Seine Mutter empfindet sich daher als die auserwählte und zur Göttin erhobene »Königsmutter« (= Gottesmutter; ägypt.: *mwt ntr)*. Nur in dieser Eigenschaft konnte sie auch vor dem Gott miterscheinen. Man kann hier von einer Analogie zu dem »Geburtsmythos des Gottkönigs« im Alten Ägypten sprechen, weil es in der meroitischen Periode – also noch viel später – eine Reihe von Denkmälern gibt (Abb. 49, 50), die für die Fortsetzung dieses urägyptischen, wenn nicht sogar urnilotischen Mythos sprechen.

Der König, der sich auch als der höchste Repräsentant des Amun-Kultes auf Erden verstand, war zugleich Garant einer alles umfassenden göttlichen

Ordnung: der *Ma'at*. Als König hatte er nur Aufgaben zu erfüllen, die ihm vom Gott durch dessen Orakel, das seinen Sitz im Tempel von Gebel Barkal (Napata) hatte, aufgetragen wurden. Dieser heilige Bezirk um Napata war wahrscheinlich ausschließlich der Priesterschaft und dem Hof vorbehalten. Die »weltliche« Stadt befand sich in Sanam auf dem gegenüberliegenden Ufer (heute Merawi). Die Abgeschiedenheit des heiligen Ortes erhöhte seine numinose Wirkung. Dort fand auch die Thronbesteigung statt. Nach dieser sowie einer (heiligen) Reise und Besichtigung aller Tempel im Lande zog sich der jeweilige König wahrscheinlich von den weltlichen Geschäften zurück, um einem unerwarteten Tod, durch den Unheil und Chaos verursacht worden wären, zu entgehen. Die weltliche Herrschaft dürfte nach außen die Königsmutter, die Kandake, in ihren Händen gehalten haben. Auf ihre Veranlassung wurden Brüder und Söhne aus der Königsfamilie als Priester oder Kriegsherren eingesetzt oder mit realen Aufgaben betraut. Hierfür sprechen die Königsstelen, die darüber berichten, wie der jeweilige Herrscher zum Horusthron kam und was er zuvor geleistet hat. Diese Leistungen werden dann rückblickend als die Siege des Gottes und seines Sohnes dargestellt. »Amun von Gem-Aton, mein guter Vater. Er sprach zu mir: ›Ich gebe Dir meinen starken Bogen mit aller seiner Kraft, ich gebe Dir alle Deine Feinde unter Deine Füße‹«. (Nastansen-Stele; zit. nach: ebd.) Je mehr man sich von der Zeit der 25. Dynastie entfernt, um so mehr lassen sich auch Umstrukturierungen in der Verwaltung des Reiches erkennen, die schließlich in Meroë zu der faktischen Alleinherrschaft der kuschitischen Königsmütter, der Kandake, führten (s. S. 161 ff.).

## KUSCHS RÜCKZUG AUS DER WELTPOLITIK

Die Gefahr einer assyrischen Invasion war während der gesamten kuschitischen Herrschaft allgegenwärtig. Besiegte Kuschiten gab es jedoch meist nur in den Wunschvorstellungen der Assyrer, wie die bekannte Stele ihres Königs Assarhaddon (681-669) zum Ausdruck bringt:

> »Wir sehen den König / Assarhaddon [...] überlebensgroß dargestellt und vor ihm den Taharka von Äthiopien (kniend) und König Ba'al von Tyrus in flehender Stellung; beide haben nur ein Drittel seiner Größe und werden von ihm an einem Nasenseil gehalten. Die Stele zeugt von einer selbst in Assyrien ungewöhnlichen Überheblichkeit und Unwahrhaftigkeit, weil keiner von beiden je in seine Hand gefallen war.« (v. Soden, *Herrscher im alten Orient*, S. 120)

Sowohl in Folge der assyrischen Invasion als auch in Folge der Bestrebungen der Saiten, die Kuschiten zu vertreiben, ging die kuschitische Vorherrschaft in Ägypten zu Ende. Die Übernahme der Macht durch die saitische Dynastie, legitimiert durch die »Gottesgemahlin« Nitokris (s. S. 99), führte Psammetich II. (595–589) zu einem Feldzug in das Katarakten-Niltal, um die Spuren der Herren von Napata zu beseitigen. Bevor es dazu kam, lenkten allerdings die Geschicke des Landes in Oberägypten noch die mächtigen Oberpriester und »Vermögensverwalter der Gottesgemahlinnen« in Theben. Nachdem die noch verbliebenen Kuschiten aus ihren Tempelämtern verdrängt bzw. durch eine von den Saiten abhängige Priesterschaft ersetzt worden waren, verloren sie allmählich an Einfluss und Bedeutung. Sie zogen sich in die südlichen Gegenden ihres Landes zurück, behielten aber weiterhin den formalen Anspruch, legitime Herrscher Ägyptens zu sein.

Die Gründe für diese Neuorientierung waren angesichts der wachsenden Spannungen im Ostmittelmeerraum vielschichtig. Ihr genauer Ablauf kann wegen der spärlichen Quellenlage nur lückenhaft ermittelt werden. Sicher ist, dass der Rückzug aus Ägypten für Napata und das südliche Niltal keineswegs katastrophale Folgen hatte. Man schränkte die Machtansprüche im Norden ein, erweiterte dafür aber die Einflusssphären im Süden, was der Ausbau von Meroë und seine älteste Nekropole zu bestätigen scheinen. Die Zeit zwischen dem kuschitischen Engagement in Ägypten und dem Aufstieg des persischen Imperiums (etwa 655–525), das auch Ägypten unterwarf, entzieht sich einer traditionellen Geschichtsschreibung. Es gibt kaum lokale Quellen, die nach dem Vorbild der Königsstelen des Pije oder des Tenutamun über die Ereignisse erzählen könnten. Man ist daher auf Rekonstruktionen aus außerkuschitischen Berichten und Inschriften der napatäischen Denkmäler angewiesen. Aus ihnen ergibt sich die Existenz eines gut organisierten Reiches mit ausgedehnten kulturellen und wirtschaftlichen Beziehungen zum Süden und Westen.

Psammetich II. (595–589) versuchte mit Hilfe seiner Söldner aus aller Herren Länder, besonders aus Kleinasien, Palästina und Griechenland, noch einmal in den Süden vorzudringen und das Katarakten-Niltal wieder in das ägyptische Reich einzugliedern. Das Heer kam, wie die älteste griechische (karische) Inschrift aus Abu Simbel berichtet, bis zum 2. Katarakt: »Als König Psammetich nach Elephantine gekommen war, da schrieben dieses diejenigen, welche mit Psammetich, dem Sohn des Theokles, gefahren waren. Sie kamen über Kerkis hinaus, soweit es der Fluß zulässt. Die Ausländer dabei führte Potasimto, die Ägypter Amasis […]. Geschrieben haben wir es Archon, Sohn des Amoibichos und Pelekos, Sohn des Udamos« (zit. nach Scholz, *Abu Simbel*, S. 19).

Weitere siegreiche Stelen des Psammetich II. aus Assuan, Schellal, Edfu, Karnak und Tanis sind zum Teil nur sehr fragmentarisch erhalten. Dank der Erwähnung von Pnubs (Tabo) beim 3. Katarakt und großen Schlachterfolgen kann man aber trotzdem daraus schließen, dass es die Absicht der Saiten war, Kusch zu unterwerfen. Ob es ihnen gelungen ist, bis Napata vorzudringen, bleibt allerdings weiterhin umstritten, weil ihre Politik in erster Linie intensiv dem Meer zugewandt war (Umseglung Afrikas). Das schließt jedoch nicht aus, dass man die Kuschiten in Schach halten wollte, wozu man einen Kanal zum Roten Meer zu bauen beabsichtigte. Dem sind aber die Perser zuvorgekommen, die 525 ins Niltal vordrangen.

Die Herrscher der napatanischen Periode (bis etwa 270) waren die Nachfolger der 25. Dynastie in Ägypten, die mit Tenutamun zu Ende gegangen war. Von den Nachfolgern der 25. Dynastie in Kusch sind uns einige namentlich bekannt, obwohl die meroitische Schrift erst spät eingeführt wurde und sich in den Schriftquellen widersprüchliche Angaben finden. Altanersa (653–643) herrschte noch von Napata/Sanam aus und erhob jetzt endgültig die Nekropole von Nuri zur Bestattungsstätte der Könige. Das hatte schon Taharqa beabsichtigt, der dort die erste Pyramide erbauen ließ. Die Nachfolger Senkamanisken (643–623) und Anlamani (623–593), Enkel Taharqas, lebten noch weiter in Palästen, die direkt mit dem Amun-Tempel bei Gebel Barkal verbunden waren, und versuchten ihr Land gegen die Nomaden-Angriffe aus den Steppen/Wüsten zu verteidigen. Wie uns eine Kawa-Inschrift berichtet, waren die Angreifer Blemmeyr, die hier zum ersten Mal erwähnt sind. Nachdem aber die Saiten in den Süden vorgedrungen waren, zogen die kuschitischen Herrscher sich nach Meroë zurück. Die Tatsache, dass für diese Zeit präzise Schriftquellen fehlen, bedeutet jedoch nicht, dass es sich bei ihr um eine unwichtige Periode gehandelt hätte.

Ihre Begräbnisstätten haben manchmal ihre Namen übermittelt; sie liegen um die sog. Taharqa-Pyramide in Nuri (Abb. 35). Ihre jeweilige Regierungszeit ist – mit Ausnahme der des Aspelta (593–568) – nicht genau zu bestimmen. Der Versuch, aus der Größe der jeweiligen Grabpyramiden Rückschlüsse auf die Dauer der Regierungszeit des Grabinhabers zu ziehen, ergibt nur eine vorläufige und künstliche Klassifikation. Die Aktivitäten der Herrscher von Napata sind noch weitgehend unbekannt. Sie beschränkten sich aber nicht nur auf die Verwaltung des Vorhandenen; auch eine lokale Kontinuität des ägyptisch geprägten Erbes lässt sich erkennen. Man baute und er-

weiterte die Tempel des Reichsgottes Amun, dessen irdischer Repräsentant
der König als der »Sohn Gottes« war, und pflegte die bestehenden Werkstätten, die den Bedürfnissen der Tempel und der Nekropolen dienten. Dies belegen Steinsarkophage, die bis zu 15 Tonnen schwer sind (z. B. der des Aspelta),
Reliefs, Kleinkunst, Uschebtis, Steinvasen und schließlich Bauten in Tabo,

∧
42    Restaurierte Pyramide des Nordfriedhofs von Meroë
(Nr. 22) mit der Grabkapelle, erbaut für König Natekamani.

Delgo, Kawa, Gebel Barkal, Meroë (Abb. 47ff.) und anderenorts. Die spärlichen Reste der ausgeraubten Gräber in Nuri enthielten noch hoch qualifizierte Alabastergefäße, sodass wohl eine traditionsreiche Produktion vorhanden war, obschon auch Importwaren unter den Funden waren, was sich besonders nach der persischen Invasion zeigte. Weitere Ausgrabungen werden das ungewisse Bild des Reiches von Napata sicher anders erscheinen lassen.

Dieses Reich konzentrierte sich zwar auf das Dongola-Becken, reichte aber im Norden bis in die Grenzzone des späteren Dodekaschoinos, und seine Einflüsse waren im Süden wahrscheinlich bis in das heutige Kordofan spürbar. Die Kontakte zum Osten, der stetige Aufstieg von Meroë mit seiner kulturellen Ausstrahlung nach Ost- und Zentralafrika, der Übergang zu einer eigenständigen meroitischen Sprache, auch auf offiziellen Inschriften, die Stärkung der eigenen Wirtschaft, die tolerante Haltung des Reiches gegenüber Flüchtlingen und Verfolgten, die nachweislich ab dem 5. Jh. immer häufiger in das Land kamen, lassen annehmen, dass auch im kulturellen Bereich ein Verselbständigungsprozess einsetzte. Vorher fanden jedoch noch Ereignisse statt, die die Alte Welt und das sakrale Königtum von Napata nachhaltig erschütterten.

## DIE PERSER KOMMEN: LEGENDE ODER FOLGENREICHE GESCHICHTE

Herodot berichtet von einem misslungenen Feldzug des Kambyses (525) gegen die Aithiopen:

> »Kambyses beschloß also, Kundschaften auszusenden, und ließ dazu aus der Stadt Elephantine Ichthyophagen kommen, die die Sprache der Aithioper verstehen. […] Als nun die Ichthyophagen aus Elephantine vor Kambyses erschienen, sandte er sie nach Aithiopien, sagte ihnen ihren Auftrag und gab ihnen Geschenke mit: ein Purpurgewand, eine goldene Halskette, goldene Armbänder, ein Myrrhenkästchen aus Alabaster und einen Krug Wein aus Phoinikien. Von diesen Aithiopern aber, zu denen Kambyses schickte, erzählt man, daß sie das höchstgewachsene und schönste Volk der Welt seien; ihre Sitten sollen ganz anders sein als die der anderen Völker; so sollen sie z.B. den Größten und Stärksten im Volke zum König wählen.« (Herodot, *Historien*, III,19–25)

Nachdem – Herodot zufolge – die Antwort des äthiopischen (kuschitischen) Königs bei Kambyses (530–522) Unmut verursachte, zog er gegen den Süden

und verlor dabei seine Armee. Was daran wahr ist, entzieht sich der Nach-
prüfung, weil Herodot sich in seiner negativen Einstellung gegenüber den
Persern nicht vorteilhaft über ihre Erfolge äußerte. Man kann davon ausgehen, dass die Perser zwar in das Katarakten-Niltal eingedrungen, aber im militärischen Sinne dabei erfolglos geblieben sind. Wahrscheinlich schlossen
sie mit den Königen von Napata einen Vertrag, der dazu führte, dass man die
Aithiopen als befreundetes Volk zwischen den sog. Tributbringern in Persepolis findet (Abb. 43). Dies erlaubte den Persern, der Welt zu verkünden, sie
seien die Herren von Kusch, was man auch im Alten Testament (Est 1.1) lesen
kann.

Die Festung auf Elephantine blieb unter der Herrschaft der Perser Grenz-
posten im Süden Ägyptens. Damals befanden sich unter den dort stationierten asiatischen Söldnern Juden und Skythen, die möglicherweise nach dem
Untergang der persischen Herrschaft in Ägypten (402) in das südlicher gelegene Reich von Napata auswanderten, um so der Rache der Ägypter zu entgehen. Schon in der Zeit der 25. Dynastie hatte es gute Kontakte zwischen
den Juden und Taharqa gegeben, weil dieser alle Völker unterstützte, die
sich gegen die Assyrer wandten. Außerdem spielten die Juden neben den
Griechen in der damaligen Welt als Söldner eine bedeutende Rolle. So ist
möglicherweise die jüdische Militärkolonie auf der Elephantine schon im
10./9. Jh. entstanden. Jedenfalls war sie in der persischen Zeit sehr aktiv,
was zu Auseinandersetzungen mit der Bevölkerung und der Priesterschaft
des Chnum führte. Darüber hinaus ist bekannt, dass unter Amasis 529 v. Chr.
Juden nach Nubien zogen. Wahrscheinlich ist die dortige Eisenindustrie und
Schmiedekunst auf sie zurückzuführen. Noch heute werden diese Gewerbe-
zweige im nubisch-äthiopischen Raum von den jüdischen Abkömmlingen
ausgeübt (bei den Tuareg und bei den Falascha). Auch religiöse Erscheinungen mögen die These unterstützen, dass das Auftauchen von Juden im äthiopischen Hochland mit ihrer Migration aus Ägypten zusammenhängt.

Wahrscheinlich aktivierte das napatäische Reich in der persischen Zeit
seine Kontakte mit der Außenwelt, wofür Funde aus Gräbern von Meroë
sprechen: so ein griechischer Rhyton des Sotades in Form eines Reiters
(Abb. 44) aus dem 5. Jh., der möglicherweise als Import über die griechische
Kolonie in Unterägypten, Naukratis, nach Meroë gelangte. Dieses Werk aus
der Athener Werkstatt des Sotades stellt eine Amazone dar und könnte mit
der besonderen Stellung der Frau am kuschitischen Hof in Zusammenhang
stehen. Weitere gräzisierende Funde wurden auch in Kawa gemacht. Andererseits setzten sich gerade in dieser Periode im Mittelmeerraum Darstellun-

^

43   Gabenbringer in den Palastreliefs der Achameniden
von Persepolis unter denen auch Kuschiten sehr deutlich
sichtbar sind.

gen »Schwarzer« durch, was auf einen gegenseitigen kulturellen Austausch
hindeutet.

Diese kulturelle und politische Unabhängigkeit spiegelt die Stärke des
kuschitischen Reiches zwischen den Katarakten, das sogar die Weltherrscher
aus Persepolis in Wahrheit nicht zu bezwingen vermochten, wider. Man betrachtete die Kuschaja als gleichberechtigte Partner, mit denen man Handel
trieb und die das begehrte Elfenbein nach Persien lieferten. Die Kontakte
wurden wahrscheinlich nicht über Ägypten, sondern unmittelbar auf dem
Seeweg abgewickelt, weil die Kuschiten in dieser Zeit ihre Aktivitäten schon
auf die sog. Insel-Meroë konzentriert hatten und von dort Karawanenwege
zum Roten Meer unterhielten. Diese maritimen Aktivitäten wuchsen in späterer Zeit zu einem außerordentlichen wirtschaftlichen Faktor des Landes,
der noch bis in die römische, wenn nicht sogar bis in die christliche Zeit für
die Entwicklung des nordostafrikanischen Raumes prägend war.

Bekanntlich waren auch die Perser bemüht, ihre Schifffahrt zu intensivieren und das Rote Meer mit dem Mittelmeer zu verbinden. Dareios I. (522–486), der sich als ägyptischer König verstand und sich als solcher darstellen ließ, beabsichtigte einen Kanal (einen Vorläufer des Suez-Kanals) zu bauen. Aus dieser Epoche voller Spannungen, aber auch des kulturellen und wirtschaftlichen Austausches ist uns die Königsstele des Harsijotef erhalten, der um die Wende vom 5. zum 4. Jh. regierte und daher auch den Untergang der persischen Macht in Ägypten erlebte. Diese Stele, klassisch ägyptisch, zeigt ihn in Begleitung der »göttlichen« Frauen und berichtet über die siegreichen Kriege, die er auf der Süd- und Ostflanke seines Reiches führte und die ihn so mächtig werden ließen, dass er wagte, wieder nach Norden zu ziehen, um Syene (Elephantine) einzunehmen. Damals restaurierte sich für kurze Zeit die lokale ägyptische Macht unter Nektanebos I. (um 380–364/ 363), der möglicherweise eine gute Lösung in seinen Beziehungen zum Süden fand. Er baute den berühmten Philae-Tempel (Abb. 7) auf, der sowohl Ägyptern als auch Kuschiten im Grenzland dienen sollte. Damit erklärte man das Land zur Domäne der Göttin Isis, deren Popularität sich in diesem Gebiet für das nächste Millenium eindrucksvoll erhielt.

Die Inanspruchnahme der heutigen unternubischen Gebiete durch die Herrscher von Napata hatte neben der politischen Bedeutung, die Einheit des Landes zwischen Elephantine und Meroë zu demonstrieren, auch eine kultische Bedeutung. Sie kommt am besten in der *Amani-nete-jerike*-Inschrift (431–405) aus Kawa zum Ausdruck. Nach der Krönung unternahm dieser König nämlich die nach der Thronbesteigung übliche (heilige) Reise, die ihn zu allen Heiligtümern entlang des Nils führte und die Einheit des Landes manifestieren sollte. So sprach der Reichsgott Amun-Re zum König:

»Ich gebe Dir das Königtum als Herrn der Beiden Länder, ich gebe Dir Süden, Norden, Osten und Westen, alle Flachländer und alle Bergländer unter Deine Füße.« (Zit. nach: Hintze, *Alte Kulturen*, S. 21.)

Dann reiste der König bis zu den nördlichen Sanktuarien auf der Insel Argo hinter dem 3. Katarakt und besuchte die Pnubs-Tempel.

»Dann fand seine Majestät, daß der Aufweg dieses Tempels seit 42 Jahren von Sand verschüttet war und daß der Gott auf seinem Aufweg nicht gehen konnte […]. So setzte seine Majestät ihre Armee daran, auch die Männer und Frauen und die Königskinder und die Vornehmen, den Sand wegzuschaffen.« (Ebd.)

Die Inschrift lässt annehmen, dass die Reise bei der Übernahme des Horus-Throns stattfand und der ganze Königshof daran teilnahm. Viele Heiligtümer wurden nur errichtet, um dem Reichsgott bei dieser Gelegenheit Ehre zu erweisen. Die Inschrift zeigt, dass man in der Spätzeit nicht von einer getrennten Entwicklung in Unter- und in Südnubien ausgehen kann.

44   Keramische Reiterdarstellung aus der Werkstatt des athenischen Meisters Sotades (um 450 v. Chr.); gefunden in Meroë.

Trotz der spärlichen, oft sehr formalistischen Berichte der »Gottessöhne« aus Napata lässt sich dennoch einiges über die internen Verhältnisse im Land vermuten. Zunächst ist wahrscheinlich davon auszugehen, dass sich – besonders nördlich von Napata im sog. Dongola-Becken – die klimatischen und topografischen Bedingungen immer mehr den heutigen annäherten, was zu unterschiedlichen Konsequenzen führte. Man zog öfter in die Butana-Steppe und entwickelte dort eine intensive und vielseitige Tätigkeit auf allen Gebieten, die ein zentralistisch organisiertes Reich betrafen. Dabei bestand ständig die Gefahr von Angriffen durch die nomadischen Völker der Meded (wahrscheinlich die altägyptischen *Mad3wi*, die antiken Blemmeyr und die arabischen Beǧa und Rehrehes). Deren Unterwerfung war immer nur von kurzer Dauer, denn diese angriffslustigen Stämme überlebten bis heute in der Ostwüste alle Herrscher, die am Nil regierten. Den Napatäern blieb also angesichts der ständigen Notwendigkeit, Angriffe aus der Wüste abzuwehren, nicht viel Zeit, um sich auf ihre Tradition und eine Vorherrschaft in Ägypten zu konzentrieren. Der letzte große König aus Napata, Nastansen, lässt seine Truppen zwar noch einmal nach Norden ziehen, aber nur, um den uns nicht näher bekannten Aufstand eines durch die Revolution zur Macht gekommenen Usurpators namens Chababasch zu unterdrücken.

»Es kam Kembesweden [Chababasch]. Ich ließ das Heer gehen aus Djer. Ein großes Gemetzel. [...] Ich erbeutete alle Schiffe des Fürsten. Ich brachte ihm Niederlage bei. Ich nahm alle seine Länder, alles Vieh, alle Rinder, alles Kleinvieh.« (Nastansen-Stele, Z. 9 ff.; zit. nach: Curto; mit geringfügigen Modifikationen entsprechend der Fassung von Priese)

Möglicherweise war dieser Aufstand zugleich der Beginn des Aufstiegs derjenigen Bevölkerung, die Eratosthenes von Kyrene (3. Jh.) Noubai (Νoνβαι) nannte und die dieser Landschaft im Katarakten-Niltal den heutigen Namen gab. Diese erst später im Hellenismus zustande gekommene geschichtliche Entwicklung ließ jedoch vorerst noch auf sich warten. Die Kuschiten erreichten inzwischen mit der Verlagerung ihrer Machtzentren nach Süden eine noch nie da gewesene Blüte. Die Vorstellung einer Herrschaft, die vom Mittelmeer bis nach Zentralafrika reichen sollte, blieb ein Traum, der jedoch immer die Mächtigen am Nil berauschen wird.

# MEROË

## NEUORIENTIERUNG UND AFRIKANISIERUNG DES REICHES

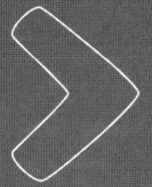

»[…] Und wenn du nach meinem Namen fragst, so wisse, ich bin Kûsch, der
Sohn des Schaddâd, des Sohnes von 'Ad dem Älteren! […]
Wenn ihr einstens nach mir fraget, längst nachdem mein Leben schwand
Und nachdem die Tage sich in ew'gem Wechselspiel gewandt,
Sohn Schaddâds bin ich geheißen, einstmals Herr der ganzen Welt,
Dessen Herrschaft alle Länder auf der Erde unterstellt.
Willig dienten meinem Reiche trutz'ge Scharen insgemein;
Syrerland auch von Ägypten bis 'Adnân [Arabien] hin schloß es ein.
Hochberühmt war ich und zwang zur Demut ihrer Fürsten Pracht;
Und das Volk der ganzen Erde war in Furcht vor meiner Macht.
Ja, ich hielt die Stämme und die Heere fest in meiner Hand,
Und ich sah die Länder und die Völker wie von Furcht gebannt.
Stieg ich auf mein Pferd, so sah ich dann als meiner Heere Zahl
Auf den Rossen, die da wiehern, Zügel tausend tausendmal.
Ich besaß an Geld und Gütern dieser Welt unzählbar viel,
Und das hob ich auf für später, für der Zeiten Wechselspiel.«
(*Erzählungen aus 1001 Nacht,* 569. Nacht)

### DIE MEROË-INSEL

Zwischen dem Blauen Nil, der aus dem Tanasee strömt, und dem Fluss
Atbara, dessen Quellen in den Bergen Äthiopiens liegen, bildet sich eine
scheinbare Insel, die vom vereinigten Nil im Westen abgeschlossen wird
(Abb. 1). Schon bei Diodor und Strabo wird diese Insel Meroë genannt,
nach der gleichnamigen Stadt, die dort schon vor dem 6. Jh. gegründet
worden war. Der deutsche Historiker Konrad Mannert beschrieb die Lage
Meroës treffend.

## Alle Straßen führen nach Meroë

In jenen heißen Strichen, wo Sandwüsten die bewohnten Gegenden mit großem Abstande trennen, wo die Reise durch streifende Reiterhaufen unsicher wird, kann der Handel die Leichtigkeit nicht haben, welche zusammenhängend kultivierte Länder darbieten; und doch fordert das Bedürfniß, sich seines Ueberflusses zu entladen und das Fehlende hierher zu holen, Handlungsverbindungen selbst bey rohen Völkern. In Karawanen vereinigt sich daher der Kaufmann zu seiner Sicherheit, und mit Sorgfalt sucht er die ihm nothwendigen Ruhepunkte aus, wo er auf der weiten Reise ungestört sich erholen kann. Ein solcher Ruhepunkt mußte das heilige Meroë sein; es mußte bald der Mittelpunkt alles inländischen Handels für das östliche Afrika werden; denn wo fand sich ein anderer Ort mit gleichem Schutze für die niedergelegten Waren des Kaufmanns? Wo konnte er sich mit gleich getrostem Muthe den ruhigen Absatz des Mitgebrachten, den Erwerb seiner Bedürfnisse versprechen? Alles floß daher endlich hier zusammen; und erst durch dieses allgemeine Zusammenwirken erwuchs Meroë unter der Leitung seines Heiligthums zur großen und wichtigen Stadt. Wohin richteten sich von Meroë aus die vorzüglichsten Handelsstraßen? Nach Ägypten; dies beweist der alte Zusammenhang zwischen beyden Reichen. Daß er sich gegen Westen nach Sudan, oder die Negerländer am Nigerfluß wendete, lehrt nicht bloß die innere Wahrscheinlichkeit, sondern zugleich der noch bis zur Stunde vorhandene Handelszusammenhang dieser innern Länder mit dem Flecken Tschendy [Schendi], in dessen Nähe das alte Meroë lag. Mit gleich hoher Wahrscheinlichkeit gilt der Schluß einer unmittelbaren Verbindung mit den Arabern, dem Haupthandelsvolke der alten Welt. Es empfing das Gold nebst den übrigen Produkten des innern Afrika's, und gab dagegen seine Spezereyen nebst den Schätzen Ostindiens. Leicht zu betreiben war dieser Handel, da arabische Völkerschaften unmittelbar an Meroë hinreichten, und die Hohheit des Priesterregimes anerkannten. Aber den nächsten Weg zum rothen Meere hielt er nicht, wie er ihn in späteren Jahrhunderten nach dem Hafen Suakim nahm. Wir können dies bestimmt aussprechen, weil die Griechen bey ihren ersten Fahrten und Untersuchungen an den Küsten des arabischen Meerbusens nicht eine Anlage, viel weniger einen Handelshafen in der ganzen Strecke antrafen. Er ging also nach dem heutigen Habesch [Äthiopien], wohin der Anspruch des Reichs Meroë auf die Oberherrschaft reichte, wie hätte es außerdem den flüchtigen Aegyptiern diese Striche zur künftigen Wohnung anweisen können? Daselbst fanden die

schiffenden Griechen die große Handelsstadt Saba, deren bloßer Name zur Bezeichnung des arabischen Ursprungs hinreicht. […]
Ging die in vieler Hinsicht hohe Ausbildung von Meroë allmälig aus sich selbst hervor, oder haben fremde Einwanderer den Grund zu der kunstvollen Ver-

wickelung gelegt? Das Erstere behaupteten die Einwohner selbst durch die Versicherung, sie seyen die ältesten Bewohner der Erde, von Meroë aus habe Osiris Bevölkerung und Kultur nach Aegypten getragen (Diodor III 1,3); für das letztere spricht die Wahrscheinlichkeit.
*Mannert, Geographie Bd. X, S. 193 f.*

In dieser Gegend hatte es schon seit prähistorischer Zeit Siedlungen und beachtenswerte Kulturen gegeben, und alles spricht dafür, dass hier an den Kreuzwegen aus allen Himmelsrichtungen ein wichtiger Knotenpunkt entstanden ist, dessen Entwicklung in jeder Hinsicht maßgeblich für die Gestaltung und Position des Landes während der folgenden Jahrhunderte war. Auch noch heute scheint die Lage von Omdurman/Khartoum davon zu profitieren, indem es eine Stellung eingenommen hat, die der Geschichte Recht gibt: Wenn man über die Nilzuflüsse herrscht, herrscht man über bilad es-Sudan.

Die Bedeutug der Meroë-Insel spielte sich nicht nur an der viel beschworenen Nilachse ab – dem »corridor to Africa« (William Y. Adams) –, sondern auch an der Ost-West-Achse. Diese war nicht minder wichtig, insbesondere wenn man die nachgewiesenen Beziehungen der kuschitisch-meroitischen Reiche zu den Kulturen des alten Orient berücksichtigt. Diese Tatsache, die schon in der Frühzeit ihren Anfang nahm, wird durch die Ausgrabungen im Raum von Kassala – »Gasch-Delta« genannt – belegt, die zeigen, das diese Gegend eine kontinuierliche Mittlerrolle zwischen dem Niltal, dem äthopischen Hochland und dem Raum um das Rote Meer einnahm.

Das bis zur Zeitenwende noch an Weide, Busch und Wasser reiche Land der heutigen Butana-Steppe lässt nur noch Spuren eines früheren, reichen Lebens erkennen. Auf den Wänden des Baukomplexes von Musawwarat es Sufra finden sich Reliefs und Graffiti mit Darstellungen von Elephanten, Löwen und anderen Tieren (Abb. 45 ff.), die heute hier nicht mehr leben. Die Brunnen, von denen noch ein sehr tiefer (etwa 80 m) bei den Naq'a-Tempeln (Abb. 51 f.) die Nomaden anzieht, boten zusammen mit sog. *Hafir*-Anlagen während der kuschitischen Geschichte, besonders aber in der meroitischen Periode (etwa 300 v. Chr. – 350 n. Chr.) gute Lebensbedingungen und dien-

^
45  Löwengraffito auf der Wand der terrassenartigen Anlage
von Mussawarat es-Sufra.

ten bereits in der meroitischen Zeit der Bewässerung größerer Gebiete. Adolf
Kleinschroth schreibt hierzu:

»Ein Hafir, wie die Bezeichnung eines künstlichen Wasserspeichers im Arabischen
lautet, wird normalerweise auf einer sanft geneigten Fläche, meist unterhalb eines Hügels, angelegt. Der Untergrund, in den das Becken gegraben wird, muß
aus bindigem Boden bestehen. Der Aushub gelangt als Damm am Beckenrand
zur Aufschüttung, so daß das Speichervolumen vergrößert wird. Dieser Erddamm
hat normalerweise die Form eines offenen Kreises oder eines Hufeisens. Das bei
Regen anströmende Wasser fließt durch die bergseitige Öffnung in den Hafir und

füllt das Reservoir auf. Talseitig kann dann das Wasser nach Bedarf entnommen werden. Wegen der hohen Verdunstung ist allerdings für das Speicherbecken eine ausreichende Tiefe erforderlich.« (Kleinschroth, *Verwendung*, S. 80)

Auf der Meroë-Insel sind zahlreiche solche Anlagen oder wenigstens Spuren davon erhalten geblieben; sie stellen eine orginelle Lösung von Bewässerungsproblemen in Regenzonen dar, die nördlich von Meroë keinen Sinn gehabt hätten, weil es dort kaum Regen gegeben hat. Dies erklärt, dass es sogar mit zunehmender Trockenheit möglich war, große Rinderherden zu unterhalten und Landwirtschaft zu betreiben.

In dieser Zeit wurde die Meroë-Insel zu einem neuen administrativen Zentrum des kuschitischen Reiches. Die entscheidende Zäsur drückt sich in der Gründung der Königsnekropolen im Raum von Meroë aus. Bis heute zeugen die Pyramidenfelder (Abb. 47) von der Bedeutung des meroitischen Reiches, dessen Grenzen im Norden bei Hiera Sycaminos (Maharaqqa) und im Süden mindestens hinter Sennar verliefen. Im Osten erreichten sie die Küsten des Roten Meeres, im Westen Kordofan und Darfur. Damit dürfte Meroë die größte Ausdehnung gehabt haben, die jemals ein Reich im Altertum auf afrikanischem Boden besessen hatte. Trotzdem decken die Forschungen und Ausgrabungen, die man hier durchführte, bislang nur einen kleinen Teil der

46   Jagd auf ein Nashorn; Umzeichnung eines Graffito auf der Wand der Mussawarat es-Sufra-Anlage.

^
47   Die Pyramidenfelder der Nordnekropole von Meroë;
Aufnahme aus dem Jahr 1975, noch vor den Restaurierungs-
arbeiten Friedrich Hinkels und seines Teams.

Spuren und Hinterlassenschaften dieser einmaligen Kultur auf. Man hat immer noch Mühe, die manchmal märchenhaft klingende Erzählung Diodors
und Berichte antiker Schriftsteller mit den neuen unvollständigen Ergebnis-
sen zu konfrontieren, um ein sicheres Bild dieser Kultur zu entwerfen. Zusätzlich wird die Situation dadurch erschwert, dass das historische Material
nicht mehr auf Ägyptisch, sondern auf Meroitisch geschrieben ist, und damit
in einer Sprache, deren Rätsel man bis heute noch nicht eindeutig lösen kann.
Zwar ist die Schrift, die sich aus der ägyptischen Hieroglyphik ableitet, dank
Francis L. Griffith lesbar, einige Namen – besonders die Königsnamen – sind
auch transkribierbar, aber grundsätzlich bleibt Meroitisch trotz zahlreicher
Versuche immer noch unverständlich, und eine eindeutige Sprachgruppen-
zugehörigkeit wurde noch nicht festgestellt.

Das schon während der 25. Dynastie als eine bedeutende Stadt bekannte
Meroë wurde in der Zeit des Reiches von Napata ausgebaut. Man errichtete
wichtige Tempel und Palastbauten, die der Residenzfunktion dieser späteren
Metropole dienen sollten. Wenn hier aber von einer Stadt, sogar einer Metropole die Rede ist, dann muss man alle traditionellen Vorstellungen, die
meist von Vorbildern wie Troja, Athen und Rom ausgehen, fallen lassen. Die
afrikanischen Metropolen sind – übrigens meist bis heute – weiträumig an-

gelegt: keine Hochhäuser, keine schmalen Gassen, kein Raumzwang. Dies macht deutlich, dass die jetzigen Ortschaften der Butana zu Meroë gehörten, obwohl man aus pragmatischen Gründen für die Lage zahlreicher Baudenkmäler moderne arabische Ortsnamen verwendet.

## SCHMELZTIEGEL MEROË

Der große Sonnentempel von Meroë war im 6. Jh. ein den ägyptischen Vorbildern angenäherter Bau, dessen Wände aber nicht nur mit ägyptisch wirkenden Reliefs bedeckt waren (Abb. 53). Sie stellen in dem schlecht erhaltenen Bereich Kriegshandlungen (Abb. 48) und eine Reihe von Reitern dar, die griechisch wirkende Helme tragen. Derartige Helme waren im Vorderen Orient schon seit langem bekannt, wo sie durch Griechen – die als Söldner in vielen Heeren der Alten Welt dienten – verbreitet worden waren. In der Regierungszeit des Königs Aspelta (593–568), unter dem der Sonnentempel erbaut oder erweitert wurde, kamen griechische Söldner, wie den ältesten griechischen (karischen) Inschriften aus Abu Simbel zu entnehmen ist, bis nach Nubien, um für Psammetichos II. (595–589) einen Sieg über Kusch zu erringen. Wie weit diese Söldnerarmee in das Land vordrang, ist schwer zu sagen. Man kann annehmen, dass es die Angst war, die die ägyptischen Könige der 26. Dynastie nach Süden trieb, um eine Sicherheitszone gegen den kuschitischen Thronprätendenten zu schaffen. Diese Feldzüge führten aber nicht nur zu kriegerischen Auseinandersetzungen, sondern auch zu Begegnungen und einem Kulturaustausch. Dieser hat möglicherweise die »Kunstproduktion« und die Darstellungen der Besiegten beeinflusst, zu denen aus kuschitischer Sicht auch griechische Söldner gehörten, deren Ausrüstung als beispielhaft und nachahmungswürdig galt. Im Zusammenhang mit den Krieger- und Reiterdarstellungen wird erkennbar, dass man es nicht nur mit einem weitverbreiteten Söldnerwesen zu tun hatte, sondern auch mit einer neuen Art der Kriegsführung. Es erscheinen Reiter und Pferde, die bis dahin nicht bekannte, schnelle und mobile Kavallerieverbände bilden, die mit dem traditionellen ägyptischen Heer nicht vergleichbar waren.

Auf fremde Einflüsse ist auch der Ursprung der Eisenverhüttung im südlichen Niltal zurückzuführen. Aufgrund metallurgischer Untersuchungen der Schlacke, des Erzes, der Brennöfen und der Eisenprodukte ist sicher, dass das kuschitische Reich, besonders in der meroitischen Phase, eine Eisenindustrie besaß, die zu den größten im Niltal gehörte. Man kann annehmen, dass Eisen als seltenes Metall schon in der napatäischen Periode bekannt war. Von einer »Industrie« ist jedoch erst ab dem 4. Jh. zu sprechen. Als Träger asiatischer Technologien zur Eisenverarbeitung kommen die jüdischen Einwanderer in Frage, zumal eine Beschränkung auf die Phöniker als einzige Initiatoren der Eisenindustrie in Nordafrika nicht überzeugend erscheint. Es ist nicht zu bestreiten, dass die jüdische Kolonie auf der Elephantine die Eisenmetallurgie beherrschte, weil sie aus Söldnern bestand, die auf eine gekonnte Schmiedetechnik zur Waffenherstellung angewiesen waren. Juden waren als Söldner, Kaufleute und Landwirte überall in der damaligen Welt zu finden und dürften schon sehr früh unter Taharqa ins Katarakten-Niltal gekommen sein.

Das Problem der jüdischen Migration in den nubisch-äthiopischen Raum gewinnt angesichts der weltlichen Position des kuschitischen Reiches eine neue Dimension für die Kontakte und Auseinandersetzungen in der Zeit der 25. Dynastie. Es ist unbestritten, dass Taharqa zusammen mit dem biblischen König Hiskia (725–697) und einigen Städten der Philister und Phöniker eine antiassyrische Koalition gebildet hatte, die dazu führte, dass die Kuschiten nach Syrien kamen und sogar in assyrische Gefangenschaft gerieten (man sieht sie in den Reliefs des Assurbanipal-Palastes zu Ninive). Sie bewirkte aber auch, dass Juden, die in der Zeit des Königs Manasse (697?–642), eines Vasallen der Assyrer, der Vertreibung nach Assyrien entgehen wollten, nach Ägypten und weiter in das Land ihres Freundes, nach Kusch, flohen. Erst später, eindeutig erst nach dem Ende der Fremdherrschaft der Perser in Ägypten, in deren Diensten auch Juden gestanden hatten, fanden größere Auswanderungen nach Süden statt, die die apokryphische jüdische Literatur bestätigt:

»Dabei führte er auch etwa 100 000 aus dem jüdischen Lande nach Ägypten über. Von diesen stellte er etwa 30 000 auserwählte Männer unter Waffen und legte sie in die festen Plätze des Landes. Freilich waren auch schon früher viele mit dem Psammetich zum Beistand in seinem Feldzug gegen den König der Äthiopier geschickt worden.« (Aristeasbrief 12 f.)

Sie erreichten mit Sicherheit das meroitische Reich, weil es ein Grenzland war und deshalb schnell und problemlos Rettung bot. Verfolgte hatten schon immer in Kusch und Meroë Zuflucht gefunden, was die legendäre Erzählung über die Auswanderung der Amun-Priester aus Theben nach Napata, die Flucht der Kleopatra VII. und später die Aufnahme der verfolgten Christen veranschaulicht. Diese Ereignisse gehören zu den charakteristischen Merk-

^
48   Verletzte werden geborgen; Szene aus einem fragmentarisch erhaltenen Relief auf den Wänden des Sonnentempels in
Meroë.

malen der kuschitisch-meroitischen Geschichte. Von Meroë aus hatten sie
zudem die Möglichkeit, ihre Heimat und den Tempel in Jerusalem auch unter Umgehung Ägyptens zu erreichen. Der jüdischen Diaspora kam für das
meroitische Reich und seine spätere Entwicklung aus vielen Gründen eine
entscheidende Bedeutung zu. Dies zeigt sich auch darin, dass sich der *paqar*
– wahrscheinlich der »Eunuchos der Kandake« – zum Judentum bekannte
und nach Jerusalem reiste, um dort anzubeten (Apg 8.26 ff.).

Für meroitische Verhältnisse waren Fremde ein gewohntes Bild. Die jüdischen Händler hielten sich in den Städten auf und pflegten aufgrund tra-
ditioneller Erfahrungen gute Kontakte mit der Umwelt von Kusch. Dies
könnte viele Rätsel klären, nicht nur bezüglich der Ursachen für die große
Zahl an Importwaren, die man in Meroë findet, sondern auch bezüglich der
Gründe für das Auftreten von fremden Religionen, die hier rezipiert wurden.

Als Händler waren die Juden mit der gesamten hellenistischen Welt, in der sie sich überwiegend auf Griechisch verständigten, verbunden. Griechisch war zur *lingua franca* im gesamten Raum um das Rote Meer geworden, was weitgehende Konsequenzen hatte. Sogar die Häuptlinge der verschiedenen Stämme, die das Niltal angriffen, dokumentierten ihre Siege in griechischer Sprache. Die Juden der Diaspora waren nicht nur weltgewandt, sondern beherrschten auch die westasiatische Kunst des Eisenschmiedens, was sie für die Wirtschaft des jeweiligen Landes attraktiv machte. Im Süden fanden die Ankömmlinge schnell ein Betätigungsfeld in der Metallverarbeitung und im Handel. Dafür mag auch sprechen, dass sowohl die Falascha – die Juden des äthiopischen Hochlandes – als auch die Enaden bei den Tuaregs überwiegend als Schmiede tätig waren und in der jeweiligen Gesellschaft eine Außenseiterstellung, nicht ohne Einfluss, innegehabt hatten.

## INDUSTRIALISIERUNG UND AUFSTIEG EINER NEUEN »HAUPTSTADT«

Der rötliche Sandstein, aus dem die Pyramiden erbaut sind, weist noch heute auf Eisenvorkommen im Gestein hin. Dass die Wälder, die es früher zum Teil in der Butana-Steppe gegeben hatte, nicht mehr vorhanden sind, beinhaltet die Möglichkeit, dass die Bäume zur Gewinnung von (Holz-)Kohle in großen Mengen abgeholzt wurden, sodass sich die ursprüngliche Landschaft der Meroë-Insel im Laufe der Zeit völlig veränderte. Die »Eisenindustrie« muss zu einem intensiven Warenaustausch geführt haben, der sich besonders auf der Ost-West-Achse abspielte und zur langsamen Ausbreitung der Eisen- und Metalltechnologien bis nach Westafrika führte. Dass Eisengegenstände bei den Grabfunden aus der frühen und klassischen meroitischen Periode relativ selten vorkommen, spricht für den großen Handelswert dieser Objekte, die immer wieder neu verarbeitet werden konnten. Für die religiösen Vorstellungen vom Weiterleben im Jenseits allerdings benötigte man diese Geräte nicht unbedingt, schon gar nicht in den Gräbern der Königsfamilie. Erst mit dem untergehenden Reich kam es – besonders im Norden – immer häufiger zu eisernen Grabbeigaben, was natürlich auch mit der Person der Grabinhaber, mit der verbesserten Technologie und der steigenden Zahl von Eisenobjekten zusammenhing.

Mit der »Industrialisierung« Meroës hing wahrscheinlich auch sein Aufstieg und die Verlagerung des Schwergewichts des Reiches von Napata nach Süden zusammen. Durch sie entstand seine wirtschaftliche Bedeutung, die auch für die Römer von Interesse war. Von Meroë aus gelangte man leicht über die damals noch nicht verödete Savanne zum Roten Meer, wo sich die Häfen befanden, die für die Handelskontakte zwischen dem meroitischen Reich und seiner Umwelt so entscheidend waren.

Alle wichtigen Quellen aus der Napata-Periode (Harsijotef- und Nastan-sen-Stelen, Kawa-Inschriften) erwähnen Meroë als Aufenthaltsort des Herrschers, was nach der Relation dieses Ortes zu Napata, der heiligen Stadt bei Gebel Barkal, fragen lässt. Wie schon ausgeführt wurde, hatte Napata als Sitz des Reichsgottes Amun und seines Orakels eine religiöse und damit reichstragende Funktion. Dort, im symbolischen Zentrum des sakralen Königtums, fand die Zeremonie der Thronbesteigung statt. Der sakrale Charakter von Napata verlangte, dass man die weltlichen Geschehnisse von dort fernhielt. Sie spielten sich an dem gegenüberliegenden Ufer in Sanam ab. Von dort führte der kürzeste Weg nach Süden durch die Bajuda nach Meroë. Auch in Sanam gab es einen Amun-Tempel, der die Macht des Gottes vor dem Volk manifestierte, aber nicht das Orakel beherbergte. Die Tempel von Napata standen wahrscheinlich nur der Priesterschaft und der Königsfamilie offen und bildeten damit ein numinöses Zentrum, dass das Tremendum (Rudolf Otto) ausstrahlte.

Die späteren persischen und römischen Feldzüge, von denen die Alten erzählen, richteten sich möglicherweise nur gegen Sanam, die Stadt am westlichen Ufer, die von den Fremden, oder einem Teil von ihnen, fälschlicherweise für Napata gehalten wurde. Die Annahme ist deshalb berechtigt, weil es entlang des Nils nur einen einzigen wasserreichen Weg gab, der für eine Armee geeignet war. Er verlief am Westufer des Nils. Der Wüstenweg zwischen Kawa und Napata war für größere Militärverbände ungeeignet, obwohl man diesbezüglich, angesichts der ökologischen Veränderungen, über keine sicheren Angaben verfügt.

Bei der Frage nach den Beziehungen zwischen den beiden wichtigen Städten des kuschitischen Reiches ist zu beachten, dass man dabei von Hauptstädten oder Residenzen im modernen Sinne nicht sprechen kann. Auf die Frage nach den Gründen für die sog. »Verlegung der Hauptstadt von Na-pata nach Meroë« (so Inge Hofmann) – die von einigen zur wichtigsten der meroitischen Geschichte erklärt wird – hat man bis heute noch keine allgemein gültige Antwort gefunden. Der Versuch, die sog. »Verlegung« auf die Zerstörung von Napata zurückzuführen, die schon Psammetich II. und seinen griechischen Söldnern zugeschrieben wird, erscheint unwahrscheinlich. Sowohl der zeitliche Rahmen des Feldzuges als auch die politischen Absichten, die schon F.-K. Kienitz eindeutig formuliert hat, sprechen dagegen: »So braucht Psammtichs II. Zug durchaus kein feindlicher Akt gegen den König von Napata gewesen zu sein. Vielmehr wird er dazu gedient haben, die stets als Räuber berüchtigten unternubischen Stämme einzuschüchtern, vielleicht gerade, um die abgerissenen Handelsbeziehungen zu dem äthiopischen Reich wiederherzustellen.« (Kienitz, S. 128)

Auch der spätere Feldzug des Kambyses (525) dürfte erfolglos gewesen sein. Die sakrale Funktion Napatas blieb den Kuschiten erhalten; sie verlegten nur das Schwergewicht ihrer Politik und ihrer Wirtschaft mehr nach Süden, wo die Voraussetzungen für die Wahrung ihrer Interessen in Zentralafrika und im Raum um das Rote Meer besser waren. Dafür spricht die schon viel frühere Entstehung Meroës unter den napatäischen Herrschern der kuschitischen Dynastie als südliche Verwaltungsmetropole und Umschlagplatz für Waren, die nicht nur aus Zentralafrika, sondern auch über die Häfen und Karawanenwege aus dem Osten kamen. Im Norden, im Schatten des »Reinen (Heiligen) Berges«, im Amun-Tempel, befürchtete man einen zerstörerischen Angriff der Ägypter weniger, weil man mit Recht annahm, dass sie nicht wagen würden, das Heiligtum des eigenen Gottes anzugreifen. Erst Fremde wie zum Beispiel die Perser, denen die ägyptischen Götter – schenkt man Herodot Glauben – nicht heilig waren, konnten die Kuschiten dazu veranlassen, ihre Heiligtümer und Königsnekropolen in die Nähe von Meroë zu verlegen.

Grundsätzlich muss hervorgehoben werden, dass man in dieser Zeit von keiner Hauptstadt im modernen Sinne des Wortes sprechen kann, es gab zwar einen »Reichsmythos«, der einem gelebten und geglaubten Mythos eines sakralen Königtums huldigte, aber nur ein sakrales Zentrum des Gottes Amun kannte und eine Reihe von Voraussetzungen benötigte, die jedweder Vorstellung von einer Hauptstadt zuwiderlaufen. Es scheint sowieso abwegig zu sein, von einer »Hauptstadt« oder einem »Staat« zu sprechen, geschweige von einer Ideologie.

Etwas später, an der Schwelle vom 6. zum 5. Jh., – die inneren Ereignisse des kuschitischen Reiches sind uns leider noch überwiegend unbekannt – bahnte sich eine neue Situation an, in der die Perser eine bedeutende Rolle spielten. Ihr wurde erst durch Alexander den Großen (356–323) ein schmerzliches Ende gesetzt. Mit ihm breitete sich eine neue, hellenistische Kultur aus, die die ganze damalige Welt erfasste. Auch Meroë gelangte damit in eine Sphäre, die der Stadt und dem Reich einen Platz in der antiken Literatur bis hin zum *Alexanderroman* sicherte und es einer Tradition verband, die nicht nur den letzten Winkel der damaligen Erde erreichte (mongolische Version

des *Alexanderromans*), sondern die literarisch bis in die Gegenwart über-
lebte. Schon die antike Geschichtsschreibung sah sich verpflichtet, einer Historie nachzugehen, die eine bedeutende Stellung »am Rande der Welt« einnahm und den Griechen bekannt war. So berichtet auch der nicht von allen
geschätzte Historiker Diodor Siculus über den Wechsel der Führungsrolle von
Napata nach Meroë.

---

## Ende des königlichen Gehorsams

Das Alleranfallendste aber ist, wie die Könige selber zu Tode gebracht werden. Die Priester in Meroë nämlich, welche mit dem Dienst und der Verehrung der Götter betraut sind und den höchsten und einflußreichsten Rang
einnehmen, schicken, wenn es ihnen in den Sinn kommt, einen Boten zum König mit dem Befehl, daß er zu sterben habe, gleich als ob die Götter ihnen
dies offenbart hätten, und dem Gebot der Unsterblichen dürfe ein Sterblicher
nicht zuwiderhandeln. Und noch an-
dere Gründe wissen sie hinzuzufügen, durch welche sich die Einfalt bethören
läßt, die in althergebrachten und mit der Muttermilch unausrottbar eingeso-
genen Vorurteilen befangen ist und ei-
nen ganz willkürlichen Machtgebot keine Gründe entgegenzusetzen weiß.
Und in den älteren Zeiten gehorchten die Könige den Priestern wirklich, obgleich weder durch die Waffen, noch sonstige Gewalt dazu gezwungen, sondern allein durch ihren Aberglauben bethört; zur Zeit des zweiten Ptole-
mäus aber hat der König Ergamenes, der griechische Bildung erhalten und
der Philosophie obgelegen hatte, zuerst es gewagt, jenen Befehl zu verachten.
Er erhob sich zu dem stolzen Muthe, wie er eines Königs würdig ist, drang
mit seinen Soldaten in das unnahbare Heiligthum, in welchem der goldene
Tempel der Aethiopier stand, und ließ die Priester in Stücke hauen, jenes Ge-
setz aber hob er auf und traf neue An-
ordnungen nach seinem Gutdünken.
*Diodor, Bibliothek III,6*

---

Zu seinem Erstaunen fand Leo Frobenius diesen Bericht in etwas veränderter
und erweiterter Version in dem Märchenschatz aus Kordofan wieder, in
dem eine Erzählung über den Untergang von Kash (Napht) erhalten blieb
(s. S. 14 f.).

Nach den religiösen Vorstellungen eines sakralen Königtums ist der hier
angesprochene rituelle Königsmord legitim. Er hängt eng mit dem so wichtigen Erneuerungsgedanken (Verjüngungsfest) zusammen, der auch in ägyp-

tischen Riten zu erkennen ist (*Sed*-Fest) und noch lange die verschiedenen Formen des afrikanischen sakralen Königtums beeinflusst hat, in dem solche Rituale fast noch bis in unsere Gegenwart ausgeübt wurden.

Es besteht also ein zeitlicher Zusammenhang zwischen dem »Königsabgang« (d. h. dem Königsmord) und der Thronbesteigung. Die *kdke* (Kandake) ist als Mutter des neuen Königs eine unentbehrliche Garantin der »ewigen« Kontinuität des sakralen Königtums. Viele Interpretationsprobleme der kuschitischen Königsstelen, beispielsweise des Aspelta oder des Nastansen, würden bei einer Bejahung des sog. Königsmordes eine Lösung finden können. Man kann annehmen, dass neben der Kandake auch das Orakel der Amun-Priesterschaft Einfluss auf die Wahl des potenziellen Thronprätendenten gehabt haben könnte. Dabei war aber der Nachweis der Abstammung von einer Kandake von entscheidender Voraussetzung.

### DAS SAKRALE KÖNIGTUM

Der Begriff des sakralen Königtums ist heute für alle Analysen über die »Staatsorganismen« des Altertums und der Naturvölker nicht wegzudenken. Auch in der meroitischen Reichsidee scheint das Phänomen eine zentrale Rolle gespielt zu haben. Die unzureichenden Kenntnisse der meroitischen Sprache machen es unmöglich, über eine schriftlich fixierbare Theologie des merotischen Königtums in allen ihren erkennbaren Zügen so zu berichten, wie man das zum Beispiel aus Ägypten gewöhnt ist. Deshalb müssen alle anderen denkbaren Indizien und Vergleiche herangezogen werden, um eine Vorstellung des meroitischen sakralen Königtums zu ermöglichen. So ist die besonders lange Tradition des sakralen Königtums in Äthiopien ein überzeugender Hinweis auf die ausgeprägten sakralen Machtstrukturen im gesamten nubisch-äthiopischen Raum seit den frühesten Gesellschaftsorganismen, die sich auch noch heute ethnologisch nachvollziehen lassen.

Trotz der unterschiedlichen Auffassungen über das sakrale Königtum ergeben sich einerseits historische, andererseits lokal bedingte Varianten, die in ihren speziellen Aussagen gemeinsam bemüht sind, ein wichtiges Phänomen der religiösen Erscheinungsformen als Modell zu erfassen: Die mythisch bedingte Einheit des Kosmos, dessen Ordnung die Götter herstellen, bedarf in der irdischen Realität eines Vertreters der Götter, den man nicht als »Individuum« und schon gar nicht als »Persönlichkeit«, sondern nur als Träger der göttlichen Macht (Charisma, Gnade; so auch Max Weber), als »Hand Gottes« begreifen kann (man kann auch die Bezeichnung »Gottesgemahlin« als »Hand

Gottes« wiedergeben). Daraus resultierte die Tatsache, dass von einem Königsporträt im Niltal keine Rede sein kann. In der ikonisch festgelegten Aussage ist der Machtträger als »Abbild Gottes« in seiner offiziellen Erscheinung in entsprechender Tracht (Ornat) und mit den entsprechenden Attributen dargestellt, sogar sein Name ist angesichts der Titulatur, die das Amt (die Institution) ausmacht, von sekundärer Bedeutung. Wahrscheinlich bahnt sich von diesem Gedanken her ein Zugang an zum wichtigsten Unterschied zu Ägypten, nämlich der Trennung zwischen dem Königsamt als Institution und der Königsgewalt als der ausübenden, handelnden Macht (Exekutive), die in Meroë als die direkte »Hand Gottes« (= Kandake) begriffen wurde.

Von den zahlreichen Manifestationen eines sakralen Königtums bleiben für Meroë einige noch unfassbar. Wenn man Matthias Laubscher folgen möchte, ergeben sich vier Hauptbereiche, in denen sich die Sakralität eines Königtums äußert: 1. die übernatürlichen Kräfte des Königs, 2. die übernatürlichen Beziehungen zwischen dem König und bestimmten Tieren, Naturgegebenheiten und Ähnlichem, 3. das Inaugurations-Brauchtum und 4. die Organisation und die Verwaltung des Reiches. Diese Bereiche, die Laubscher auf Grund seiner ethnologischen Beobachtungen herausgestellt und den afrikanischen Beispielen angepasst hat, könnten für die Hochkulturen der Alten Welt etwas anders gelagert gewesen sein, weil die dortige religiöse Struktur nur durch die schriftlichen und außerschriftlichen Quellen erkennbar wird. Ihre Erfassung birgt noch viele unüberwindbare Probleme.

Für das Verständnis des meroitischen sakralen Königtums sind, wie sich gezeigt hat, die afrikanischen und die altägyptischen Vorstellungen von tragender Bedeutung. Die Letzteren wurden seit der 25. Dynastie zusammen mit anderen Vorstellungen assimiliert und mit den kuschitischen zu einer Symbiose gebracht, woraus wahrscheinlich das erste große synkretistische Gebilde der Alten Welt entstand. Man kann wohl davon ausgehen, dass der Vermischungsprozess auf zwei Pfeilern basierte, auf dem lokalen, den die Kandake verkörperte, und auf dem ägyptischen, den der König repräsentierte. Zugleich gibt es jedoch Gemeinsamkeiten, die zu den Ursprüngen beider Kulturen gehören und als urafrikanisch begriffen werden können.

### Von göttlicher Herkunft

Bei der Betrachtung der meroitischen Vorstellungen kann man von dem in der Kosmogonie verankerten mythisch bedingten ägyptischen Königtum (*Kamutef*-Prinzip; so Jan Assmann) ausgehen, das seine Spuren in der kuschitisch-meroitischen Religion hinterlassen hat, was sich in der Beziehung des Königs zu Göttern wie Amun und Horus äußert. Die Göttlichkeit des meroitischen Königs war noch nicht von der ägyptischen Entmythisierungswelle ergriffen. Der »Pharao ludens« (Erik Hornung) bleibt der meroitischen mythisch bedingten Realität fern. Dafür mag auch die erneuernde Tätigkeit der Könige der 25. Dynastie sprechen, die bemüht waren, die archaischen Formen des Ägyptischen wiederzubeleben. Man verstand sich nicht nur als legitime Nachfolger auf dem Thron der ägyptischen Könige, sondern auch als das »göttliche Kind des Amun«, das zum König prädestiniert ist. Damit waren die kuschitischen Könige in ihrem Herrschaftsverständnis – im Gegensatz zu den sog. Fremdherrschern Ägyptens – primär theologisch (Theogamie) und nicht ideologisch motiviert, sie waren nämlich in Ägypten und in Kusch Söhne des gleichen Gottes. Der grundsätzliche Unterschied zwischen Ägypten und Meroë lässt sich nur in der besonderen Relation zur Königsmutter erkennen, die in Ägypten zwar im Alten Reich noch vorhanden war, die aber dort im Lauf der geschichtlichen Entwicklung nur noch in dem ritualisierten »Geburtsmythos« erhalten blieb.

Es lässt sich also feststellen, dass das meroitische sakrale Königtum eine theogamische Voraussetzung hat: Der König ist schon im Leib der Mutter zum Gott und König bestimmt, was seine Herrschaftslegitimation festlegt. Seine göttliche Erscheinung bedingt die sakrale Institution, deren Erhaltung die Aufgabe des Königs war. Er war für den Fortbestand der göttlichen Ordnung und ihre ständige Erneuerung verantwortlich, worin eventuell ein Grund für den rituellen Königsmord lag. Diese Bedingungen bestimmen nicht nur die Funktion des Königs, sondern auch seine Verborgenheit und das Numinose des Königsamtes. Daraus resultierte aber auch die vielschichtige Funktion der Kandake, die wahrscheinlich zwar in ihren Grundstrukturen erhalten blieb, aber dennoch einer Wandlung unterlag, welche mit der Umstrukturierung der traditionellen Bräuche und Riten zusammenhing. Sie war also sowohl in Meroë als auch in Ägypten eine unverzichtbare Voraussetzung für die Legitimation des Herrschers. Dies resultierte aus der Notwendigkeit einer Bestätigung der vorangegangenen göttlichen Sukzession, weil an dessen Anfang die Götter gestanden hatten. Eine mythisch bedingte Ordnung (in Ägypten durch die *Ma'at* manifestiert) wurde von den »mythisch Denkenden« als Erfordernis für das irdische Wohl empfunden, und so war man in ständiger Angst, dass eine Zerstörung dieser Ordnung eintreten und eine Bestrafung der Menschen zur Folge haben könnte, wie das schon einmal in grauer Vergangenheit der Fall gewesen ist. »Schuld war das Altwerden des Sonnengottes, in welchem der unvermeidliche Alterungsprozess

^
49 und 50    Meroitische Ringe der Kandake Amanischakete, mit Szenen aus dem Zyklus des *Geburtsmythos des Gottkönigs* (heute in der Ägyptischen Sammlung Berlin). *Links*: Königin vor Amun (Gold, H. 2,1 cm). *Rechts*: Stillende Gottesmutter (Silber, H. 2,45 cm).

der ganzen Schöpfungswelt manifestiert wird.« (Zit. nach: Hornung, *Mythos von Himmelskuh*, S. 94) Hiervon war auch der »regierende« König nicht ausgenommen, sodass nur ein ständiger Prozess der Erneuerung die alles sichernde Ordnung gewährleisten konnte. Die Herrschaftssukzession wurde als Erneuerungsprinzip des Gleichen verstanden. Die Fähigkeit, eine solche Erneuerung hervorzubringen, besitzt aber nur die Frau, da nur sie befähigt ist, den erneuerten »Gott-König« auszutragen. Diese Frau, durch den Geburtsmythos als Gottesauserwählte und Gottesmutter legitimiert, wird als Kandake zur Garantin der göttlichen Sukzession. Sie bestimmt damit den regierenden König als irdische Erscheinung Gottes, als Abbild Gottes, seine Inthronisation wird nur noch zum offiziellen, bestätigenden Akt, der eine Quasi-Verlängerung des »Geburtsmythos« bedeutet. Deshalb wird der König immer mit seiner Mutter dargestellt, wie zum Beispiel in Kawa König Antamani mit seiner Mutter Nasalsa.

Aus dieser Tatsache folgt eindeutig eine matrilineare nur durch die weiblichen Mitglieder des Königshauses gewährleistete dynastische Begründung der Erbfolge. Das zeigte sich bei Aspelta, dessen Machtanspruch alles andere als legitim war. Zu seiner Rechtfertigung berief er sich nicht nur auf die

Großmutter mütterlicherseits, sondern auf weitere fünf Generationen und hoffte damit seine Legitimation gegenüber den Priestern in Napata begründen zu können. Sowohl die kuschitischen Könige begründeten ihre Herrschaft durch die matrilineare Erbfolge, als auch die der 25. Dynastie, was die Inschriften aus Kawa und Karnak belegen (s. S. 95). Aus dieser Zeit erhaltene ägyptische Dokumente lassen die außerordentliche Position der Königsmutter erkennen. Taharqa ließ seine Mutter Abale zum Inthronisationsfest holen, er betonte überall seine Gottes-Sohnschaft, die durch seine Mutter gewährleistet worden war. Nach den Kawa-Inschriften ist das Theogamie-Prinzip festgelegt, Amun erwählt den jeweiligen Herrscher bereits im Mutterleib, durch die Thronbesteigung wird der Auserwählte zum Horus und seine Mutter zur Isis und Mut in einer Person.

### Leben im Verborgenen

Obwohl die Könige der sog. »äthiopischen Dynastie« bemüht waren, sich der ägyptischen Struktur anzupassen, ließen sie ihre eigene Tradition nicht fallen. Im Gegenteil: Sie scheinen sogar an die in Ägypten immer mehr ins Symbolisch-Kultische verdrängte Tradition der »Gottesgemahlin« angeknüpft zu haben (s. S. 95 ff.). Man erkennt hier noch eine alte Gemeinsamkeit, die unter den Kuschiten in Ägypten wieder auflebte. Die weitere Entwicklung der Reichsstrukturen in der napatanischen und meroitischen Periode ist noch immer schwer auszumachen. Als sicher kann gelten, dass durch die besondere Position der Kandake für die Herrschaftslegitimation auch ihre politische Macht, die sie wahrscheinlich schon immer mit dem König teilte, zunahm. Deshalb erhebt sich die Frage nach der Funktion des Königs (meroit. *qore*), der als Garant der göttlichen Ordnung galt, wie ihn wahrscheinlich auch Strabo (XVII,820) verstanden wissen wollte: »Als Götter verehren sie ihre Könige, welche meist eingeschlossen und Haushüter sind«. Die Abgeschiedenheit des Königs von den realen irdischen Geschehnissen ist als Bestandteil des sakralen Königtums auch im späteren äthiopischen Raum keine Seltenheit, wobei sich der König bei besonderen Anlässen auch öffentlich »zeigte« oder, besser gesagt, bei solchen Anlässen »anwesend« war. Hier liegt eine spezifische Auffassung vor, die Hornung für den Bereich des Ägyptischen überzeugend charakterisiert und begründet hat: »Geschichte ist für den Ägypter kultisches Geschehen, das nach einem festgelegten Ritual teils in der Abgeschiedenheit von Tempel und Palast, teils vor den Augen aller Welt Gestalt annimmt.« (Hornung, *Geschichte als Fest*, S. 19) Noch deutlicher ist seine Aussage in Bezug auf den König:

»Kultische und geschichtliche Szenen aus den Taten der Pharaonen stehen im Tempel in engster Nachbarschaft, und es gelangt auch das zur Darstellung, was niemals wirklich geschehen ist, aber nach der vorgegebenen Typik jederzeit geschehen könnte oder sollte; der jugendliche Tutanchamun wird als Sieger über Feinde gezeigt, gegen die er nie gekämpft hat, aber er hat sicherlich auch nicht alle Kulthandlungen persönlich ausgeführt, bei denen ihn die Tempelszenen zeigen. Und die Vorstellung, daß ein neuer König auch den Triumph über die Feinde Ägyptens erneuern muß, hat durchaus reale Auswirkungen; sie führt zu Feldzügen am Regierungsanfang, die mehr rituelle als strategische Bedeutung haben.« (Hornung, *Pharao Ludens*, S. 493)

In diesem Sinne sind deshalb auch Nachrichten über Geschehnisse in der Regierungszeit der kuschitisch-meroitischen Könige zu verstehen. Ob diese Berichte nur rituelle oder tatsächliche Inhalte haben, ist schwer auszumachen; religionsphänomenologisch macht das jedoch keinen Unterschied. Dafür sprechen auch die Darstellungen der triumphierenden Amanitore und Natakamani auf dem Pylon der Löwentempel in Naq'a (Abb. 51).

Bei der Beurteilung der Funktion des Königs muss man sich also primär der für einen nicht »mythisch Denkenden« kaum nachvollziehbaren Tatsache bewusst werden, dass die irdische Ordnung im Rahmen der kosmischen Ganzheit in der existenziellen Wirklichkeit des Gott-Königs liegt, der als Amun-Horus-Re numinös bleibt. Daraus resultierte nicht nur eine »Unheimlichkeit« (Tremendum), sondern die zwingende Notwendigkeit auch in der Abgeschiedenheit zu wachen, um die Reichsexistenz zu sichern. Damit wird der Ort seiner wahren Anwesenheit zum Heiligtum, das man wahrscheinlich mehr mied als besuchte. Hier war der Tempel seines Vaters, des Gottes Amun, und sein Orakel, dessen Bedeutung zwar für einige umstritten, für die »mythisch Denkenden« aber logisch ist. Hier fand der König Schutz vor unvorhergesehenen Gefahren, denen er sich in keinem Fall aussetzen konnte, weil sein Leben die Existenz des Reiches garantierte, in dem Napata als eine heilige Stadt die »Mitte« und somit Krönungsstadt war. Sie war Sitz des Königs, aber nicht unbedingt »Hauptstadt«, sondern die Stätte der Wahrung göttlicher Gesetze der alles umfassenden Ordnung.

Der König setzte die Dimension des Sakralen frei, um den Wohlstand des Reiches zu gewährleisten. Seine Anwesenheit erfüllte die Tempel, in denen er dargestellt wird, denn seine bildliche Anwesenheit war mythisch gesehen mit der »wirklichen« identisch. Dieses Phänomen scheint sich lange erhalten zu haben, wenn man die Bildnisse der Könige und Kaiser bis in die Gegen-

ᴧ
51 Die Pylone der Löwentempel zu Naqa mit der kanonisch
festgelegten triumphierenden Kandake und dem *qore*.

wart verfolgt. In dieser Tatsache liegt unter anderem die Ursache für die Errichtung immer zahlreicherer Tempel, die nicht nur die Götter besänftigen
sollten, sondern in denen sich auch der König als Gott vor den Göttern manifestierte. Diese Aufgaben und die ihnen verwandten, auch das Richten, um-
fassten ein ausreichendes Betätigungsfeld für den König, der noch dazu
Zwängen unterworfen gewesen sein soll, denen man mit Skepsis begegnet.
Als Garant der kosmisch-göttlichen Ordnung war er für das Leben und die
Fruchtbarkeit in seinem Lande verantwortlich. Da er aber auch, wie der Sonnengott, dem Alterungsprozess unterlag, war seine ständige Erneuerung
mindestens rituell notwendig, denn darin spiegelt sich die Hauptidee der
meroitischen Religion wieder: Die Vergöttlichung des Königs, der für die Sicherung des Lebens in seinem Land die Verantwortung trägt. Konnte er das
nicht mehr leisten, musste er sterben.

**Dem Tode geweiht**

Aus Afrika und speziell dem nordost- und westafrikanischen Raum sind Beispiele für das Brauchtum des Königsmordes belegt, der als integraler Bestandteil des sakralen Königtums zu verstehen ist. Andreas Kronenberg charakterisiert z. B. die Gründe des Königsmordes bei den Schilluks, die zu den Niloten gehören, obwohl sie wahrscheinlich erst im 15. Jh. n. Chr. in die Regionen des Weissen Nils eingewandert sind:

> »Da der König in mystischer Verbindung mit der Welt steht, hat sein körperliches Befinden Einfluß auf den Regen, die Ernte und das Wohlergehen des Volkes. Das Volk würde leiden, wenn der König ernstlich erkranken oder schwach werden sollte, und der Geist Nyikangs könnte für die Shilluk für immer in Verlust geraten, wenn der König eines natürlichen Todes sterben sollte, daher muß er rechtzeitig getötet werden.« (Kronenberg, in: Baumann, S. 165)

Eine vergleichbare mythisch-rituelle Funktion des Königs scheint auch im kuschitisch-meroitischen Raum eminent wichtig gewesen zu sein. Zwar fehlt entsprechendes mythografisches Material, um das Phänomen begreiflich zu machen, man kann aber auch hier ägyptische Vorstellungen heranziehen. Die Regenerationsidee, die bei den Ägyptern als »das sich Verjüngende« (*renpet*) auftritt, gehörte zu den ursprünglichsten mythisch verankerten Einbildungen, die man als Motorik des zyklischen Handelns verstehen kann (Frankfort, S. 32 f.). »Jeder Thronwechsel bringt eine Erneuerung der Schöpfung (oder zumindest die Hoffnung darauf) und der alternde, schwächer werdende König regeneriert sich durch die Rituale eines besonderen Erneuerungsfestes.« Dieses Erneuerungsfest – Sed-Fest – ist im Grunde ein rituell begründeter Ersatz für einen mythisch notwendigen Königsmord. Anders ist es schwer, sich die Verjüngungszeremonie mit dem zum Kind werdenden König vorzustellen. Dieses in Ägypten sehr ausgeprägte Ritual, das sogar den sakralen liturgischen Kalender bedingte und in Abu Simbel seinen Höhepunkt erreichte, führte zu einer »Heiligen Hochzeit«, in der Hathor eine bedeutende Rolle spielte. Spuren dieses Rituals sind auch im Löwentempel in Naq'a zu erkennen.

Neben dem Sed-Fest lassen sich aus dem Mythoszyklus mit der Konfiguration Osiris-Seth-Horus Rückschlüsse auf die Königstheologie ziehen. Man kann annehmen, dass der rituelle Königsmord, dessen afrikanische Wurzeln bis in die Urzeit reichen, zu einem festen Bestandteil des ägyptischen Denkens gehörte. Der Tod des Osiris, durch Seth verursacht, ist zwar ein Übel, das nach einem Rächer verlangt, aber zugleich eine notwendige Voraussetzung mythischer Erneuerung. »Die Horus-Rolle wächst dem Sohn und/oder Thronfolger erst beim Tod des Königs zu, daher wird er durch diesen Tod als Horus neu geboren.« (Frankfort, S. 157) Hieraus ergibt sich der immer während Kampf zwischen Horus und Seth. Er bildet die eigentliche Grundlage des *Kamutef*-Prinzips und damit für die untrennbare Einheit der Gottheit, die sich als Doppelkopf des Horus und des Seth: »hrwj.fi/der mit seinen beiden Gesichtern« (*Das Pfortenbuch*, 10. Stunde, 61. Szene; zit. nach: Hornung, *Unterweltsbücher*, S. 273), offenbart. Der Sieg des Horus bedeutet den Triumph des Guten, die Erneuerung, die Wiederherstellung des Heils: »Was mit der Ermordung des Osiris zerstört wurde, hat der jeweils als Horus regierende König wieder gutgemacht« (Assmann, *Ägypten*, S. 173). In einem Hymnus an Osiris aus dem 2. Jt. heißt es:

»[…] die Neunheit freut sich.
›Willkommen, Osiris, Sohn,
Horus mit tapferem Herzen, gerechtfertigter,
Sohn der Isis, Erbe des Osiris!‹
Das Richterkollegium der Maat wurde für ihn versammelt,
die Neunheit und der Allherr selbst,
die Herren der Maat waren in ihm versammelt, die das Unrecht verachten,
zu Rate sitzend in der Halle des Geb,
um das Amt dem zu geben, dem es gehört,
das Königtum dem, dem es zusteht,
Horus wurde als gerechtfertigt befunden,
ihm wurde das Amt seines Vaters gegeben.«
(Assmann, *Ägyptische Hymnen*, S. 100–111)

Hier zeichnet sich eine mythisch begründete Theologie des Königsmordes ab, der in der vorgeschichtlichen Zeit auch in Ägypten praktiziert wurde. Eine solche Annahme zeichnet sich in den Ausführungen von Peter Munro ab, die sogar die Feststellungen Diodors über die Art des möglichen Königsmordes wahrscheinlich erscheinen lassen: »weil ein ›Gott‹ nur durch einen Wesensgleichen angetastet werden oder nur selbst Hand an sich legen kann, fällt die Aufgabe der Beseitigung des Königs diesem selbst in seiner Rolle als Seth zu« (Munro, S. 910). Bei der Analyse des dramatischen Ramesseums-Papyrus mit den dort dargestellten Gewaltszenen kann gefragt werden:

»Wer ist es, der meinen Vater schlägt?
Wer ist es, der seinen Kopf packt?
›Siehe, [es sind] die Schläger deines Vaters.‹
›Laß geschützt sein die, die deinen Vater schlagen!‹«
(Munro, *Die Nacht*, S. 917)

Man versucht dabei, das Ritual auf den Vorabend des Sed-Festes festzulegen. »Hier ist nicht von der Statue eines bereits Verstorbenen die Rede, sondern vom leibhaftigen Vater selbst; er ist noch nicht tot, sondern wird erst im Verlauf der Handlung getötet. […] Die Tötung wird nicht mehr am lebenden König, sondern symbolisch an einer Königsstatue verübt« (ebd., S. 920, 927). Es ist zu erkennen, dass die ägyptische Königstheologie eine Begründung für ein Königstötungsritual enthält. Diese Vorstellungen könnten entweder ihre Spuren im kuschitisch-meroitischen Raum hinterlassen haben oder umgekehrt – unter Berücksichtigung der spezifisch meroitischen Polarisierung zwischen Ägypten und Afrika – ursprünglich aus diesem Raum stammen.

Man kann nicht ausschließen, dass der Königsmord südlich Ägyptens, wo er noch lange praktiziert wurde, möglicherweise seit Ergamenes(?) auch ritualisiert und den ägyptischen Vorbildern entsprechend nur noch kultisch vollzogen wurde. Es bleibt jedoch offen, welche Funktion die Kandake dabei hatte. Ihre Verbindung zu und sogar Gleichsetzung mit Isis weist auf den Osirianischen-Zyklus hin und entspricht dem Modell des Ödipus-Mythos, in dem Urelemente enthalten sind, die sich in der Konfiguration ›Begattung der Isis durch ihren Sohn Horus‹ widerspiegeln. Diese Gleichsetzung der Kandake mit der »Königsmutter« lässt möglicherweise weitere Rückschlüsse im Zusammenhang mit dem Königsmord bzw. des Thronbesteigens zu. »Das Tun des Königs geschieht gemäß dem, was sie [d.h. Isis] sagt […] die den, den sie liebt, einsetzt, um auf dem Thron aufzutreten. Es gibt keinen Herrscher ohne sie; der Befehl des Königs geschieht auf ihren Ausspruch hin« (nach Eberhart Otto, *Gott und Mensch*, S. 65). Hier wird die Möglichkeit angedeutet, dass die Festsetzung des Königsmordes von der »Königsgöttin« (Isis/Kandake) abhängt, weil sie den neuen Herrscher zu bestimmen beabsichtigt. Der Vorgang kann jedoch auch wesentlich komplizierter gewesen sein, als man heute vermutet. Die Urtiefen eines schwer begreifbaren Mythos bleiben der Zeit oft für immer verborgen.

Zahlreiche Interpretationsprobleme der Königsstelen – zum Beispiel der Stelen des Aspelta oder des Nastansen – würden, wie erwähnt, durch einen möglichen rituellen Königsmord eine Lösung finden. Neben der Kandake muss auch das Orakel der Amun-Priesterschaft Einfluss auf die Wahl des potenziellen Thronprätendenten gehabt haben. Dabei war wahrscheinlich der Nachweis der Abstammung von einer Kandake ausschlaggebend. Der Hinweis auf einen »Mordplan«, der sich in dem Tempel des Amun in Napata findet, deutet darauf hin, dass der König – wahrscheinlich Aspelta – dem Opfer entgangen war und den Zorn der Priesterschaft auf sich gezogen hat, weil sie dadurch mit einem unerwarteten Widerstand gegen den Königsmord konfrontiert worden sein könnte.

Einigen Formulierungen der Nastansen-Stele (Z. 15 f.) kann man entnehmen, dass vor der eigentlichen Thronbesteigungszeremonie wichtige Dinge geschehen mussten, die es erlaubten, den neuen König in sein Amt einzuführen. Es handelt sich dabei wahrscheinlich um den Mord an dem bisherigen König, der kaum zu negieren ist. Er ermöglichte der Orakel-Priesterschaft eine Manipulation in Bezug auf das Königsamt und auch dem König die Selbstentscheidung, wann eine neue Inthronisation stattfinden sollte. Für Napata als Ort dieses Geschehens sprechen der dortige große Tempel des Amun und die Königsnekropolen, deren Unterhaltung eine der wichtigsten Aufgaben des jeweiligen Königs war. Die in einigen Königsstelen erwähnten Anreisen nach Napata bestätigen, dass sich die eigentlichen Zentren der königlichen Exekutive außerhalb Napatas befunden haben müssen.

### Die Macht einer Mutter

Die sich zur Königswahl Stellenden kamen aus den Residenzen der Königsfrauen, die nicht unbedingt mit der regierenden Kandake identisch sein mussten. Die Thronbesteigung des neuen Königs brachte vielleicht auch einen Wechsel der Kandake und des ganzen Hofstaates mit sich, was der Andeutung Diodors zu entnehmen ist und auch aus anderen Teilen Afrikas berichtet wird.

Die Darstellung der Beziehungen in der Struktur der meroitischen Königsfamilie ist immer noch sehr spekulativ, weil man zu wenig Anhaltspunkte hat. Wenn man auf ägyptische Vorbilder zurückgreift, finden sich merkwürdige Vermutungen über den Ablauf des Königsmordes: »Nicht ausgeschlossen erscheint, daß die jüngste der Königsfrauen, später als Göttin Isis gedeutet, der Tötung zugesehen und die Hauptfrau, die ›Hausherrin‹ vom Geschehen zu unterrichten hat« (Munro, S. 927).

Man kann davon ausgehen, dass die Kandake als Königsmutter die königliche Exekutive ausübte, weil das Leben des Königs nicht aufs Spiel gesetzt werden durfte. Er lebte in der Abgeschiedenheit der Amun-Tempel bei

Der große Felstempel des Ramses II. von Abu Simbel.
Der Nordteil mit der durch Erdbeben zerstörten Plastik des
Königs (Aufnahme nach der Versetzung der Gesamtanlage).

Petroglyphen aus Bir Nurayet in der Ostwüste südlich von Wadi
Allaqi mit der Darstellung von Rinderherden und Hirten.

Elephantine, die südliche Grenze Ägyptens, am Beginn des Kataraktenniltals; im Vordergrund
die Ruinen des Chnum-Tempels und des Nilometers; im Hintergrund der Qubbet el-Hawa mit
den Felsgräbern der Gaufürsten von *3bw* (= des Elefantenlandes).

Eines der charakteristischen Pfannengräber in der Ostwüste, die
man allgemein mit den *Medj3wi*-Völkern zu verbinden sucht.

Die steilen Pyramiden in der Nähe von Gebel Barkal
aus der letzten Periode der kuschitischen Geschichte
(1. Jahrhundert v. Chr.).

Eine der berühmten Nimrud-Elfenbeinplaquetten (Palast des
Assurnassirpal II. aus dem 8. Jahrhundert v. Chr.) mit der
Darstellung der Löwin, die einen Südländer (*nhsjw*) angreift
und damit den Sieg den Assyrer über die Kuschiten manifestiert
(heute British Museum, London).

Die Widderallee, die in das Allerheiligste des Amun-Tempels in
Napata führt, hebt die Bedeutung des zentralen Sanktuariums
des kuschitischen Reiches hervor.

Königsgrab des Tanwetamani in el-Kurru. Die Zerstörungen
im Unterteil der Grabkammer sind Folge einer neuzeitlichen
Überschwemmung.

Der sog. römische Kiosk von Naqa (2/3. Jahrhundert n. Chr.) vor
dem Löwentempel repräsentiert eine charakteristische synkretistische
Tendenz in der meroitischen Architektur und Ikonographie.

Beispiele für die hervorragende Qualität der meroitischen
Keramik aus Ausgrabungen von John Garstang (1876–1956) in
Meroë (heute in der Lady Liver Gallery in Sunlight City, National
Museums of Liverpool).

seinem »Vater«, die weltlichen Regierungsgeschäfte führte die Mutter im Namen ihres Sohnes. Sie war den antiken Schriftstellern zu Folge sowohl an der Politik als auch an den Feldzügen beteiligt. Es entsteht zuweilen der Eindruck ihrer Alleinregierung, was allerdings in einem sakralen Königtum nicht möglich gewesen sein kann. Die Kandake ist auch nicht als Regentin zu verstehen, weil sie ihre Position erst erlangte, wenn ihr Sohn den Horus-Thron bestieg. Die Vorstufe des Werdeganges einer Kandake lässt sich daher etwa wie folgt skizzieren:

Eine Frau am Hof (= *Harim*?) wird zur »Gottesgemahlin«, erkennbar durch die Frucht des göttlichen Kindes. Sie verlässt den *Harim* und unterstellt sich dem Schutz eines Tempels(?), um sich der mythisch fixierten Gefahr, durch Seth entdeckt zu werden, zu entziehen. Ihr Kind kommt in die Obhut der Priesterschaft oder wird sogar außer Landes geschickt, was zum Beispiel bei Ergamenes der Fall gewesen sein könnte. Erst wenn sich die Zeit der Thronbesteigung nähert, unterwerfen sich die potenziellen Kandidaten der Wahl des Orakels. Erst dann – nach dem möglichen Königsmord oder Selbstmord des bisherigen Königs und nach der Thronbesteigung des Sohnes – wird die Königsmutter zur »Gottesmutter« und erhält den Titel Kandake, »Hand Gottes«, weil die Exekutive der königlichen Macht in ihre Hände gelegt wird. Dieser Vorgang könnte einer Krönung – die man vom Thronbesteigen unterscheiden soll – gleichgesetzt werden: Die Kandake erhielt die *hmkm*-Krone, was man dem Beispiel der Amun Tempel in Naq'a entnehmen kann. Diese Zeremonie bestätigt die Funktion der Kandake als Herrscherin oder mindestens als an der Herrschaft Beteiligter. Was aus der früheren Kandake wurde, ist schwer zu sagen, weil dafür Indizien fehlen. Sowohl ihr Tod als auch die Möglichkeit, dass sie sich in einen Tempel oder eine Residenz zurückzog, um ihre Aufgabe als lebendige Göttin wahrzunehmen, wären denkbar. Dieser Teil ihres Daseins konnte anonym und unbekannt bleiben, weil kein regierender König Interesse an der »abgesetzten« Kandake hatte.

Die Kandake traf mit dem Sohn nur bei besonderen kultischen Anlässen zusammen und auch dann wahrscheinlich nur im kultisch-mythischen Sinne, das heißt, sie ließ sich zusammen mit dem König in den Tempeln darstellen. Sie führte auch ihre Geschäfte weitab von der heiligen Stätte in Napata, wahrscheinlich in Meroë. Über die Funktion der Kandake bleibt vieles noch offen. Als gesichert kann nur gelten, dass sie eine große Bedeutung für die Legitimation des Herrschers hatte, dass sie Entscheidungen traf, Kriege führte und wahrscheinlich maßgebend an der Erhaltung der Heiligtümer der Muttergottheiten beteiligt war. Deshalb muss sie auch großen Einfluss auf die Verwaltungsstruktur des Reiches ausgeübt haben; wie weit dem ein Zusammenwirken zwischen dem Amun-Tempel, dem Sitz des regierenden Königs, und der Kandake zugrunde lag, ist jedoch kaum auszumachen. Sie hat wohl über Vertrauenspersonen – wahrscheinlich aus der hierarchisch gegliederten Königsfamilie oder der Hohen Priesterschaft, die meist auch der Königsfamilie angehörte – verfügt, die eine Koordinationsfunktion zwischen beiden Zentren und die Aufgabe etwa eines Kanzlers innegehabt haben.

## Probleme einer Chronologie

Unabhängig davon, ob der angebliche Königsmord stattfand oder nicht, ist der Diodor'sche Ergamenes als kuschitischer König zu identifizieren. Leider ist die Chronologie der Könige noch immer unsicher. Es gibt sogar drei Könige, die man mit Ergamenes gleichsetzen könnte, nämlich Arnekhamani, Adikhalamani und Arkakamani. Weiter besteht das Problem der sog. »Nebendynastien aus Napata«, deren Angehörige in den Pyramiden bei Gebel Barkal (Farbtaf. IV) bestattet sind, deren parallele Existenz neben den meroitischen Dynastien aber bezweifelt werden kann. Ausgehend von den Voraussetzungen eines sakralen Königtums, dessen Existenz im kuschitischen Raum nicht mehr zu leugnen ist, und der historischen Annahme, dass die nördlichen Grenzen des Reiches im Dodekaschoinos zu suchen waren, wäre das Vorhandensein einer weiteren Dynastie neben der in Meroë nur schwer zu erklären. Durch sie würden sich nämlich unlösbare Schwierigkeiten für die bisherige Königstheologie ergeben, die in dem König einen Sohn Gottes sieht, dessen Göttlichkeit jeweils durch die »Gottesgemahlin« und »Königsmutter« legitimiert wird. Zwei »Söhne Gottes« sind aber in einem ungeteilten Reich gleichzeitig nicht denkbar. Es bietet sich daher eine andere Lösung an, die die Vorstellung einer Nebendynastie ausschließt.

Vermutlich war die Kandake Bartare (etwa 260–250), die die Macht in Meroë ausübte, mit dem wahrscheinlich bei Gebel Barkal bestatteten Irike-Pije-qo (280–265) verwandt, das heißt, dass sie seine Königsmutter gewesen sein könnte. Wenn man dies unterstellt, könnte man davon ausgehen, dass die am Fuß des Gebel Barkal befindlichen Pyramiden den göttlichen Königen gehörten, die dort als Priester gelebt hatten und die ihre reale irdische Macht an die in Meroë residierende Kandake – nach dem Vorbild der thebanischen »Gottesgemahlinnen« – übertragen hatten. Bei den erheblichen chronologischen Schwierigkeiten hinsichtlich der Reihenfolge und der Regierungszeiten der meroitischen Könige muss die Frage offen bleiben, ob der Ergamenes aus dem Diodor'schen Bericht vom meroitischen Standpunkt aus als legitimer König gegolten hat. Die Klärung dieser Frage könnte möglicherweise die chronologischen Probleme beenden.

## NEUE GÖTTER – NEUE TEMPEL

Die politische Entwicklung und die Stabilisierung des meroitischen Reiches fielen in eine Zeit, die man als den Übergang von Napata nach Meroë auffassen kann (310–270), in der aber die »von Amun geliebten Söhne« noch in der Nähe seines Heiligtums in Napata bestattet wurden. Gleichzeitig entwickelte sich aber auch in Meroë und seiner Umgebung eine intensive Bautätigkeit, um dem Gott Amun neue Tempel zu errichten (Abb. 52) und den »Söhnen Gottes« in Meroë einen ihnen gemäßen Aufenthaltsort im Haus ihres Vaters zu bieten, denn dies war die wichtigste Voraussetzung für die »Verlegung« des Machtzentrums von Napata nach Meroë. Man beschränkte sich in der Bautätigkeit allerdings nicht nur auf die südlich von Napata liegenden Gebiete der sog. Meroë-Insel, sondern schuf auch in Unternubien sakrale Bauten, teils gemeinsam mit den Ptolemäern, die dort immer aktiver wurden. Besonders Philae (Abb. 7) und Dakke erreichten eine außerordentliche Stellung, die erst in der Ära Justinians zu Ende ging.

Meroë war als wirtschaftliche Metropole des kuschitischen Reiches von Anfang an – spätestens jedoch seit dem 6. Jh. – als wichtige Stadt systema-

^
52    Amun-Tempel zu Naqa mit Resten der Widderallee; Teile dieser Anlage scheinen unvollendet geblieben zu sein.

^
53   Ruinen des großen Amun-Tempels in Meroë (ca. 150 m
lang) mit Anbindung zum Nilufer, ausgegraben von der
Liverpooler Mission von John Garstang in den Jahren 1910–14.

tisch weiträumig ausgebaut worden. Dem schloss sich eine kontinuierliche
Bautätigkeit der Meroiten an, die die bestehenden Tempel, besonders des
Reichsgottes Amun (Abb. 52), aber auch die Sonnentempel (Abb. 53) er-
weiterten. Man errichtete neue Heiligtümer für Götter wie Isis oder den
»löwenköpfigen Apedemak« (Abb. 51), die immer bedeutsamer wurden.
Die Neubauten, insbesondere für den – den Ägyptern unbekannten – Gott
Apedemak, folgten der lokalen Tradition eines Einraum-Heiligtums, waren
jedoch mit ägyptisierenden Pylonen und Reliefs versehen, wie Beispiele
aus dem heutigen Musawwarat es Sufra (Abb. 55) und aus Naq'a (Abb. 51)
zeigen.

Der von Arnekhamani (um 235–218) erbaute Löwentempel hat eine
Länge von l5 m mit sechs lotusartigen Innensäulen. Er ist mit einem reichen
Bildprogramm ausgestattet, das an die ptolemäischen Bauten in Ägypten
erinnert. Das Relief (Abb. 56) ist ein typisches Beispiel für den höfischen
ägyptisierenden Stil im »goldenen« meroitischen Zeitalter. Der Gottkönig –
in vollem Ornat und mit allen dazugehörigen Insignien, die zum Teil an jene
erinnern, die man aus den Pyramiden von Meroë kennt – tritt vor die Götter

54  Apedemak, der meroitische Löwengott, als Graffito auf der
Wand seines Tempels in Mussawarat es Sufra.

Apedemak, Amun, Sebiumeker, Arensnuphis, Horus und Thot. Im Relief hinter ihm befindet sich eine weibliche Gestalt mit den Attributen einer Hathor-Isis und einer Geierhaube, die man sogar mit einer »Gottesgemahlin« und »Gottesmutter« identifizieren könnte. Demgegenüber sind die Reliefs im Inneren des Tempels nicht nur in einer anderen Technik, sondern auch stilistisch verschieden ausgeführt, was sie den späteren Reliefs im Löwentempel von Naq'a (um die Zeitenwende) vergleichbar macht (Abb. 56). Aus diesen offensichtlichen Unterschieden folgt die Frage, ob hier zuweilen verschiedene Werkstätten tätig oder zwei verschiedene Traditionen vorhanden waren.

Für die »ptolemäisch« anmutenden Außenreliefs des Löwentempels von Musawwarat es Sufra sprechen historische Gründe, die in ägyptisierenden Inschriften und in einer fast typisch frühptolemäischen Reliefkunst zum Ausdruck kommen. Ob der »Königssohn, Priester der Isis von ʿIpbr-ʿnh, ʿIrbjklb, ʿIrkj«, mit dem »Prinzen«, dem Nachfolger Arnekhamanis und dem Diodor'-schen Ergamenes gleichzusetzen ist, muss bezweifelt werden. Nicht jeder »Königssohn« konnte auch ein Nachfolger werden, und nicht jeder, der die-

^
55   Zentraltempel der großen Anlage von Musawwarat es
Sufra.

sen Titel trug, war ein leiblicher Sohn des Königs. In Musawwarat es Sufra ist
die Aufgabe des »Königssohnes« sogar eindeutig erkennbar, er fungiert nämlich als Priester der Isis. Nichts deutet darauf hin, das er zum künftigen Herrscher bestimmt wäre. Im kuschitischen sakralen Königtum spricht alles dafür, dass der Anwärter für das höchste Amt erst kurz vor der Thronbesteigung
– und wahrscheinlich auch dann nur im hermetischen Kreis der hohen Priesterschaft – bekannt wurde.

Die Zeit, in der Ergamenes in die klassische Geschichte eingegangen ist,
war für einen kulturellen Austausch sehr günstig. Sie bot ausländischen
Handwerkern die Möglichkeit, in Meroë zu arbeiten und neben den Einheimischen bestimmte Aufgaben zu erfüllen. Dabei hinterließen sie Spuren
von Einflüssen, die allerdings mehr gemeinsamen religiösen Vorstellungen
entsprachen als einer bewussten Übernahme von »fremden« Stilen und Eigenarten. Das Bildprogramm des wahrscheinlich ältesten Löwentempels
von Meroë ist Teil eines religiösen Repertoires, das nicht durch stilistische
Mittel, sondern in erster Linie durch den festgelegten ikonischen Kanon bedingt war. Der in Meroë verehrte Gott, Apedemak, stieg hier zu einer Bedeutung auf, die in der vorangegangenen religiösen Struktur Kuschs noch
unbekannt war. Dort hatten noch wie im alten Ägypten Löwengöttinnen
eine große Rolle gespielt. Löwenattribute drückten den Machtaspekt des

^
56   Kandake, üppig und mit langen Fingernägeln, vor der
Löwengottheit Apedemak; Innenrelief seines Tempels in Naqʼa.

Apedemak aus. Sie gehörten zu den bekanntesten Erscheinungsformen im
äthiopischen Raum und sind selbst heute noch bei einigen afrikanischen
Völkern verbreitet.

Das besagt aber keinesfalls, dass Löwendarstellungen und ihre Herr-
schersymbolik nur auf Afrika beschränkt gewesen wären. Seit alters her waren sie im ganzen Vorderen Orient zu finden, sie erhielten sich über den Hellenismus hinaus bis ins abendländische Mittelalter. In Ägypten erscheint der
Löwe – der auch als Gott Mahes bekannt war –, besonders seit den Anfängen
des Neuen Reiches, immer häufiger in Begleitung des Königs und im Zusammenhang mit der Darstellung seiner Siege. Damit gewann er einen krie-

gerischen Charakter, der sich in Meroë bis zur überragenden Gestalt des Löwengottes Apedemak entfaltet hat. Vieles spricht dafür, dass der Ursprung
der religiösen Bedeutung des Löwen – und auch der Löwin – im nubisch-
äthiopischen Raum zu suchen ist, was sich in der mythologischen Erzählung
über den Auszug der Hathor-Tefnut aus Nubien und in historischen Ereignissen widerspiegelt. Schon Theodor Hopfner meint dazu:

»Unter den Königen der vorausgehenden 17. Dynastie, besonders durch Amosis,
wurden nämlich die Hyksos in harten Kämpfen vertrieben, und zwar vom Süden
aus, wo der Löwenkult heimisch war; nun war aber die Gattin des Hyksosbesie-
gers Amosis zweifellos eine Nubierin, so daß sicherlich auch der nubische Löwenkult von seiten des regierenden Hauses gefördert wurde. Hierzu kommt noch, daß
natürlich auch den Nubiern und alten Ägyptern der Löwe als Sinnbild der Tapfer-
keit galt und auch als Tier streitbarer Dämonen und Götter. […] Auf den äthio-
pisch-nubischen Ursprung des Löwenkultes weist ferner auch der Umstand deutlich hin, daß sich die meisten auf diesen Kult beziehenden Denkmäler in Äthiopien fanden und schon in alter Zeit gerade die äthiopischen Könige mit dressier-
ten Löwen dargestellt sind, wie ja auch heute noch der Beherrscher Abessiniens
dressierte Löwen als Leibwächter bei sich hat […].« (Hopfner, *Tierkult*, S. 43a)

Im meroitischen Pantheon erfuhr der Löwengott unter dem lokalen Namen
Apedemak gegenüber dem Sebiumeker und dem Arensnuphis, den anderen
wichtigen lokalen Göttern, eine hervorragende Verbreitung. Sein Ursprung
ist dennoch nicht eindeutig zu klären. Deshalb ist auf die Löwenplaketten aus
Kerma als mögliches Vorbild für die Darstellung des drei-(oder vier-?)
köpfigen Löwengottes aus Naq'a (Abb. 56) hinzuweisen. Sie deuten auf
einen Hintergrund hin, in dem der Löwe schon seit langer Zeit religiöse Verehrung gefunden hatte. Aufgrund der möglichen Verbindung der Kerma-
Kultur zum Osten, speziell zum Vorderen Orient, für den die religiöse
Bedeutung des Löwen schon seit der Frühzeit bekannt ist, kann man die
meroitische Löwengottheit in größeren zeitlichen und räumlichen Zusammenhängen sehen.

Apedemak gewann durch seinen dominierenden Charakter die Stellung
eines »Krongottes«, der dem *qore* die Herrschaft im Lande des Löwengottes
verlieh. Sein Tempel könnte daher im Rahmen des sakralen Königtums die
Funktion des früheren Amun-Tempels übernommen haben und ein weiterer
Grund für die Verlegung des administrativen und religiösen Zentrums von
Napata nach Meroë gewesen sein. Schließlich wurde er hier als eindeutig

∧
57   Kolossalplastik auf der Insel Delgo, gesehen von George
Alexander Hoskins auf seiner Reise durch Ägypten und Nubien
(1832/33).

einheimischer Gott verehrt, der den König schützte und ihm Sieg spendete.
Für diese Verehrung errichtete man die Löwentempel, in denen sich die Riten des jeweiligen Thronbesteigens und der »Erwählung durch den Gott«, der
damit zugleich die Kandake als Herrschende anerkannte, vollzogen haben.
Aber auch andere Götter hatten in den riesigen Tempel- und Baukomplexen
von Musawwarat es Sufra und Naq'a ihre Sanktuarien. So die Götter Sebiumeker und Arensnuphis, deren Heiligtümer nicht nur, wie die des Löwengottes, auf die Butana-Steppe beschränkt waren, sondern auch auf der Nil-
insel Argo, nicht weit vom 3. Katarakt, Spuren hinterlassen haben. Dort
fanden sich Kolossalplastiken dieser Götter (Abb. 57); sie schmücken heute
die Frontfassade des Nationalmuseums in Khartoum. Sebiumeker, möglicherweise der meroitische Schöpfergott, wird meist als Partner von Arensnuphis gezeigt und gehört zusammen mit dem widderköpfigen Gott Amun zu
einer Triade, die ein interessantes Gebilde darstellt, das einen religiösen
Kompromiss zwischen der alten kuschitischen und der neuen meroitischen
Tradition erkennen lässt. Die religiöse Bedeutung dieses Gottes muss in erster Linie ikonologisch erfasst werden, weil die Inschriften aus Musawwarat
es Sufra nur Andeutungen zulassen. Er tritt mit den Attributen eines Königs-
gottes in der ägyptischen Doppelkrone auf, wird mit großen Ohren darge-

stellt, wie das bei den Königen des Alten Reichs der Fall war, wodurch sein »Herrscheraspekt« hervorgehoben werden sollte. Damit steht er in Verbindung zu dem ägyptischen Gott Atum.

Arensnuphis scheint – trotz seiner Verbindung zu Onuris – zu den klassischen Gottheiten Meroës zu gehören. Seine nördlichsten Spuren finden sich in Philae, wo die Meroiten ebenfalls religionspolitisch tätig waren. Er wird auch mit Dedun in Verbindung gebracht: Bei den Beǧa tritt er als der »schöne Matoi« auf. Seine Existenz ergibt sich aus dem Zyklus der stark mit dem südlichen Niltal verbundenen Onuris-Legende, deren Hauptdarstellerin, Hathor-Tefnut, ein neues Licht auf die mythologischen Ursprünge der ägyptischen und kuschitischen Geschichte wirft. Der »gute Gefährte«, wie man die Bezeichnung des Gottes verstehen kann, entspricht in seiner Ikonografie möglicherweise der Stellung eines *paqars* (in dem Löwentempel in Musawwarat es Sufra der des »Prinzen« Arka). Deshalb muss die Frage gestellt werden, ob er nicht die Funktion eines »göttlichen« *paqar,* der an der Spitze von Kusch steht, innegehabt haben könnte.

Diese neuen Götter bestätigen einerseits die meroitische Eigenständigkeit, weisen andererseits aber darauf hin, dass man versuchte, sich aus einer anderen, uns nicht näher bekannten Tradition den ägyptischen Gottheiten anzunähern.

Die bis jetzt vorhandene Ikonografie der meroitischen Götter erlaubt leider keine genaue Rekonstruktion ihrer Position und Funktion im Rahmen einer Götterlehre. In der ikonischen Struktur zeichnet sich aber dennoch die so wichtige Königstheologie ab, die am Beispiel des bekannten vollständig publizierten Löwentempels aus Naq'a gut nachzuvollziehen ist. In diesem Tempel, der um die Zeitenwende von Natakamani und Amanitore erbaut wurde, ist das siegreiche Herrscherpaar auf den Pylonen dargestellt (Abb. 51) und zugleich im Inneren in einem Bildprogramm mit Göttergestalten zu finden, dessen Einmaligkeit zu Diskussionen anregt. Der vierköpfige Löwengott (an der Wand de facto dreiköpfig) mit vier Armen (Abb. 56) erinnert an indische Parallelen, die durch eine Darstellung des Löwengottes mit Schlangenkörper noch verstärkt werden. Über dem vergleichenden Blick nach Asien darf man jedoch nicht vergessen, dass sich schon auf den sog. mythologischen Plaketten in Kerma vierköpfige Löwendarstellungen fanden. Sie weisen bereits auf mögliche altorientalische Vorbilder vierköpfiger Götter hin; davon abgesehen gibt es auch einige altägyptische Darstellungen, denen das Phänomen der Vielköpfigkeit ebenfalls nicht fremd war.

Im Bildprogramm des Löwentempels in Naq'a findet sich gegenüber dem ägyptisch-kuschitischen Bildkanon eine Besonderheit, nämlich ein frontal dargestellter bärtiger Gott mit Menschenantlitz (s. auch S. 186). Offensichtlich handelt es sich bei ihm um eine der vielen synkretistischen Erscheinungsformen, die seit Jahrhunderten im nubisch-äthiopischen Raum auftraten, wobei unklar ist, welche religiösen Einflüsse, die in das Reich des Apedemak gelangten, für die frontale Darstellung verantwortlich sind.

Die Frontalität, die den kuschitisch-meroitischen und ägyptischen Reliefs unbekannt war und die später zum wesentlichen Bestandteil der christlichen Ikonografie wurde, drückt eine neue religiöse Bildlichkeit, eine neue Spiritualität aus: Gott wendet sich, wie die Sonne, dem Menschen von »Angesicht zu Angesicht« zu. Diese für das Ägyptisch-Kuschitische fremde Auffassung, dürfte sich um die Zeitenwende im meroitischen Reich als Folge der starken synkretistischen Tendenzen, die auch im toleranten Meroë viele Anhänger fanden, durchgesetzt haben. Hier nämlich hatten seit Jahrhunderten andere Religionen Zuflucht und einen fruchtbaren Boden für alles Neue gefunden, das im Katarakten-Niltal immer einen spürbaren Niederschlag fand. Aus dieser Situation, die die Bildnisse der »Neuen Gottheit« im Löwentempel von Naq'a entstehen ließ, und unter Berücksichtigung der Besonderheit der Frontalität, scheinen die Vermutungen über direkte Kontakte zum iranischen Raum nicht nur möglich, sondern sogar sicher zu sein. Tatsächlich sind die Vergleiche zu den Palastanlagen aus Persepolis sowohl im Grundriss als auch in den Terrassenanlagen von Musawwarat es Sufra erstaunlich. Wie sich die Ereignisse jedoch im Einzelnen entwickelt und dargestellt haben, muss der weiteren Forschung vorbehalten bleiben. Für sie ist die Frage wichtig, wie die Aithiopen nicht nur im Mittelmeerraum, sondern auch im asiatischen Raum rezipiert wurden.

## MEROË UND SEINE KUNSTPRODUKTE

Die vorhandenen Importwaren, bei denen auch an wandernde und später ansässig gewordene Handwerker als Hersteller zu denken ist, dürfen nicht darüber hinwegtäuschen, dass es in Meroë eine eigene Kunstproduktion gab, die der kodifizierten Sprache des sakralen Königtums diente. Als Beispiel sei auf die nur fragmentarisch erhaltene kleine Votivstele des *qore* Amanikhabale (um 50 v. Chr.) hingewiesen (Abb. 58), die durch einen Papyrusbündel in zwei regelmäßige Szenen aufgeteilt ist. Die rechte zeigt den thronenden, widderköpfigen Gott Amun, vor dem eine Gestalt mit königlichen Insignien,

^
58  Steatit-Relief (ca. 20 x 18 cm) des Königs Amanikhabale
(um 50/40 v. Chr.), auf dem die Götter die Machtinsignien an
das Herrscherpaar übergeben.

der Federkrone und der Sonnenscheibe, steht und dem Gott ein Collier über-
reicht. Auch wenn die Gestalt nur unvollständig erhalten ist, muss es sich bei
ihr um eine Frau, nämlich um eine Kandake, handeln. Die linke Szene zeigt
die halbnackt thronende Göttin Mut mit allen für sie charakteristischen Insignien, vor der der König – mit einer Federkrone, Sonnenscheibe und Hörnern – an einem Opferritual beteiligt ist. Hier sind also die Repräsentanten
des sakralen Königtums mit ihren göttlichen »Spiegelbildern« dargestellt.

Diese maßgebliche dogmatisch bedingte Ausdrucksweise einer alten
ikonischen Tradition wirkt in den Votivstelen und Statuetten aus der Zeit
zwischen dem 3. und dem l. Jh. fast »archaisch«, was oft zu Unsicherheiten
in der zeitlichen Bestimmung der Objekte führt. An dieser königlichen Plastik kann man ihre Wurzeln in der altkuschitischen Vergangenheit erkennen.
Im Bereich des sakralen Königsdogmas sah man keine Veranlassung, sich
einer anderen »Sprache« zu bedienen, weil hier eine durch die traditionelle

Auffassung von Reich und Gott-König geprägte Kontinuität vorlag. Erst mit dem langsamen Niedergang, mit der Einbusse großer Einflusssphären, besonders im Nordteil des Landes, kam es allmählich zu Veränderungen, die dann aber mehr einer sog. provinziellen Kunst – an der auch andere Ethnien und Kulturen beteiligt waren – als einer neuen und unabhängigen Kultur entsprachen.

Nicht nur die Plastiken und Darstellungen der Könige und Götter unterlagen den kanonisch festgelegten Regeln, sondern auch die Begräbnisstätten, die bis zum Ende des meroitischen Reiches ein traditionelles kuschitisches Konzept widerspiegeln. So sind die Pyramiden, die sich sehr stark von ihren ägyptischen Vorbildern unterscheiden, ein besonderes Wahrzeichen Meroës (Abb. 42). Sie sind viel kleiner (30 x 30 m), erreichen nur etwa 26 m Höhe und ihr Neigungswinkel ist sehr steil (60°–70°). Ihre Spitzen sind seit Jahrhunderten beschädigt und zum Teil zerstört, wurden aber inzwischen restauriert und rekonstruiert. Die Pyramidenfelder um Meroë bilden drei große Gruppen von Friedhöfen, von denen der älteste, der Nordfriedhof, am eindrucksvollsten ist (Abb. 47). Die Pyramiden haben kleine Opferkapellen; bei der größten findet sich ein Hof mit Pylonen, deren Reliefs an die auf den Pylonen des Naq'a-Tempels erinnern. Hier handelt es sich um eine königliche Grabanlage. Aber nicht nur Könige und Mitglieder des königlichen Hauses fanden in den Pyramiden ihre Ruhestätte, sondern auch Angehörige der Oberschicht. Dies erlaubt Rückschlüsse auf die Struktur der damaligen meroitischen Gesellschaft, in der sich ein bedeutendes »Bürgertum« entwickelt haben muss, das man nur schwer von der Tempelverwaltung trennen kann. Diese städtische Bevölkerung war an Wirtschaftszweigen beteiligt, die ihr einen »Jenseitskomfort« garantierten. Sogar ein Römer, Gaius Caestius, fand an der meroitischen Begräbnisart Gefallen und ließ sich in Rom die Kopie einer meroitischen Pyramide als Grabmal erbauen (vor 21 v. Chr.).

Pyramiden waren nur eine Art von Begräbnisstätten, die im meroitischen Raum verbreitet waren – so zum Beispiel auch die Lehmziegelgräber in Karanòg, vor denen sich Opferaltäre/-tafeln und in ihren Nischen die sog. *BA*-Statuetten befanden. Die Eingänge zu diesen unterirdischen Grabkammern hatten oft bemalte Pfosten, deren Stil nur sehr schwer von »Künstlerpersönlichkeiten« und Malerschulen zu sprechen erlaubt. Die bekanntesten Wandmalereien stammen aus Karanòg; sie lassen verschiedene Traditionen erkennen, die für synkretistische religiöse Anschauungen mit ausgeprägten Seelen-Vorstellungen sprechen. Sie äußerten sich in aus Stein gehauenen, geflügelten menschlichen Wesen, die zwischen dem l. und 3. Jh. hergestellt

^
59   Kopf einer *BA*-Vogel-Plastik, die zu den charakteristischen Bildnissen der meroitischen Spätzeit gehört.

wurden und die an die im nubischen Christentum später so verbreiteten En-
gelsdarstellungen denken lassen. Leider sind in vielen Fällen nur die Stein-
köpfe erhalten (Abb. 59); weil ihre Augenpartien überall ähnlich ausgearbei-
tet wurden, werden sie meist als *BA*-Plastiken eingeordnet. Das ist aber nicht
immer sicher, ebenso wie die Bezeichnung, die zwar auf altägyptische Seelen-Vorstellungen zurückgeht, deren Aussageinhalt aber nicht unbedingt damit identisch ist.

Man kann von einer individuellen »sepulkralen Kunst« sprechen, die
sonst nur aus Nordnubien und dem Dodekaschoinos bekannt ist, wo eine
gegenüber Meroë fast unabhängige provinzielle Kunstproduktion entstanden war. Diese Entwicklung scheint verständlich, wenn man die geografische Ausdehnung und die unterschiedlichen Ethnien und Einflüsse des
Landes berücksichtigt. Im Norden ist eine »feudale« Verwaltungsstruktur
erkennbar, unter der die Völker andere Lebensbedingungen hatten als im
Süden. Die Völker des Nordens gehörten zum Teil den dortigen Garnisons-
und Verwaltungszentren an und hatten eine Vielzahl von oft feindlich ge-
sinnten Stämmen zu kontrollieren. Darüber hinaus waren sie immer wieder

der Konfrontation mit dem erst von den Ptolemäern und später von den Römern verwalteten Ägypten ausgesetzt. Dort gehörte das Militär, das in der Grenzregion nur für die Sicherheit des Landes zu sorgen hatte und sich einer großen Unabhängigkeit erfreute, allen möglichen Rassen und Völkern an. Diese äußeren Umstände führten wahrscheinlich im Norden zu einer anderen ikonischen Ausdrucksweise. Dennoch reicht das vorhandene Material noch immer nicht aus, um ein vollständiges Bild von der Situation an der Nordperipherie des meroitischen Reiches zu gewinnen. Sicher ist jedoch, dass die fremden Elemente in der Kunstproduktion nicht nur im Norden, sondern auch im Süden in Erscheinung traten, wofür der sog. römische Kiosk in Naq'a (Farbtaf. VIIb) den besten Beweis liefert. Bezeichnend für das gesamte meroitische Reich ist seine Fähigkeit, fremde Elemente zu einer speziell meroitischen Form zu verarbeiten, die nicht unterging, sondern bis in die nachfolgende Zeit der christlichen nubischen Reiche fortwirkte.

Die beschrifteten Opfertafeln überliefern bis heute das umfangreichste Schriftmaterial in meroitischer Sprache, die aber – mit Ausnahme einzelner Wörter – immer noch unverständlich ist. Dass das Meroitische auch zwischen dem 1. und 3. Katarakt vorkommt, spricht dafür, dass an der Entstehung dieser Sprache Völker beteiligt gewesen sein müssen, denen die früheren kuschitischen Traditionen mit ihren ägyptischen Verbindungen fremd waren.

Besondere Probleme ergeben sich bei der Betrachtung der letzten Phase der meroitischen Kunstproduktion (1.–4. Jh.), in der sich Objekte finden, die der provinziellen römischen Kunst sehr nahe stehen. Sie sprechen für einen langsamen Prozess des Niedergangs der kuschitisch-meroitischen Ausdrucksweise in der Ikonografie, was wahrscheinlich mit der allgemeinen Wandlung des Zeitgeistes und des Religiösen in dem Jahrhundert nach der Zeitenwende zu tun hatte. Hier ist besonders an die Ausstattung der sog. meroitischen Bäder (Abb. 60) und an die Kleinkunst zu denken, die in dieser Form als »Schmuck« im gesamten römischen Imperium vorkam. In Meroë handelte es sich aber nicht um ein weltliches »Sich-schmücken-wollen«, sondern um ein gezieltes ikonisches Konzept (Abb. 62). Es hebt den hathorischen Aspekt, der schon von den Amuletten aus el Kurru bekannt ist, hervor und drückt das Verständnis von einer »Gottesmutter« aus, das mit der Institution der Kandake zusammenhängt. Viele Goldschmiedearbeiten von hoher Qualität, die im Auftrag der regierenden Kandake hergestellt wurden, verraten diese festgelegte Ikonozität. Ob es sich bei den Werkstätten um einheimische gehandelt hat, muss noch offen bleiben, obwohl vieles für ihre Existenz spricht. Sollte dies der Fall sein, müsste man Meroë als eines der

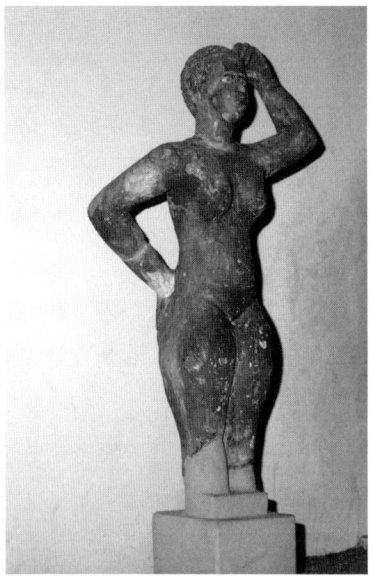

∧
60   Weibliche Sandsteinplastik aus dem
Bäderbezirk von Meroë (heute im National-
museum Khartoum).

wichtigsten Zentren der Goldschmiedekunst in der spätantiken Welt ansehen und ihm einen entsprechenden Platz einräumen.

Die Formen der meroitischen Kunstproduktion, die als Ausdruck des
sakralen Königtums zu werten sind, sind mannigfaltig. Als Beispiel kann
man die vielfältigen und weitverbreiteten Löwendarstellungen anführen
(Abb. 61), die die Macht des meroitischen Gottes Apedemak symbolisieren.
Bildhauer arbeiteten mit Hilfe von Tonmodellen, die teilweise sogar erhalten
sind. Überall ließ man Löwenplastiken errichten, die den Gott Apedemak in
seiner Schutzfunktion repräsentieren, so in Basa. Sie dienten aber auch als
»Wasserspeicher«: Wasser symbolisiert das Leben, das beschützt werden muss.

Die monumentale höfische und sepulkrale Kunstproduktion wird durch
eine Vielzahl von Gegenständen und Alltagsgeräten ergänzt, zu denen in erster Linie bemalte Keramik gehört. Ihre Thematik und Ausführung erinnert
stark an die Wandmalereien, die nur teilweise, besonders in Gräbern, erhalten sind. Man muss annehmen, dass die großen Reliefs in den Tempeln aus-
gemalt waren. Weil sich Meroë aber schon in der Regenzone befindet, muss
es im Laufe der Jahrhunderte zu erheblichen Zerstörungen der Malereien

gekommen sein. Neben den überlieferten Grabmalereien und der bemalten Keramik sprechen Verputzspuren, zum Beispiel auf der Darstellung der »frontalen Gottheit« in Naq'a, für eine Tempelbemalung.

Die meroitische Keramik bestätigt die Kontinuität der Niltalkulturen: Sogar die Tongefäße der christlichen Periode erinnern noch an die aus der meroitischen Zeit.

In der ikonischen Ausdrucksweise der kuschitisch-meroitischen Tradition, die einer ständigen Wandlung unterlag, lassen sich Prinzipien einer Ästhetik, die sich auf das lokale Schönheitsideal eines Menschen beziehen, entdecken. Weibliche Gestalten mit üppigen Formen (Abb. 60) sind sowohl in Relief und Plastik als auch bei Amuletten und Goldschmiedearbeiten auffallend. Sie beziehen sich grundsätzlich auf die Kandake, die das meroitische sakrale Königtum entscheidend bedingte.

## KANDAKE – MYTHOS EINER FRAUENHERRSCHAFT?

Schon J. J. Bachofen hat 1861 auf die Kandake als Ausdruck einer archaischen Gynaikokratie hingewiesen: »Kandake ist die Vertreterin des mütterlichen Rechts, wie es zumal in Ägypten und Aethiopien Anerkennung fand.« Diese Feststellung, die auf der überlieferten antiken Literatur des *Alexanderromans* (Ps. Kallisthenes) basierte, gewinnt heute in der Diskussion um die Kandake und das meroitische sakrale Königtum einen neuen Stellenwert (3, 18, 1 f.).

### Ein fiktiver Brief von Alexander d. Gr. an die Kandake

Über das ganze Land dort herrschte eine Frau von stolzer Schönheit, in mittlerem Alter. An sie schickte Alexander folgenden Brief:
»König Alexander grüßt die Königin Kandake in Beroe und die ihr untergebenen Fürsten! Als ich in Ägypten war, habe ich die Priester dort über eure Häuser und Gräber befragt und gehört, dass ihr eine Zeitlang über Ägypten gekommen

herrscht habt. Darum schreibe ich euch. Beratet euch und sendet mir, was ihr beschlossen habt. Lebt wohl!« Kandake antwortete: »Königin Kandake von Beroe und alle ihre Fürsten grüßen König Alexander! Verachte uns nicht wegen unserer Farbe, denn unsere Seele ist reiner als die der weißesten deiner Leute. Wir sind an Zahl achtzig Reiterregimenter, bereit, jeden Angreifer übel zu empfangen. Unsere Boten bringen dir 100 massive Goldbarren, 500 junge Äthiopier, 200 Schimpansen und einen Kranz von 1000 Pfund Gold mit Smaragden, 10 versiegelte Gehänge undurchbohrter Perlen, 80 Elfenbeinkästchen. Ferner verschiedene Arten von Tieren, die bei uns vorkommen: 5 Elefanten, 10 zahme Panther, in den Käfigen 30 Bluthunde und 30 Kampfstiere. Außerdem 300 Elefantenzähne, 300 Pantherfelle, 3000 Ebenholzstäbe. Schicke also gleich Leute, um die Gaben entgegenzunehmen, und gib uns Nachricht von dir, wenn du die ganze Welt unterworfen hast! Lebe wohl!«

Als Alexander den Brief der Kandake empfangen und gelesen hatte, schickte er den Ägypter Kleomenes zum Empfang der Geschenke. Weil Kandake aber gehört hatte, auf welche Weise Alexander die mächtigsten Könige bezwang, rief sie einen ihrer Diener, einen griechischen Maler, und befahl ihm, zu Alexander zu reisen und unbemerkt ein Porträt von ihm anzufertigen. Das tat er; und Kandake nahm sein Bild und verwahrte es in einem Versteck.
*Alexanderroman 3,18,1 f.*

Das griechische Wort Κανδάκη dürfte eine Umschrift des meroitischen *ktkel/kdke/kdwe* sein. Unter dieser Bezeichnung ist, wie bereits dargelegt, die »Mutter des Königs / Königsmutter« zu verstehen, auch wenn andere Bedeutungen nicht auszuschließen sind, die von »Königsgemahlin« über »weibliche Hand« und »Abbild« bis zu »Schwester sein von ...« reichen. Neben dem nur dürftig überlieferten schriftlichen meroitischen Material vermitteln vor allem die erhaltenen Denkmäler des napatäischen und meroitischen Reiches zahllose Aussagen über die im herkömmlichen Sinne ungewöhnliche Stellung der Frau in der Machtstruktur des altafrikanischen Reiches.

Aus der ägyptischen Tradition war seit langem die Vorstellung einer »göttlichen Geburt des Gottkönigs« bekannt; bis heute lassen sich einige Szenen dieses auch ikonografisch überlieferten Mythos in den Tempeln von Deir el-bahari (Hatschepsut) und Luxor (Neues Reich) nachvollziehen. In diesem Mythos spielt die »Auserwählte«, die »Gottesmutter«, die entscheidende Rolle, die auch der Kandake zuzuschreiben ist, was sich aus den Darstellungen auf den Goldringen der Amanischakhete (um 41–12) ersehen lässt (Abb. 63). Durch die Erhöhung zu einer Auserwählten rückt die Kandake in die Nähe der Göttinnen, besonders der Isis und der Mut. Auch sie wird durch Amun – was zum Beispiel in seinem Tempel in Naq'a (Abb. 52) nachvollziehbar ist – für die Empfängnis seines Nachfolgers auf dem »Thron des Horus« bestimmt. Aufgrund dieser Auffassung dürfen alle Denkmäler mit

^
61    Schildring (H. 4,4 cm) mit dem Bildnis des
Gottes Apedemak und der sog. *hmkm*-Krone (heute
in der Ägyptischen Sammlung, Berlin).

der Kandake primär nur unter dem Aspekt ihrer Verbindung mit der Götter-
welt gesehen werden.

Ein gutes Beispiel für das Verständnis der Funktion der Kandake ist eine
Plastik aus Meroë. Sie gibt eine weibliche Gestalt mit dem Uräus-Diadem, der
Sonnenscheibe und einer Federkrone wieder, die von einem Mann, der seine
rechte Hand in einem Schutz- und Segensgestus über ihren Kopf hält, begleitet wird. Es handelt sich dabei offensichtlich um die ikonische Manifestation
einer Aussage, die schon die Inschrift des Chaliut belegt. Dort trägt König Aspelta den Titel: »[…] der seine Mutter Isis schützt« (*nd mwt. f. St*). Man kann
also die Frauengestalt der kairiner Plastik als Kandake, wahrscheinlich als
die Schanakdakete (um 170–150), interpretieren. Sie wird hier von ihrem
göttlichen Kind, dem Sohn des Amun, durch seinen Segen als Garantin des
sakralen Königtums anerkannt. Es ist sogar nicht auszuschließen, dass sich
Schanakdakete in dem von ihr erbauten Isistempel – wie die ptolemäischen
Königinnen – mit der Göttin gleichsetzen ließ.

Das sakrale Königtum manifestierte sich einerseits in der zur Isis erhobenen Kandake, andererseits in dem Horus/*qore* (König), der als legitimer

⌃
62 Armreif mit geflügelter Göttin Mut (H. 4,6 cm) aus der sog.
Ferlini-Sammlung (heute Ägyptische Sammlung, München).

»Sohn Amuns« verstanden wurde. Für diese Identifizierungsversuche – die auch aus dem ptolemäischen Ägypten bekannt sind – sprechen die Darstellungen an den Außenwänden des Löwentempels in Musawwarat es Sufra, in denen hinter dem König Arnekhamani Isis/Kandake ihre schützende Macht ausbreitet. Auch die Königsstelen legen hierfür ein beredtes Zeugnis ab. Nicht zuletzt in Meroë lässt sich eine gewisse Kontinuität dieser Stelen nachweisen, wenn man zum Beispiel an die schon erwähnte Stele des Amanikhabale (Abb. 58) denkt. Dort sind die kultischen Funktionen des *qore* und der Kandake, die niemals hinter dem König, sondern immer ebenbürtig mit ihm vor Amun, ihrem Gemahl, erscheint, gleichwertig dargestellt.

Das Verständnis des Königsdogmas und die Rolle der Herrschenden im meroitischen Reich lassen sich auch in dem oft erwähnten Löwentempel aus Naq'a nachvollziehen. In den zentralen Darstellungen dieses Tempels tritt die Kandake zwölf Mal bei verschiedenen kultischen Handlungen auf, und zwar jeweils parallel mit dem *qore*. Auf dem nördlichen Pylon (Abb. 51) wird sie als siegreiche Herrscherin beim Erschlagen der Feinde gezeigt. Dieser ikonografische Topos ist zwar aus Ägypten bekannt, findet sich dort aber niemals in Bezug auf eine »Frau als Triumphator«. Bemerkenswert ist auch die Kopfbedeckung der Kandake: eine Horushaube mit dem Königsdiadem der Uräen, die hathorische Kronen tragen. Im Gegensatz zu dem auf dem südlichen Pylon dargestellten *qore*, der eine rituelle Axt in der erhobenen Hand hält, schwingt die Kandake ein Schwert über ihren Feinden.

Im Inneren des Tempels wird sie zur »Priesterin«, die in Begleitung des *qore* und des *paqar* – den man unbegründet mit einem Kronprinzen identifizieren möchte – auftritt. Im meroitischen Reich war der legitime Nachfolger auf dem »Thron des Horus« bis zur Thronbesteigung ja nicht bekannt. Deshalb muss der *paqar* als wichtige, wenn nicht sogar als die wichtigste Hofperson gesehen werden, die das Vertrauen des Königs und der Götter hatte und als Mundschenk, Kämmerer, *maior domus* und auch als Priester auftrat. Dafür mag auch die Erzählung über den »Eunuchen der Kandake« in der Apostelgeschichte (8.26) sprechen.

Ein besonderes Merkmal der Kandake in ihren Darstellungen im Löwentempel von Naqʼa sind ihre überlangen Fingernägel (Abb. 56). Sie haben einen Zusammenhang mit den im äthiopischen Raum noch lange lebendigen Vorstellungen von »Löwenkrallen« und könnten deshalb eine Beziehung zum Löwengott Apedemak ausdrücken. Dieser Gott ist es, der sie – in der zentralen Szene der Erwählung – durch die Berührung der Ellenbogen zur »Auserwählten«, zum »Werkzeug« seiner Macht auf Erden erhebt und der sie damit zu den »Händen Gottes« macht, was einer der Bedeutungen des Wortes »Kandake« entspricht.

> »Das Auftreten weiblicher Mitglieder der Königsfamilie in meroitischen Tempeln hat seine Ursache aber sicherlich nicht in einer theologischen Umdeutung kultischer Funktionen des Herrschers und einer rein persönlich motivierten machtpolitischen Aufwertung der Königin, wie sie bei den Ptolemäern stattfand, sondern ist auf die matrilineare Erbfolge bei den Meroiten, auf die Funktion der Frau als ›vehicle of succession‹ (N. Millet) zurückzuführen. Als Trägerinnen des Erbganges innerhalb der Dynastie besaßen die Frauen des Herrscherhauses in Meroë erheblich mehr Ansehen und Einfluss als in Ägypten. Somit wurde es ihnen auch ermöglicht, in Ritualszenen zu erscheinen, die in Ägypten bis zur Ptolemäerzeit in der Regel dem König vorbehalten waren.« (Onasch, S. 141)

Das außerschriftliche Material bestätigt das kanonische Bild einer Frau, in deren Händen über einen langen Zeitraum hinweg die Exekutive des Reiches lag und die die einmalige Stellung einer »Auserwählten« des Amun innehatte. Im Rahmen des sakralen Königtums gebührte ihr – der irdischen Hathor-Isis – der erste Platz im Reich, weil nur durch sie der rechtmäßige Nachfolger auf dem Horus-Thron bestimmt wurde. Entsprechend eindrucksvoll ist ihre Darstellung auf zahlreichen Amuletten, Tempel- und Grabreliefs (Abb. 56) sowie in Malereien, die sich bis in die christliche Zeit hinein finden.

^
63  Goldener Siegelring (H. 2,0 cm) mit thronender
Kandake(?) oder thronendem König (heute Ägyptische
Sammlung, Berlin).

Damit sind für das Verständnis des meroitischen sakralen Königtums sowohl
(ur)altafrikanische als auch ägyptische Vorstellungen entscheidend. Letztere wurden seit der 25. Dynastie mit den lokal-kuschitischen assimiliert,
wodurch wahrscheinlich das erste große synkretistische Gebilde der alten
Welt entstand. Man kann davon ausgehen, dass dieser Synkretisierungspro-
zess auf zwei Grundlagen basierte: auf einer lokalen, die durch die Kandake
verkörpert, und auf einer ägyptischen, die durch den König repräsentiert
wurde. Gleichzeitig sind aber auch Gemeinsamkeiten nicht zu übersehen,
die aus sehr alten religiösen Vorstellungen resultieren, die im ganzen Niltal
verbreitet waren und die man als »uraltafrikanisch« bezeichnen kann – ohne
damit einen »rassischen« Ursprung oder eine »rassische Entscheidung« zu
meinen oder zu treffen.

### MEROË ALS AFRIKANISCHE METROPOLE

Sowohl die wirtschaftliche Entwicklung als auch die historischen Gegebenheiten und darüber hinaus die Kunstproduktion Meroës haben gezeigt, dass
es von Anfang an Begegnungen mit den Kulturen aus dem Norden und daher

auch mit dem Mittelmeerraum gegeben hat. Dies wurde unter den Ptolemäern besonders deutlich, die Ägypten durch ihre hellenistisch orientierte
Kultur beeinflussten und wirkte sich bis nach Meroë und ganz sicher in die
Grenzgebiete des Dodekaschoinos aus, wo man auf Philae gemeinsam die
Göttin Isis verehrte und das umstrittene Land durch ihre Priesterschaft ver-
walten ließ. Diese Nord-Süd-Achse wurde in allen bisherigen Betrachtungen
der Kulturen des Katarakten-Niltals zum zentralen Anliegen, obschon es bei
der Darstellung der frühgeschichtlichen Perioden immer mehr Ansätze gibt,
die auf die Kontakte zur Sahara einerseits und zum äthiopischen Hochland
andererseits hinweisen. Sie waren möglicherweise bis zur christlich-islamischen Periode viel intensiver, als bis jetzt angenommen wurde. Dafür sprechen sowohl die nubischen Königreiche als auch die späteren zentralafrika-
nischen und die Fung-Sultanate im Niltal.

Angesichts vieler neuer Untersuchungen und Überlegungen verstärkt
sich die Ansicht, dass die Kontakte Meroës zum Osten und zum Westen, aber
auch zum Süden nicht minder wichtig waren wie die zum Norden. Dieser
Auffassung liegen nicht spektakuläre Theorien, sondern historisch nach-
weisbare Tatsachen zugrunde, die Meroë plötzlich als einen Knotenpunkt
der sich kreuzenden Wege von Norden nach Süden, aber auch von Osten
nach Westen erscheinen lassen. Somit kann in Bezug auf Meroë nicht von
einer »Randkultur« gesprochen werden. Die nach der Zeit Alexanders des
Großen immer stärker aktivierten Beziehungen zu Indien und dem übrigen
Asien ließen die meroitische Küste – mit ihren Anlegestellen zum Beispiel für
die großen ptolemäischen Schiffe für Elefantentransporte – erheblich an
Bedeutung gewinnen.

Für eine Reise von Meroë nach Indien benötigte man kaum mehr Zeit als
für eine Reise nach Alexandrien, wobei die vierzigtägige Schiffsreise nach Indien – nach der Überquerung der Butana-Steppe – wesentlich bequemer war
als die auf dem Landweg und dem Nil über die Katarakte nach Ägypten. Deshalb ist nicht auszuschließen, dass die Meroiten, auch um nach Alexandrien
zu gelangen, den Seeweg über das Rote Meer wählten. Sie segelten bis
Clysma, von dort kamen sie auf den bekannten Karawanenwegen nach Alexandrien oder Gaza in den Mittelmeerraum. Diese Kommunikationswege
weisen nicht nur auf die Bedeutung des Roten Meeres hin, sondern machen
auch die Versuche Roms verständlich, diesen Raum zu beherrschen.

Die Meroiten, deren Handelsaktivitäten in diesm Gebiet und in Ost-
afrika bekannt gewesen sein mussten, gehörten zu den Völkern, die wahrscheinlich allmählich die Sabäer, die in Meroë eine Handelsniederlassung

unterhielten und seit dem 6. Jh. den Verkehr zwischen Indien und der arabischen Halbinsel kontrollierten, in ihrer Schlüsselstellung abgelöst und deren lukrative Tätigkeit selber übernommen haben. Das führte später dazu, dass Pausanias und andere antike Schriftsteller Äthiopien mit dem Land der Syrer, der Seidenhersteller, identifizierten. Man kann auch nicht ausschließen, dass die Chinesen Meroë, das sie »Muâ-lien« nannten, gekannt haben. Ebenso muss es sich mit Indien verhalten haben, was sich aus den später so häufig auftretenden Verwechslungen Indiens mit Äthiopien und aus einer sehr alten Tradition ergibt, in der man in Mesopotamien sowohl die dunkelhäutigen Bewohner des Industals als auch die des nubisch-äthiopischen Raumes als »Meluḫḫa« bezeichnete (s. S. 26 ff.). Seine zentrale Stellung innerhalb des Handels hat für Meroë immer eine große Rolle gespielt und war für die Perser, Ptolemäer, Römer und andere Völker Anlass zu kriegerischen Unternehmungen gegen Meroë, dessen wirtschaftliche Schlüsselstellung ihnen ein Dorn im Auge war. Erst mit dem Untergang der christlichen Reiche und der Islamisierung kam es zu der heute für dieses Land so charakteristischen Abgeschiedenheit und damit zu der Vorstellung einer »Randkultur«.

Der Ausrichtung nach Osten, die in der postmeroitischen Zeit auch für den Charakter des dortigen Christentums maßgeblich war, verdankte dieses afrikanische Land einen regen Waren- und Kulturaustausch, der auch das religiöse Leben stark beeinflusst hat, was unter anderem die Spuren iranischer Sonnengottheiten andeuten.

Diese wirtschaftliche und kulturelle Position Meroës bedingte die steigende Popularität der Aithiopen im Mittelmeerraum. Sie schlug sich in den dort so häufig zu findenden Neger- oder Nillandschaftsdarstellungen (z. B. den Mosaiken aus Palestrina), in dem immer weitere Kreise ziehenden Isis-Kult, dessen Anhängerinnen sogar zu den Isis-Tempeln nach Meroë pilgerten (Abb. 70), und schließlich in der Literatur nieder, die mit dem Roman ΑΙΘΙΟΠΙΚΑ bis heute davon Zeugnis ablegt. Das meroitische Reich wurde zum Inbegriff und zum Vermittler afrikanischer Exotik, die man im dekadenten Rom gerne zur Schau trug.

Wenn auch die Kenntnisse über die meroitischen Kontakte zu West- und Äquatorialafrika noch spärlich sind, so kann man aber ihr Vorhandensein unterstellen. Mit großer Wahrscheinlichkeit lässt sich annehmen, dass Handelsbeziehungen bestanden haben, über die auch religiöse Vorstellungen von und nach Meroë weiterverbreitet wurden. (So könnte man zum Beispiel die jüdischen Elemente bei den Massai erklären.)

Die Ausstrahlung Meroës als Vermittlerin zwischen drei Kontinenten wirft auch Fragen nach seinen Verbindungen zum Nordwesten und zum Westen auf. Die Numider – die auch den Isis-Kult pflegten – kannten das Reich im Osten. Juba (50 v. Chr. – 25 n. Chr.), ihr König, Vasall der Römer und Gatte der Kleopatra Selene, der Tochter der Kleopatra VII., berichtet über die Verbindungen zwischen dem Roten Meer und Indien, die er viel besser gekannt hat als die Römer, die ihn als Quelle benutzten. Deshalb ist anzunehmen, dass damals, als die klimatischen Bedingungen noch wesentlich besser waren als heute, viele Karawanenrouten existierten, über die man Meroë auch aus Mauretanien erreichen konnte. Neben dem seit der Zeit der Kuschiten sehr beliebten Pferd gebrauchte man schon Kamele, die wahrscheinlich über das meroitische Reich aus Arabien nach Afrika gekommen waren. Ihre Verwendung spricht dafür, dass man einem zunehmenden Wüstenbildungsprozess gegenüberstand.

Der wichtige Beitrag Meroës zur Wirtschafts- und Handelsgeschichte der Alten Welt wird noch immer nicht genügend bewertet. Zwar entziehen sich uns genaue Kenntnisse darüber, weil Meroë mit großem politischen und militärischen Geschick den Gefahren von außen aus dem Wege ging, man immer noch mit dem Verständnis der meroitischen schriftlichen Quellen zu kämpfen hat und schließlich viele asiatische und altorientalische Dokumente und Nachrichten nicht ausreichend erschlossen wurden. Man kann behaupten, dass das meroitische Reich neben dem persischen zu denen gehörte, die von den Römern niemals unterworfen werden konnten.

Aufgrund einiger Funde und historischer Entwicklungen ist anzunehmen, dass das meroitische Reich in der Spätantike nicht nur Beziehungen zum iranischen und indischen Raum unterhielt, sondern auch zu China, von wo Seide nach Afrika und Europa kam. Dass Seide im Niltal verwendet wurde, bezeugen die Funde aus Qustol/Ballana. Dort fanden sich auch andere Objekte, die mehr den zentralasiatischen und iranischen als den afrikanischen Vorstellungen entsprachen. Man denke an die Weihrauchgeräte mit Wildschwein-Darstellungen (Abb. 73), die keine Vorbilder im Niltal haben konnten. Diese Kontakte zwischen dem Niltal und dem Nahen und Fernen Osten, die sich später noch im aksumitischen Reich nachvollziehen lassen, entstammen einer langen Tradition, die schon bei Alexander dem Großen seinen »Drang nach Osten« verursachte und seine Politik im Raum des Roten Meeres bestimmte. Diese Politik verfolgten nicht nur die Lagiden, sondern auch die Römer weiter, ohne jedoch die Meroiten ernsthaft beeinträchtigen zu können. Diese pflegten in ihrer einflussreichen Position am »Tor der Tränen« (bab-al-Mandeb) ihre mittelbaren und unmittelbaren Verbindungen zu den offenen und geheimen Feinden Roms und hielten an der Peripherie der antiken Welt die Schlüsselstellung im Handel mit West- und Zentralafrika. Die Völker des nubisch-äthiopischen Raumes waren überall bekannt, sie hinterließen jedoch kaum schriftliche Quellen, die sich mit den einseitigen, dafür aber relativ zahlreichen aus dem Mittelmeerraum hätten messen können.

Das Ausmaß der Bekanntheit Meroës zwischen China und Numidien bezeugt einen ständigen Kontakt mit Fremden, mit ihren Produkten, Ansichten und Religionen. Einiges davon fand seinen Niederschlag in der Architektur, in der Kunst und wahrscheinlich auch in der Sprache der Meroiten und lässt sich bis heute an den erhaltenen und bekannt gewordenen Denkmälern beobachten. Nach dem Vorbild der Sabäer ermöglichte man den Fremden, sich in den wichtigsten Zentren des Reiches niederzulassen. Elephantine-Papyri berichten, dass es schon in früheren Zeiten oft zu Auswanderungen in das Land der Aithiopen gekommen war. Dort brauchte man immer tüchtige Bauern und Handwerker, die ihre Fähigkeiten zum Wohle des Reiches einsetzen konnten.

Neben Asiaten und Juden – Letztere müssen zwar nicht an Zahl, aber an Einfluss zu einer der bedeutendsten Gruppen in Meroë gehört haben, wenn man annimmt, dass die gesamte Eisenindustrie unter ihrer Aufsicht stand – lebten im Lande der Kandake auch Griechen und Ägypter, die früher wahrscheinlich als Priester großen Einfluss gehabt und sich schließlich mit der einheimischen Bevölkerung assimiliert hatten.

# MEROITEN IN DER HELLENISTISCHEN WELT

## NAHES REICH AM »RAND DER WELT«

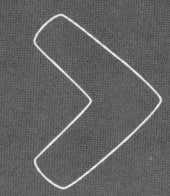

»Kandake [erschien] im Glanz der Krone, von übermenschlicher Größe und fast göttlichem Aussehen, so daß es Alexander vorkam, als wäre sie seine Mutter, Olympias. Und er besah sich das Schloß, strahlend mit goldenen Dächern und marmornen Wänden. Da waren Decken, kunstvoll mit Gold durchwirkte Seidengewebe, über Lager mit goldenem Gestell gebreitet, deren Liegefläche mit goldenen Riemen bespannt war; Tische, mit Elfenbein eingelegt; medische Säulen mit funkelnden ebenholzfarbenen Kapitellen. Es gab unzählige Bronzestatuen, Sichelwagen aus Porphyr gebildet mitsamt den Pferden, die wie lebend sich zu bewegen schienen, Elefanten aus dem gleichen Stein gehauen, die mit den Füßen die Feinde niederstampften und sie mit den Rüsseln umherwirbelten, ganze Tempel mitsamt den Säulen aus einem Stein geschnitten.«
(*Alexanderroman* 3,22)

Diese sonderbare Beschreibung und der fiktionale Bericht des *Alexanderromans* lassen erkennen, dass die Geschichte Meroës schon sehr früh mit der der hellenistischen Reiche verbunden war, unabhängig davon, wann die hier zitierte Überlieferung dieses so populären und verbreiteten Romans entstanden ist. Die Tradition dieser Version, die etwa zwischen dem 2. und 3. Jh. n. Chr. schriftlich fixiert worden war, dürfte sehr tief im Bewusstsein der Antike verwurzelt gewesen sein und spiegelt eine Erinnerungskultur wider, die deutlich macht, dass das Land am »Rande der Welt« nicht so weit entfernt war, dass man es vergessen konnte. Die Ränder des »Erdtellers« – in der damaligen Vorstellung gab es noch keinen »Erdball« – wurden also von dem in Rom angenommenen Zentrum, obgleich sehr fern, scheinbar dennoch nicht übersehen, was das Beispiel Meroës in der letzten Phase seines Bestehens zeigt.

## MEROË UND DIE PTOLEMÄER

Die schon von Diodor erwähnte griechische Bildung des Ergamenes (meroit.: Arkamani-qo?) weist auf die hellenistischen Einflüsse innerhalb der meroitischen Kultur hin und bestätigt, dass die Kontakte zwischen dem zeitlich parallel existierenden ptolemäischen und meroitischen Reich in dieser Zeit friedlich gewesen sein mussten. Zwar wird auch von siegreichen Feldzügen des Ptolemaios II. in Unternubien um etwa 275 berichtet, man kann aber davon ausgehen, dass es sich in den südlichen Grenzgebieten zwischen Elephantine und der meroitischen Einflusssphäre nicht um Kriegshandlungen gegen die Meroiten, sondern gegen die Noubai (Nubier) – die in dieser Zeit erste Erwähnung finden – und gegen andere Völker, die die Gegend unsicher machten, gehandelt hatte. Die Meroiten und die Ägypter fürchteten die ständigen Angriffe dieser Völker, die von ihrem Charakter her, als »Reitervölker« bezeichnet werden können. Es handelte sich also um gemeinsame Interessen und Aktionen, besonders in der Dreißigmeilenzone (Triakontaschoinos), deren nördlicher Teil, die Zwölfmeilenzone (Dodekaschoinos), von den Ptolemäern als zu Ägypten gehörig betrachtet wurde.

Die frühmeroitische Periode (um 270–90) ist durch das Zusammenwirken der Ptolemäer und der Meroiten in der Grenzzone des Dodekaschoinos – die als Niemandsland formell der Herrschaft der Isis, das heißt ihrer Tempel von Philae, unterstand – gekennzeichnet. Dort baute man gemeinsam das Sanktuarium der großen Göttin Isis und errichtete und erweiterte Siedlungen und Festungen, die die Grenzen Ägyptens und des meroitischen Reiches vor den immer wieder aus dem Osten angreifenden Blemmeyern und Noubai schützen sollten. Blemmeyer waren kaum zu bändigende Nomaden, die wahrscheinlich schon in der Zeit des Alten Ägypten als Med3jw aufgetreten waren und ihre Dienste als Krieger anboten. Sie nutzten jede Destabilisierung im Norden, Süden und Westen, um mit ihren mobilen, berittenen Verbänden die Dörfer und Städte des Niltals anzugreifen. Noch im 19. Jh. verfolgten die maghrebinischen Beduinenstämme auf dem westlichen Nilufer diese Taktik. Der Schweizer Reisende und Orientalist Johann Ludwig Burckhardt schreibt dazu:

»Der Tempel zu Ebsambal [Abu Simbel] dient den Einwohnern von Ballânje und den benachbarten Arabern als Zufluchtsort gegen einen maghrebinischen Beduinenstamm, welcher alle Jahre regelmäßig in diese Gegenden einfällt. Diese Beduinen gehören zu den Stämmen, die sich zwischen der großen Oase Siut angesiedelt haben. Wenn sie aufbrechen, so zeigen sie sich zuerst in Argo, wo sie ihren Raubzug beginnen und alle Dörfer auf dem westlichen Nilufer ausplündern. Der Trupp besteht aus ungefähr hundertfünfzig Reitern zu Pferd und ebenso vielen auf Kamelen. Niemand wagt sich in Nubien zu widersetzen, die Statthalter machen ihnen vielmehr einen Besuch, wenn sie Derr gegenüber ankommen und geben ihnen einige Geschenke. Die Einfälle dieses Stammes sind eine der Hauptursachen, warum der größte Teil des westlichen Nilufers verlassen ist. Sobald die Beduinen anrücken, begeben sich die Einwohner zum Tempel von Ebsambal. Das letzte Jahr machten die Maghrebiner einen Versuch, diesen Zufluchtsort mit Gewalt zu erstürmen, allein er mißlang, nachdem sie mehrere Leute dabei verloren hatten […].« (Burckhardt, *Entdeckungen*, S. 112)

Ähnlich dürfte die Situation schon im 3. Jh. ausgesehen haben. Nur starke militärische Garnisonen waren in der Lage, eine friedliche Existenz durch ständige Grenzaufsicht zu sichern. Auf die Dauer ist es jedoch niemandem gelungen, die Blemmeyer unter staatliche Kontrolle zu bringen. Jede organisierte Macht am Nil sah sich deshalb genötigt, der Bevölkerung und dem für das Land wichtigen Handel zwischen dem meroitischen Reich und den

∧
64   Qasr Ibrim, die Ruinen des antiken Primis, liefern immer
noch viele neue Quellen zur Geschichte dieses Raumes.

Mittelmeerländern Schutz zu garantieren. Aus dem Katarakten-Niltal und auch über dieses kamen wichtige Rohstoffe wie Gold, Kupfer, Eisen, Edelsteine, Hölzer, Tierfelle, Vieh, exotische Tiere und Früchte nach Ägypten und in den Mittelmeerraum, für die man als Gegenleistung fertige Produkte und Luxusartikel nach Aithiopien lieferte. In Folge davon entwickelte sich im ägyptisch-meroitischen Grenzgebiet sowohl eine intensive Bautätigkeit als auch eine militärische Präsenz, die zur Blüte der Städte und Garnisonen führte, unter denen Qasr Ibrim (Primis, Abb. 65), Karanóg, Aniba, Faras (Pachoras) und Gebel Adda besondere Aufmerksamkeit verdienen, weil sie noch bis in die christliche Zeit eine vielseitige Bedeutung hatten. Seit den Anfängen des Hellenismus bedingten diese militärischen und wirtschaftlichen Interessen die Südpolitik der Ptolemäer und ihrer Nachfolger.

Die Verknüpfung der beiden Reiche am Nil war sowohl in Zeiten der Abhängigkeit als auch in solchen der Unabhängigkeit immer vorhanden. Die besondere Bedeutung dieser Beziehungen in der hellenistischen Periode, offenbart sich darin, dass die meisten Informationen über Meroë aus dieser Epoche stammen und bis heute für Diskussionen sorgen. Die Geschichte Meroës hat gezeigt, dass von einer Isolation dieses Reiches nie die Rede sein konnte. In der Konfrontation mit den hellenistischen Strömungen und Reichen entwickelte sich in Meroë eine Kultur, die in der antiken Welt einerseits als märchenhaft, andererseits als »barbarisch« empfunden wurde. Die »Brille« der antiken Autoren, die immer noch als Quelle dienen, macht es deshalb schwer, einen richtigen Zugang zu dem Land zwischen Schwarzafrika und dem Mittelmeer zu finden. So offenbart sich das Bild zweier verschiedener Welten: einerseits das der »gewohnten« glaubwürdigen Griechen und Römer, andererseits das der Meroiten. Dennoch verdeutlichen die antiken Berichte, dass es noch in der »Achsenzeit« (etwa 3. Jh. v. Chr. – 3./4. Jh. n. Chr.) südlich Ägyptens eine andere Vegetation als heute gegeben hatte. Es ist bekannt, dass die Ptolemäer zur Elefantenjagd in die meroitischen Gebiete fuhren, weil man diese Tiere damals im Krieg wie »Panzereinheiten« benutzte. »Ptolemaios II., der die Elefantenjagd eifrig betrieb und denjenigen Jägern, die mit ganz unglaublichen Jagdmethoden die stärksten Tiere fingen, wertvolle Geschenke zukommen ließ, wandte sehr viel Geld für diese Liebhaberei auf. Dadurch verschaffte er sich sowohl viele Kriegselefanten und erreichte auch noch, daß die Griechen nie gesehene seltene Tiergattungen kennenlernten.« (Agatharchides von Knidos III, 36,1 ff.) Es ist nicht auszuschließen, dass diese Jagdzüge, die sich über Jahrhunderte erstreckten, schließlich zur Ausrottung des Elefanten in der Butana-Steppe geführt

^

65    Relief auf der Westwand des Löwentempels von
Musawwarat es Sufra mit der Darstellung von Kriegselefanten und Gefangenen (Umzeichnung).

haben, auch wenn es dort noch bis ins 4. Jh. n. Chr. Elefanten gegeben haben
könnte. Die Meroë-Insel war seinerzeit ein reiches Savannen- und Busch-
land, in dem Tiere wie Nashörner, Löwen und Gazellen neben den Elefanten
lebten. Hiervon zeugen sowohl Graffiti und Reliefs in Musawwarat es Sufra
(Abb. 45 f.) als auch religiöse Vorstellungen (Tempelplastiken, Abb. 55) sowie Kunst- und Alltagsobjekte, die in den Pyramiden um Meroë gefunden
worden sind (Abb. 47).

Elefanten wurden in der hellenistischen Welt zwischen Indien und der
iberischen Halbinsel in Kriegen eingesetzt und waren als solche bekannt, begehrt und sehr gefürchtet. Man erinnere sich der Elefanten des Hannibal vor
den Toren Roms (216) oder an die des Königs Pyrrhos (319/306 – 272), um
sich bewusst zu machen, wie zahlreich und häufig in einem Zeitraum von
über 1000 Jahren die Dickhäuter als »Panzer« des Altertums eingesetzt wurden. Ihr Einsatz und ihre Popularität im gesamten Raum um das Rote Meer
sind nicht nur für das meroitische, sondern auch für das aksumitische Reich
bis ins 7. Jh. n. Chr. belegt. Im *Quran* (Sure 105) wird noch von den Elefan-
tenjahren, in denen Abreha, der aksumitische König, gegen Mekka zog, gesprochen. Entsprechend häufig sind Darstellungen von Elefanten zu finden:
sowohl in der Plastik als auch im Relief (Abb. 65), wie zum Beispiel im Tempel von Musawwarat es Sufra (Abb. 47). Es ist nicht auszuschließen, dass
man – nach indischer Sitte – die Elefanten auch als Reittier des Königs darstellte und für besondere Zeremonien benutzte.

Die Jagdgebiete der Butana waren den Ptolemäern – wahrscheinlich mit
Billigung der Herrscher von Meroë – zur Verfügung gestellt worden. Von hier
aus konnte man relativ schnell die Anlegestellen am Roten Meer erreichen.
Es musste sich dabei angesichts der gewaltigen Schiffe, die für den Transport
von Elefanten vorgesehen waren und die in Schriftquellen auch erwähnt

werden, um größere Häfen gehandelt haben. Die archäologische Suche nach
diesen antiken Häfen ist durch die starke Veränderung der Korallenbänke an
der Küste des Roten Meeres sehr problematisch. Trotzdem hat sich inzwischen ihre Existenz durch die Entdeckung des alten Hafens Berenike Troglo-
ditica und die intensiven Forschungen über die maritimen Verhältnisse
dieser Zonen bestätigt. Schon Georg Schweinfurth weist auf die Küstenver-
änderungen hin:

»Die Korallenbänke, die ehemals den speziellen Hafen in dieser weiten Bucht
darstellten, sind durch Sandanschwemmungen überdeckt, die Korallenfelsen des
festen Landes durch Gipsbildung verwittert und mit dem Meeresniveau ausge-
glichen worden. Ähnlich ist der Vorgang, den wir an vielen anderen Küstenplätzen
wahrnehmen. So erscheint z. B. eine alte Aufnahme der Bucht von Kosser
[Kosseires] von dem Jahre 1799 wesentlich von der gegenwärtigen Konfiguration
[d. h. um 1878] der Küste und der Korallenbänke verschieden. Alle diese Häfen
am Roten Meer verändern sich in kurzen Zeit-Epochen und sämtliche Plätze, an
denen früher Handelsstädte gestanden haben, besitzen keine brauchbaren Häfen
mehr. Hauptschuld an diesen globalen und schnellen Veränderungen trägt der
Reichtum animalischen Lebens, der diesen Gewässern eigen ist und für sie zu einer unaufhörlich wirksamen, die Korallenkalke zersetzenden Quelle des Schwefel-
wasserstoffs wird.« (Schweinfurth, S. 132 f.)

Die Ursachen, die später zu den klimatischen Veränderungen geführt haben,
sind verschiedenartiger Natur, in erster Linie dürfte man aber die Raubwirt-
schaft der Menschen dafür verantwortlich machen. Wenn Meroë wirklich ein
Zentrum der Eisenindustrie war, dann kann man sich vorstellen, dass weite
Waldflächen verschwinden mussten, um den Holzbedarf dieser Industrie zu
decken. Das Übrige verursachten die Landwirtschaft und besonders die Nomaden mit ihren riesigen Herden, die ihren Reichtum bildeten. Auch Jäger
zerstörten das ökologische Gleichgewicht unter den Tieren, die sich allmählich immer mehr nach Süden in die dortigen Busch- und Savannenland-
schaften zurückzogen. Möglicherweise entsprechen die heutigen Gebiete um
Dinder (nationaler Tierpark in der Nähe von Roseires) der ökologischen Situation der Insel Meroë im Altertum. Das deutet an, wie groß damals die
Unterschiede zwischen der regenlosen Landschaft Nubiens im Norden und
der südlichen um Meroë gewesen sein müssen.

Die Rekonstruktion der Ereignisse zwischen dem ptolemäischen Ägypten und dem meroitischen Reich ergeben zwar aufgrund der schwierigen

Quellenlage im Süden immer noch keine Konkordanz, doch ist unter anderem sicher, dass das südliche Goldland für die Ptolemäer lebenswichtig war und man die dortigen Gruben intensiv nutzte. Dies bestätigen Untersuchungen der Brüder Alfredo und Angelo Castiglioni, die 1989 die Stadt Berenike Pancrisia wiederentdeckten.

## Leben in Wadi Allaqi

Nicht weit von Wadi Allaqi erstreckt sich ein Plateau, das nur wenige Meter über dem Grund des Wadi liegt und von Gräbern übersät ist; die noch stehenden Grabstelen zeigen, wo der genaue Bestattungsort ist. Längs des Tales stoßen wir auf kleine Nekropolen: Die aus einfachen Steinhaufen bestehenden Gräber, zuweilen mit Quarzfragmenten bedeckt, sind immer so angeordnet, dass sie vor den plötzlich sich ergießenden Wasserfluten geschützt sind, die in periodischen Zeitabständen in das Wadi strömen und deren zerstörerische Wucht noch deutlich zu sehen ist. Höchstwahrscheinlich handelt es sich um islamische Gräber, die bezeugen, daß an diesem Ort einst ein reger Verkehr herrschte. Heute dagegen wirkt die Gegend völlig verlassen, wenn man von kleinen Bedja-Dörfern absieht, die zwischen den seitlichen Zuflüssen an geschützten Stellen liegen, denn oft durchpeitscht der Wind das Wadi Allaqi mit großer Heftigkeit. In ihrer ärmlichen und auf das Wesentliche reduzierten Bauart offenbaren die Behausungen altes Wissen und eine perfekte Ausnutzung der zur Verfügung stehenden Mittel. […]

An der Stelle, wo sich die Stadt erhebt, ist das Wadi etwa 300 m breit. Es ist das versteinerte Bett eines gewaltigen Flusses, der in ungefähr nordwestlicher Richtung verlief, dabei von großen Zuflüssen wie dem Gabgaba und dem Elei gespeist wurde und das Sammelbecken eines weitläufigen Wassersystems war, das von den Bergen am Roten Meer hinab in das Niltal strömte. Der Reichtum an goldhaltigem Quarz in den Bergen und die Verbindungsmöglichkeiten, die sich entlang der Wadis zwischen dem Niltal und dem Roten Meer eröffneten, haben die Bedingungen für die Entwicklung dieses wichtigen Goldförderzentrums geschaffen. […]

Die Stadt setzte sich aus einem weitläufigen Wohnbereich auf der östlichen Seite und aus vereinzelten Bauten zusammen, die etwa eineinhalb Kilometer lang an beiden Ufern des Allaqi verlaufen. […]

Die massiven Mauern der nördlicheren Festung sind mehr als 25 m lang, aus großen Splittern von metamorphem Schiefer gebaut und an manchen Stellen mehr als 6 m hoch. Auf der nordwestlichen Seite zeigen sich drei Rei-

hen von Fensterchen, woraus sich ein innerer Aufbau über drei Etagen ergibt; die Fußböden wurden aus inzwischen verlorengegangenen Holzbalken errichtet, deren Auflageabsätze und Einspannungslöcher in den Mauern noch deutlich zu sehen sind.
Die trockengemauerten Steine sind perfekt aneinandergepasst wie Teilchen eines riesigen Mosaiks und haben dem Lauf der Jahrhunderte widerstanden, um nun vor uns Zeugnis abzulegen über eine mittlerweile vergessene Baukunst.
*Castiglioni [u. a.], Goldland der Pharaonen, S. 47 ff.*

Die Stadt überdauerte bis in das 11. Jh. n. Chr., ging dann – wahrscheinlich infolge der Trockenzeit und der Überbevölkerung (nach arabischen Quellen lebten dort im Mittelalter rund 10 000 Bewohner!) – langsam zu Grunde und geriet in Vergessenheit.

### DIE POLITISCHEN VERHÄLTNISSE ÄNDERN SICH

Obwohl man die Ursachen nicht kennt, weiß man doch, dass es in der Zeit des Ptolemaios V. / Philopator (222–205) zunehmend zu Konflikten mit den südlichen Nachbarn kam. Die immer nur lückenhaft bekannten Beziehungen zwischen den Ptolemäern und den Meroiten sind allerdings nur einseitig vom Standpunkt der Epigonen aus erkennbar. Aufgrund der erhaltenen Fragmente des Agatharchides von Knidos (200–132) und neuerer Forschungen kann angenommen werden, dass man in der hellenistischen Welt seinerzeit über Aithiopien und die Länder um das Rote Meer bestens informiert war.

Um 207/206 brach in Thebais ein Aufstand aus, der sich gegen die Ptolemäer richtete. Seine Anführer, Harmannophris (Harmachis, 205–199) und Anchonnophris (Anchmachis, 199–186), beherrschten danach bis 186 Oberägypten, in dem damals die nubische Bevölkerung wahrscheinlich eine dominierende Rolle spielte. Die Widersacher der Ptolemäer nutzten die Schwäche des minderjährigen Ptolemaios V. Epiphanes (204–180) und die allgemeine politische Lage, um sich mit Hilfe der Meroiten an der Macht zu halten. Wie Agatharchides berichtet, führten die ptolemäischen Söldner deshalb einen Krieg gegen die Aithiopier, der von Arkamani (dem Diodor'schen Ergamenes?) angeführt wurde. »Ptolemaios, berichtete er, hat zum Krieg gegen die Äthiopier 500 Reiter aus Griechenland angeworben. Es waren Hundert, die bereit waren, in der ersten Reihe zu kämpfen und die Spitze zu übernehmen.« (Agatharchides von Knidos 12a [20]) Wahrscheinlich fanden die Äthiopier in ihren Bestrebungen bei der thebanischen Priesterschaft Unterstützung, die mit der Religionspolitik der Ptolemäer nicht einverstanden war. Die Unruhen gingen erst l5l/150 zu Ende, als sich die Ptolemäer entschlossen, ihre Tempelbauten in Edfu und Philae zu intensivieren, um den Interessen der ägyptischen Priester nachzukommen.

Diese Periode ist für Meroë in Bezug auf Chronologie und Namen der Herrscher archäologisch nicht gesichert und veranlasst zu Spekulationen. Es ist nicht auszuschließen, dass sich die meroitischen Herrscher – als legitime »Söhne Gottes« – entschlossen, Ägypten als das Land ihres Vaters, des Gottes Amun, wieder bis nach Theben zu besetzen. Dabei ging es ihnen in erster Linie um das dortige Heiligtum, das von den »fremden« Ptolemäern vernachlässigt worden war. Dafür sprechen Inschriften von Arnekhamani in Unternubien, die über die Beteiligung an Tempelbauten im »Lande der Isis« (Dodekaschoinos) berichten, sowie die historische Auswertung der demotischen Elephantine-Papyri:»[…] ich kam nach Philae […] um anzubeten und euch zu besuchen. Man sagte uns: /›Sie sind weggegangen nach dem Süden ins Nubierland.‹ […] Wenn dieser Brief dich erreicht, / kommt [zurück] zu eurem Tempel!« (PapBerlin P. 15527; zit. nach: Zauzich) Bei diesem Papyrus handelte es sich um einen Brief aus der Zeit des Aufstandes. Er belegt die Verbindungen zum Süden und wird durch einen weiteren, nur lückenhaft erhaltenen ergänzt, in dem von einem gewissen N3–nfr-ib-r die Rede ist, der mit einem Heer von 3000 Mann und 212 Offizieren zuerst nach Süden, dann aber nach Theben zog.

Auch wenn die schlechte Quellenlage es erschwert, die veränderten Beziehungen zwischen den Ptolemäern und den Meroiten zu beurteilen, so lassen sich dennoch mögliche Entwicklungen aufzeigen: Einerseits verlangten die Söldner, die sog. *machimoi*, nach dem Sieg bei Raphia (217) nach weiteren Kriegen und Erfolgen, andererseits hing die wirtschaftliche Expansion von den Kontakten zum Raum um das Rote Meer und damit von den offenen Handelswegen ab, und schließlich war auch die traditionsreiche thebanische Priesterschaft mit der ihr fremden Religionspolitik der Ptolemäer unzufrieden, worin sie Unterstützung bei den südlichen Nachbarn fand. Sie verstanden sich noch immer als das Gottesreich des Amun, und ihre Priester waren wahrscheinlich durch familiäre Beziehungen mit den Dienern des Gottes in Theben verbunden. Dabei kann es kein Zufall gewesen sein, dass sich die Verwaltungszentrale des Südhandels gerade in Thebais befand. Nur eine Politik, die den ägyptischen Göttern und Tempeln diente, führte für die Ptolemäer schließlich zur Rückgewinnung Oberägyptens und ermöglichte die Errichtung einer Grenzzone, die bis auf 30 Meilen erweitert werden konnte. Mit großem Einsatz baute man die nubischen Tempel, die sogar von den ptolemäischen Herrschern besucht wurden und die der Manifestation ihrer Herrschaft über Ägypten dienten. Diese Einstellung lässt sich bis zu Kleopatra VII. nachvollziehen, die sich als »göttliche Isis« feiern ließ.

Diese zunehmende Ägyptisierung der Ptolemäer und ihrer Verbündeten verdrängte die meroitischen Einflüsse aus Oberägypten und Unternubien. Aber auch die Situation im meroitischen Reich hatte sich verändert. Dort zeichnete sich eine große Wandlung ab, die unter anderem in der Entstehung einer eigenen meroitischen Schrift ihren Ausdruck fand. Im Tempel F von Naq'a befindet sich die älteste Inschrift in meroitischer Sprache, die der Kandake Schanakdakhete (um 170–150), in der Nordnekropole bestattet, gewidmet ist. Dieser Umstand bestätigt die Veränderung, die in Konzept und Politik des Landes vonstatten gegangen war und dazu geführt hatte, dass sich das Reich immer mehr auf die »Ost-West-Achse« konzentrierte. Die nördlichen Gebiete des Landes wurden dagegen einer feudal anmutenden Verwaltung überlassen, die stark von der Priesterschaft der jeweiligen Tempel abhängig war. Man kann unterstellen, dass das meroitische Reich in dieser Zeit immer wieder den Angriffen der afrikanischen Völker ausgesetzt war, die gleichzeitig aber auch auf friedliche Art nach Meroë gelangten, sodass es zu einer »Meroitisierung« der afrikanischen Umwelt kam. Mit der Regierung der Schanakdakhete entstand eine natürliche Zäsur in der meroitischen Geschichte: Die goldene Ära der »mittelmeroitischen« oder »klassisch-meroitischen« Periode brach an, die um die Zeitenwende endete und schließlich zu der epigonalen Epoche führte, die bis zum Untergang Meroës um 350 n. Chr. andauerte.

Diese »klassisch-meroitische Periode« steht unter völlig anderen Vorzeichen. Die Aktivitäten Roms im Mittelmeerraum erreichten bald auch das meroitische Reich, allerdings ohne die schwer wiegenden Folgen, die Ägypten trafen. Die letzten Ptolemäer hielten sich oft im nubischen Grenzgebiet auf, was unter anderem mit ihrer dortigen Bautätigkeit und der steigenden Bedeutung der Isis von Philae zusammenhing. Kleopatra VII. (*69/51, † 30), die nach Plutarch (*Vita Antonii.* 27,4) Ägyptisch, aber auch Äthiopisch (Meroitisch) und Trogloditisch (Beǧa) sprach, verbachte möglicherweise die Jahre 50–48 außerhalb Ägyptens bei den südlichen Nachbarn, was eine Erklärung für vieles sein könnte. In Meroë könnte Kleopatra eine

Bestätigung ihres Machtanspruchs in dem Vorbild der Kandake gefunden haben, deren Titel seit dieser Zeit in Ägypten als Eigenname verwendet wurde. Der göttliche Sohn der Kleopatra, Caesarion, sollte später nach Äthiopien in Sicherheit gebracht werden, was jedoch durch seine Ermordung auf der Flucht verhindert wurde. Die Bezeichnung auf den Münzen: »CLEOPATRAE REGINAE FILIORUM REGUM« entsprach der Vorstellung einer »neuen Isis« und dem Konzept einer »Gottesgemahlin und Gottesmutter«, einer Kandake, die in dieser Zeit als Amanischakhete (41–12) über Meroë regierte.

## DIONYSOSKULT IN MEROË

Diese erkennbaren politischen Ereignisse zwischen dem Ende des kuschitischen Reiches von Napata und der Epoche der Blüte des meroitischen Reiches an der Mündung des Atbara (4. Jh. v. Chr. – 1. Jh. n. Chr.) können als eine sich steigernde Konstante angesehen werden, während der eine religiös und wirtschaftlich bedingte Entwicklung stattfand. Es entstand eine Reihe von Tempeln, Gräbern und Städten, es entwickelte sich reger Handel mit der Umwelt. Schon durch die Aktivitäten der vorangegangenen Jahrhunderte, spätestens jedoch mit dem Hellenismus zeigten die Kuschiten/Meroiten großes Interesse für fremde Formen und deren Inhalte, die sich in der Keramik (Farbtaf. VIII), in Alltags- und Kultgegenständen und sogar in der Architektur niederschlugen. Die meroitischen Grabfunde enthalten eine Reihe von Objekten, die hellenistische Züge tragen, welche sich mit der lokalen Tradition verbunden hatten.

Wegen des unterschiedlichen Verständnisses des Hellenismus, darf man auch von einem meroitischen Hellenismus, dessen unterste zeitliche Grenze um 350 n. Chr. festzulegen ist, sprechen. Die wichtigsten Merkmale und Denkmäler dieses südlich von Ägypten gelegenen Landes lassen sich dafür heranziehen.

Dass die griechische Sprache bis dorthin gelangt war, lässt sich nicht nur aus vielen Inschriften, die eine hellene Infiltration bis zum Horn von Afrika belegen, sondern auch aus Nachrichten hellenistischer Autoren entnehmen. Sie berichten über ein Reich, das von einer Kandake regiert und von den Aithiopes bewohnt wird. Man sprach seit Jahrzehnten von einem ptolemäischen und sogar einem zentralasiatischen Hellenismus und seinen Einflüssen am »Rande der Welt«, aber man sah keine Notwendigkeit, einen meroitischen Hellenismus zu berücksichtigen. Man registrierte die gemeinsame

Bautätigkeit von Ptolemäern und Meroiten (Dakka, Kalabscha) und versuchte, eine kulturelle Trennung zwischen Nord- und Süd-Nubien zu postulieren, wahrscheinlich um die meroitische kulturelle Eigenständigkeit im Rahmen des Hellenismus zu schmälern. Die Geschichte hat demgegenüber gezeigt, dass die traditionellen und anerkannten Beziehungen zwischen dem kuschitisch-meroitischen Raum und der antiken Welt sich nicht nur entlang der Nord-Süd-, sondern auch entlang der Ost-West-Achse abspielten und dass es sich bei Meroë um eine durch vielseitige Akkulturation geprägte Stadt handelte. Mit Alexander dem Großen und seiner Politik im Raum des Roten Meeres verstärkte sich die Einbeziehung des nordostafrikanischen Raumes in die Weltpolitik. Legendäre Reminiszenzen aus dem *Alexanderroman* (III 18 ff.) lassen sich heute anhand der Funde aus dem meroitischen Raum nachvollziehen. Unter ihnen kennen wir Gegenstände, Denkmäler und Waren, die charakteristisch für den ganzen hellenisierten Orient sind, der schon in den vorangegangenen Epochen einen intensiven Austausch mit den Kuschiten gepflegt hatte.

Tempelbauten und Reliefs (119–121 n. Chr.) im Herzen Meroës verraten zwar Verwandtschaften mit ptolemäischen Bauten, dennoch fehlt es nicht an einer eigenständigen Architektur (Abb. 55). Die vorhandenen Gemeinsamkeiten ergaben sich aus dem übereinstimmenden religiösen Hintergrund der Niltal-Kulturen, wobei jedoch der Kult des Apedemak, des Löwengottes in Meroë, einen lokalen meroitischen Charakter zum Ausdruck bringt.

Der Hellenismus ließe sich im meroitischen Bereich an vielen Beispielen illustrieren. Im Zusammenhang mit den Kontakten zum iranischen Raum und mit der Frontalität steht auch die kleine Bronze (Höhe 8 cm) eines bärtigen Mannes in phrygischer Mütze und parthischer Kleidung. Ob es sich bei ihm um das Bildnis des Vertreters eines fremden Kultes handelt, ist schwer zu entscheiden, obwohl die Plastik im Kawa-Tempel gefunden wurde. Der Zusammenhang zwischen phrygischer Mütze und kultverbundenen Personen führt zu einer Reihe von Funden, die im nubischen Niltal gemacht wurden. Es ist zum Beispiel an das wenig bekannte Metallkästchen aus Gamai (10 x 15 cm) zu denken, das ein dionysisches Bildprogramm wiedergibt. Dies lässt nach der Bedeutung des Dionysos in Meroë fragen. Bei der Szene des Kästchens handelt es sich um den berühmten Festzug des Dionysos bei den sog. Antesteria-Mysterien, die eng mit geheimen Frauenkulten zusammenhängen.

## Die heilige Hochzeit

In Athen wurde das Bild des Dionysos auf einem Schiffskarren zum Heiligtum gefahren, aller Wahrscheinlichkeit nach an den Anthesterien. [...] Der stärkste Beweis für die Mächtigkeit und den Triumph seines Kommens ist die Vermählung, die er in Athen – vielleicht an dem selben Anthesterientage, an dem er als Seefahrer erschien – mit der Frau des Archon Basileus vollzog. Aristoteles bezeichnet diesen Akt mit Worten, die eine eheliche Vereinigung im eigentlichen Sinne ausdrücken. [...] Was hier tatsächlich vorging, werden wir niemals erfahren. Daß der göttliche Bräutigam durch den Basileus, den rechtmässigen Gatten der Basilinna, repräsentiert wurde, ist nicht bloß an und für sich unglaubhaft, sondern wird durch den Wortlaut unserer Berichte ausgeschlossen. Daran aber kann kein Zweifel sein, daß Dionysos mit überwältigender Gewißheit gegenwärtig gedacht und gefühlt wurde. Er, dem die Frauen dienen, der immer eine Geliebte an seiner Seite hat, trat über die Schwelle des irdischen Hauses und nahm die Herrin in Besitz. Das Haus, in dem die heilige Ehe vollzogen wurde, das Bukolion, war nach Aristoteles die ehemalige Amtswohnung des Archon Basileus. Aristoteles wußte, was er sagte. Also in das Haus des hohen Beamten, der den Titel der alten Könige beerbt hatte, setzte der Gott seinen Fuß, um dessen Gattin für sich selbst in Anspruch zu nehmen. [...] Dionysos setzt sich an die Stelle des Königs. Er der Vertraute der Frauen, er, dessen Herrlichkeit sich im trunkenen Anschauen der Schönsten vollendet, erhebt in Athen, wenn er kommt, Anspruch auf die Königin. Dieser Vorgang ist von solcher Bedeutung, dass ihm notwendig ein großer öffentlicher Einzug vorangegangen sein muß, und wenn die Prozession mit dem Schiffskarren, wie wahrscheinlich ist, am Tage der Choen [Antestherien] stattfand, so liegt es allerdings am nächsten, den Besuch im Bukolion und die Vermählung an eben diesem Tage zu denken. Wie sich die Einzüge des Dionysos überhaupt von denen anderer Götter durch ihre sinnliche Unmittelbarkeit unterscheiden, so ist der Ritus der Kopulation mit der Königin in der Kultgeschichte beispiellos. Dieser Besuch zeigt ihn recht eigentlich als den Kommenden. In keinem anderen Akte seiner Epiphanie offenbart sich seine Nähe mit solchem Ungestüm des Besitzergreifens.
*Walter F. Otto, Dionysos, S. 79 ff.*

▲
66   Bronzekopf des Gottes Dionysos (3./2. Jh. v. Chr.),
gefunden in der Pyramide des Prinzen Arikancharer in
Meroë.

Die Bewertung und Beschreibung dieses Festes spiegelt sich in der Ikonografie des Kästchens wider: Der Hochzeitswagen/Schiffskarren mit dem Liebespaar und den typischen dionysischen Begleitern, Kentauren, Musikanten, von Enthusiasmus ergriffenen Frauen – und dazwischen weinblättrige Girlanden. Seitlich findet sich eine Gestalt in phrygischer Mütze, die auf einer Syrinx spielt, einer Panflöte, die im meroitischen Raum noch nicht belegt wurde. Mit diesem dionysischen Beispiel stehen weitere erstklassige Objekte in Verbindung: ein vorzüglicher Dionysos-Kopf (Abb. 66), ein Kind-Kopf-Gefäß, eine Kentauren-Bronzelampe (Abb. 67), einige Funde in Napata, wahrscheinlich auch die kleine 10 cm hohe Terrakotta mit der Darstellung eines Hermaphroditen, dessen religiöse Bedeutung mit dem ausgehenden Hellenismus zunahm.

Die Vielzahl dieser qualitativ meist hochwertigen Objekte, kann nicht mit Zufallsimporten erklärt werden; gerade die dionysische Thematik passte sich der lokalen Tradition des sakralen Königtums in Meroë gut an. An der Spitze des Landes stand der von Gott gewollte und gezeugte Sohn, ge-

∧
67    Fragment einer Kentaueren-Bronzelampe (wahrscheinlich 1. Jh. n. Chr.); sie gilt als Importware und
wurde in Meroë gefunden.

boren von einer irdischen Mutter, die zu einer göttlichen Gemahlin erwählt
worden war. Diese Vorstellung lässt sich nicht nur mit dem altägyptischen
Geburtsmythos des Gottkönigs, der noch im hellenistischen Erzählgut, dem
sog. »Trug des Nektanebos«, weiterlebt, verbinden, sondern auch mit dem
dionysischen Mythos, in dem ebenfalls ein Gottessohn aus der Vereinigung
einer irdischen Königstochter, der Semele, mit dem Allgott Zeus entstanden
war. Die besondere Nähe des nicht olympischen Gottes zu den Menschen –
aber auch zum ägyptischen Osiris – machte ihn zu einem der populärsten
Götter des Hellenismus (und der Spätantike), obwohl ihn die Griechen als
barbarisch und damit orientalisch empfanden. In Meroë wurde er – als Ab-
kömmling des Sonnengottes – zum Prototyp des Gott-Königs, der irdischen
Inkarnation des Horus, der mit seiner irdischen Mutter, der Κανσαχη, die
heilige Macht über die ewige Ordnung seines Reiches ausübte. Die diony-
sisch beeinflussten Objekte, die zum Teil als hellenistische Importwaren
anzusehen sind (möglicherweise handelt es sich um alexandrinische Werkstätten), gehören dem meroitischen Hellenismus an, in dem es in erster

Linie bewusst und gewollt um ikonische Inhalte ging, die der meroitischen Religion und dem sakralen Königtum und nicht einem Kunstwollen entsprachen.

Zum Wesen des Hellenismus gehörte die besondere Eigenschaft, Synthesen zwischen den antiken, den hellenen und den lokalen Elementen – je nach dem Standort – bilden zu können. Ohne eine genaue Analyse und Beschreibung der Grabfunde zu geben, kann man folgende Gegenstände aufzählen: Metallgefäße, Bronzelampen mit den für Meroë so charakteristischen Elefanten, Schmuck, Werkzeuge und Metallplastiken (Abb. 67). Unter den – leider durch Grabräuber nicht mehr reichlichen – Funden sind auch solche, die nicht nur formal, sondern zugleich von ihrer inhaltlichen Aussage her im hellenistisch-synkretistischen Sinne zu interpretieren sind. Dies wirft ein neues Licht auf die rätselhafte »frontale« Gottheit aus Naq'a. Aufgrund der bekannten Serapis-Darstellungen ist man geneigt, in der bärtigen, thronenden Gestalt einen Zeus oder einen »kapitolinischen Jupiter« zu sehen. Die frontal dargestellte Gottheit in Naq'a hat, trotz ihrer formalen Besonderheit, auch ägyptisch anmutende Attribute, nämlich die Doppelfederkrone, die Serapis-Bildnissen fremd ist, oder die Leinen (Stricke), an denen die Gottheit die besiegten Feinde führt, ähnlich wie man das von der Darstellung aus Gebel Qeli in der Butana-Steppe (Abb. 68) kennt.

Die Regierungszeit des Königs Schekarer (12–17?), der vor der heliosähnlichen Gottheit von Gebel Qeli Opfer bringt, dürfte zeitlich nicht lange nach der Errichtung des Löwentempels von Naq'a, anzusetzen sein. Die Merkmale der Gottheit aus Gebel Qeli sind – außer der Frontalität und dem Strick in der Hand – andere als die des Gottes aus Naq'a. In Gebel Qeli umgibt das bartlose Gesicht ein zwölfstrahliger Nimbus, wie er auch bei den Sonnengottheiten aus dem parthischen Raum zu finden ist. An seinem Kopf sind Hörner zu erkennen, die für die religionsgeschichtliche Interpretation nicht ohne Bedeutung sind, wenn man an die Widder-Hörner denkt. Der Gott streckt dem König beide Hände entgegen. Die eine Hand übergibt ihm eine Leine, an der die Besiegten angebunden sind; mit der anderen Hand reicht er dem in vollem kriegerischen Ornat dargestellten König ein Bündel von Duhrra-Früchten als mögliches Sieges- und Fruchtbarkeitssymbol. Diese synkretistische Gottheit, deren Darstellung man ohne nähere Begründung mit mithraistischen Tendenzen und Einflüssen zu erklären versucht, muss noch in größeren Zusammenhängen untersucht werden. Nur dann besteht die Möglichkeit, sowohl diese frontalen Darstellungen eines Gottes als auch andere Erscheinungsformen unter dem Aspekt der Kontakte zu Westasien oder

∧
68    Relief mit Darstellung des Königs Schekarer vor
dem heliosartigen Gott von Gebel Qeli in der Butana-
Steppe (Umzeichnung).

zum iranischen Raum zu sehen. Dafür mag auch die Kleinplastik eines bärtigen, sitzenden Mannes mit einer phrygischen Mütze und ein Bronzekästchen
sprechen, das ein getriebenes Relief zeigt, auf dem ein dionysisches Fest zu
sehen ist. Beide repräsentieren, entgegen den gewohnten Vorstellungen von
der kuschitisch-meroitischen Ikonografie, Elemente, die wahrscheinlich auf
die vermuteten iranischen, mithraistischen Einflüsse in der meroitischen Religion zurückzuführen sind. Die Statuette des sitzenden Mannes aus Kawa
könnte – wegen ihrer feinen Arbeit und der fast »skythisch« wirkenden Bekleidung – als Importware eingeordnet werden, ähnlich den Stücken, die
man in Ägypten aus der Perserzeit kennt (z. B. die Reste einer Keramik aus

Memphis, die einen Kamelführer in phrygischer Mütze in Begleitung eines Aithiopen darstellt). Phrygische Mützen sind Merkmale iranischer Einflüsse und finden sich nicht nur bei Mithras-Darstellungen, sondern auch bei denen seiner Priester, der Magier. Sie verbreiteten sich sowohl im Orient als auch im römischen Imperium und im Niltal sehr schnell. In dem Bildprogramm des genannten Kästchens erkennt man ebenfalls eine Gestalt mit phrygischer Mütze, die auf einer Syrinx spielt, welche im Gegensatz zu den Doppelflöten, die durch den Fund aus Meroë belegt sind, hier nicht vorkommt. Der dionysische Charakter der Darstellung wird durch einen Kentauren, der auf dieser Doppelflöte spielt, einen Khytaristen und Mänaden verstärkt, die den möglicherweise – wie Osiris – aus der Unterwelt wiederkehrenden Gott in dem Schiffskarren begleiten. Es dürfte sich bei dem Kästchen um ein späthellenistisches Objekt handeln, das jedoch nicht nur zufällig in die aithiopische »Barbarei« gelangte, sondern mit anderen Objekten in den meroitischen Pyramiden aus der Zeit zwischen dem 2. Jh. v. Chr. und dem l. Jh. n. Chr. gefunden wurde und eine Beziehung zu Dionysos herstellte. Die Erscheinungsformen einer »Mysterien-Religion« dürften sich außerhalb des Mittelmeerraums schnell mit den Sonnen- und Mithrasvorstellungen vermischt haben. Dies hat auch in der Literatur Spuren hinterlassen, so im »Sonnentisch« von Meroë bei Herodot oder in der ΑΙΘΙΟΠΙΚΑ von Heliodor aus Emessa (3. Jh. n. Chr.):

»Von diesem Tisch der Sonne wird folgendes erzählt. Vor dem Tore der Stadt soll eine Wiese liegen, die voll gebratenen Fleisches aller Tierarten ist. Nachts legen die Bürger, die gerade die Regierung führen, in aller Heimlichkeit das Fleisch auf die Wiese, und Tags kommt dann, wer da will, und isst. Das Volk glaubt, dass das Fleisch aus der Erde wächst. So lautet die Sage von diesem sogenannten Tisch der Sonne.« (Herodot, *Historien*, III, 18)

Die häufig erkennbaren fremden Einflüsse sind möglicherweise auch eine Erklärung für den drei-(vier-)köpfigen und vierhändigen Löwengott in Naq'a und die Darstellung des Gottes mit einem Schlangenkörper. Eine solche Verbindung ist aus der mithraistischen Ikonografie bekannt, wenn auch nicht in einer gleichartigen Ausführung. Um die Verbindungen zum iranischen Raum im Rahmen der hellenistischen Beziehungen und Auseinandersetzungen zu vervollständigen, lässt sich auf die Vergleiche der monumentalen persischen Architektur mit der aus Musawwarat es Sufra hinweisen.

Das Nachlassen der ägyptischen Einflüsse und die Entstehung einer eigenen meroitischen Schrift dürften Hand in Hand mit einem Rückgang des ägyptischen Anteils in der Bevölkerung gegangen sein. Wie stark auch andere Bevölkerungsgruppen in dem unabhängigen Reich vertreten waren, ist schwer zu beurteilen. Man kann dabei nicht von ägyptischen Verhältnissen ausgehen, obschon Vergleiche zulässig sind. Bestimmt gab es für unterschiedliche Dienstleistungen Angehörige verschiedener afrikanischer Stämme, wodurch bis ins Mittelalter hinein die Vorstellung von einem schwarzen Diener geprägt wurde. Auch Semiten, zum Beispiel Palmyrener, dürften den Weg nach Meroë gefunden haben, da in der Armee der Königin Zenobia Aithiopen/Meroiten Dienst taten und ihr im Kampf gegen die Römer zur Seite standen. Man kann also von einer kleinen antirömischen Koalition sprechen, an der sich die Kandake beteiligte, besonders wenn es um Hilfe für eine ebenfalls herrschende Frau ging. Die arabischen Staaten unterhielten Vertreter in Meroë; die Inder hatten mindestens in seinen Häfen Niederlassungen, ebenso wie die Perser, die noch lange großes Interesse am Raum des Roten Meeres hatten und sich in christlicher Zeit nachweislich einiger Regionen bemächtigten.

Dieses ethnische Mosaik, dessen Auswirkungen noch untersucht werden müssen, bildete die Grundlage für die bald eintretenden Verwirrungen und Völkerwanderungen, aus denen sich zwar neue Formationen ergaben, die sich aber den kulturellen Entwicklungen des Niltals anpassten und so dessen Kontinuität nicht beeinträchtigten. Eine eindeutige Zäsur zwischen der ausgehenden »Spätantike« und dem »Mittelalter« ist nur schwer möglich, weil auch das Christentum von Anfang an auf die Situation im Niltal eingegangen ist. Die neue Religion ist hier ohne die für den Mittelmeerraum so charakteristischen Auseinandersetzungen ausgekommen; sie blieb in diesem Raum für die nachfolgende Epoche bestimmend und bildete den Schlussakkord einer erst mit der Islamisierung zu Ende gehenden Ära.

Die um die Zeitenwende entstandenen Berichte der Alten schildern meist nur Sitten und Alltag der Menschen, die in der an Ägypten angrenzenden Landschaft der Katarakte lebten, auch wenn sich manches auf den gesamten Raum der Aithiopen, wie die Alten die Bewohner des meroitischen Reiches zu nennen pflegten, bezog – unter anderem auch auf deren Herrscher, die »[…] als Götter verehrt sind und meist abgeschlossen in ihren Palästen leben« (Strabo XVII 2,1). Diese Herrscher, deren Namen aus ihren Pyramiden und Tempelbauten bekannt sind, lenkten das Reich aus einer sakral bedingten Abgeschiedenheit, die noch in späterer Zeit bei verschiedenen

^
69   Königs- oder Gottesplastik
(Bronze; H. ca. 20 cm) aus der Zeit um
das 2./1. Jahrhundert v. Chr.

Völkern des äthiopischen Raumes ethnologisch vielfach belegt ist. Die Aufgaben der »Realpolitik« lagen deshalb in den Händen der Kandake, die an der
Spitze ihrer Armee sogar den Römern Widerstand leistete. Ihre Machtbefug-
nisse waren bereits den klassischen Autoren bekannt.

Die erhaltenen Schriftquellen reichen nicht aus, um die internen Verhältnisse am meroitischen Hof zu klären. Man muss deshalb wagen, aus dem
ikonischen Material der Tempel und Gräber Aufschlüsse zu gewinnen, die er-

∧
70  Fragment des berühmten Palestrina-Mosaiks (ca. 6,90 x
4,35 m) mit der Nillandschaft, wahrscheinlich von alexandrinischen Meistern um 125 v. Chr. für ein Nymphaeum errichtet.

lauben könnten, eine Lösung für die prinzipiellen Fragen der meroitischen
Geschichte zu finden. Das Niltal war so populär, dass man aus dieser Begeis-
terung eines der berühmtesten Nilmosaike schuf. Dieses Palestrina-Mosaik
in einer Größe von etwa 4,3 x 5,85 m (Abb. 70) wird in die letzten Dezenien
des 2. Jh.s datiert und wurde wahrscheinlich von alexandrinischen Meistern
geschaffen. In ihm begegnet man dem hellenistischen Wissen und der damaligen Vorstellung von den Nilländern, ihrer Fauna und Flora, den dortigen
Menschen, ihren Booten (archaische Papyrusboote) und ihren Wohnstätten.
Dennoch dominiert die hellenistische Architektur, die die ägyptische in sich
aufzunehmen versuchte. Es fehlt nicht an interessanten Einzelszenen von
Reitern, die mit Aithiopen kämpfen, von kultischen Zeremonien und vielem
mehr, worin sich ein *Orbis niloticus* von einmaliger, faszinierender Pracht
widerspiegelt, die sich allgemein auswirkte.

## MEROË UND ROM

### Ein römischer Wunschtraum

Mit dem Tod Kleopatras (30 v. Chr.) wurde Meroë plötzlich zum friedlichen Nachbarn Roms. Vorher wurden jedoch noch kriegerische Auseinandersetzungen ausgetragen, die ihren Niederschlag in der klassischen Berichterstattung fanden:

»Als die Aithiopen gemerkt hatten, dass ein Teil der römischen Streitmacht in Ägypten mit *Aelius Gallus* zum Krieg gegen die Araber abgezogen war, griffen sie die Thebais und die Garnison der drei Kohorten bei Syene an, nahmen bei einem unerwarteten Angriff Syene, Elephantine und Philae ein, führten die Einwohner als Sklaven weg und entfremdeten die Statuen Caesars, Petronius […] zwang sie zuerst, zurück nach Pselchis, einer aithiopischen Stadt, zu fliehen […]. Nachdem sie um drei Tage Bedenkzeit gebeten, aber nichts, was erforderlich gewesen wäre, getan hatten, rückte er gegen sie vor und zwang sie zum Kampf. Aber schnell schlug er sie in die Flucht […]. Unter diesen Flüchtlingen befanden sich auch die Feldherren der Königin Kandake, die zu meiner Zeit über die Aithiopen herrschte, eine mannhafte Frau, die auf einem Auge blind war.« (Strabo XVII 1,54)

Diese einseitige Schilderung wird ergänzt durch den »Taten-Bericht« des Kaisers Augustus: »Auf meinen Befehl und unter meinem Oberkommando wurden etwa zur selben Zeit zwei Heere gegen Äthiopien und dasjenige Arabien geführt, das das glückliche genannt wird. Große Truppenkontingente beider Völker wurden in offener Feldschlacht niedergehauen und mehrere Städte eingenommen. In Äthiopien gelangte man bis zur Stadt Nabata [Napata], die in nächster Nähe von Meroë liegt.« (*Res gestae* 26) Beide Texte möchten die Welt glauben machen, dass die Römer unter dem Präfekten von Ägypten, Cornelius Gallus Petronius (25–21), siegreich bis Napata vorgedrungen und damit, in ihren Augen, Meroë besiegt hätten. In Wahrheit taten sich die Römer mit der Armee der tapferen Königin Kandake sehr schwer. Man weiß heute mit Sicherheit, dass Kaiser Augustus – von dem ein Bronzekopf in die Hände der Meroiten gelangt war – mit den Vertretern des unbesiegten meroitischen Reiches auf der Insel Samos einen Friedensvertrag abschließen ließ (21/20 v. Chr.). Von da an unterhielten die Meroiten eine Botschaft in Rom, was sich in der Institution des »Großen Gesandten nach Rom« (meroit.: *apêtelh Arémelis*) widerspiegelte. Die propagandistische, subjektive Wahrheit der römischen Quellen dagegen entsprach mehr den politischen Wunschvorstellungen des ersten römischen Kaisers als den Fakten.

Der Bronze-Kopf von Augustus (der dazugehörige Rumpf wurde nicht gefunden), der zwischen den Jahren 24 und 17 entstanden sein konnte (es scheint sich um eine frühe Augustus-Darstellung zu handeln, die gut in die Zeit des Petronius-Feldzuges einzuordnen ist), wird unterschiedlich bewertet. Unter Berücksichtigung einer anderen Quelle, des Mailänder Papyrus 40, und der ehrenhaften Popularität, die die unbesiegbaren Meroiten unter den Römern genossen, kann angenommen werden, dass das Kunstwerk ein Tribut an die meroitischen Herrscher war, weil die »einäugige Kandake« den Verteidigungskampf gegen Petronius und seine 10 000 Mann Infanterie sowie seine 800 Reiter erfolgreich geführt hatte.

## Römisch-meroitischer Kunstaustausch

Römische, oder besser gesagt: hellenistische Produkte könnten wohl auch in der Zeit der friedlichen Koexistenz zwischen Rom und Meroë in die afrikanische Metropole gelangt sein. Zu diesen wird ein vorzüglich gestalteter Silber-Becher gezählt.

Trotz der erfolgreichen Verteidigung dürften dennoch einige Römer bis Meroë gelangt sein, nämlich als Gesandte des Augustus. Einer von ihnen war wahrscheinlich C. Cestius Epulo (6 n. Chr.), Prokonsul von Afrika, dessen Grabdenkmal, errichtet in den 20er Jahren vor der Zeitenwende, zu den bekanntesten in Rom gehört. Auch Johann Wolfgang Goethe hat es während seines Romaufenthaltes gezeichnet. Es handelt sich dabei um eine 36 m hohe Pyramide, die mit weißem Marmor verkleidet ist und auf einer Basis von fast 30 m Seitenlänge steht. Sie wird in der einschlägigen Literatur immer noch mit Ägypten in Verbindung gebracht, obwohl die Form, der Neigungswinkel und die Höhe für ein meroitisches Vorbild sprechen.

Die Bedeutung Meroës ist zwar politisch in der nachfolgenden Zeit etwas verdrängt worden, die Stadt bleibt aber im Bewusstsein als ein besonderer mit Frauenherrschaft und Isiskult verbundener Ort. Beispielhaft mag das Ariccia-Relief genannt werden: Dieses Marmorfragment stammt aus einem Grab bei Ariccia, nahe der Via Appia und wird gern mit den populären und bekannten ägyptisierenden Motiven in Verbindung gebracht; man spricht von Sargritualen, die eine fröhliche Wiedererweckungszeremonie beinhalteten. Ägyptisierende Motive sind in Rom sehr zahlreich, sie finden sich beispielsweise in einigen Wandmalereien, Mosaiken und Tonreliefs. Es handelt sich um ein leider nicht vollständig erhaltenes Relief.

Seine Komposition teilt sich in zwei Sequenzen – sogar drei, wenn man den Ibis-Fries berücksichtigen möchte. Der oberste Streifen enthält zahlreiche Darstellungen, die architektonische, landschaftsbezogene, menschliche, tierische und kultische Elemente zeigen. Es ist eine Tempel-Architektur angedeutet; in symmetrischem Aufbau wird ein großer Säulen-Saal dargestellt, der auf beiden Seiten von kleinen Säulenhallen begrenzt ist; diese wiederum weisen in ihrer Struktur eine ebenfalls symmetrisch konzipierte untergeordnete Funktion auf.

Der mittlere Raum ist betont, sowohl durch die unterschiedliche Säulenform als auch durch eine gewisse Erhöhung. In diesem großen Kultraum befindet sich eine thronende, weibliche Gestalt, die von zwei deutlich erkennbaren Tripoden flankiert wird, die man auch im meroitischen Raum verwendete, was Funde aus Qustol/Ballana verraten. Jeweils in der Mitte der Nebenräume befinden sich Bes-Standbilder, auf beiden Seiten von Pavianen begleitet. Die Affen, die hier dem Bes ihre kultisch-rituelle Ehre erweisen, gehören zu den Charakteristika der bekannten Sanktuarien der Hathor. Auf den Architraven der Nebenräume sitzen Vögel – möglicherweise Tauben. Die Taube war in den Mittelmeerraum-Kulturen Aphrodite und später Venus zugeordnet. In den ältesten Kulturen ist die Taube immer als Symbol der Weiblichkeit und Fruchtbarkeit zu verstehen, weshalb sie auch als Attribut aller großen Göttinnen zu finden ist. Überall, wo im alten Orient die Liebesgöttin verehrt wurde, waren ihr die Tauben geweiht.

Rechts vom Tempelbau steht auf einem Podest ein Apis-Stier mit Sonnenscheibe zwischen den Hörnern, sein Kult war in der Spätzeit und im Römischen Reich sehr verbreitet. Seit alter Zeit in Ägypten heimisch, lässt der Apis-Stier sich möglicherweise mit den Hirtenvölkern verbinden, die immer noch im heutigen Süden des Sudans zu finden sind. Hinsichtlich eines derartigen Kultes in Meroë weiß man wenig, obwohl eine Kultstätte nahe der Königsstadt ausgegraben wurde. Wenn man den Charakter des Apis-Kultes berücksichtigt, lässt sich annehmen, dass besonders in der Kaiserzeit die Verbindung von Apis und Isis populär war. Hier sei angemerkt, dass Apis immer im Bunde mit der Fruchtbarkeit stand und als »Stier des Westens« mit Osiris gleichgesetzt worden war. Damit manifestierte sich die Anbindung an das sakrale Königtum, das in Rom eindeutig ägyptisierende Züge trug. Rechts von Apis ist ein Rundbau mit drei Stufen und einem konischen Dach zu sehen, das eine afrikanische Konstruktion aufweist. Im Rundbau befindet sich eine Statue. Den Abschluss bildet ganz rechts eine Nische mit einer in einen Chiton gehüllten Gestalt.

Der sich darunter entlangziehende Fries ist in seiner Grundstruktur nicht nur höher, sondern auch viel großzügiger angelegt, was ihn scheinbar zum Hauptthema des Reliefs macht. Soweit sich das beurteilen lässt, handelt es sich um eine kultisch-rituelle Handlung, die vermutlich in dem Bezirk statt-findet, der im oberen Register dargestellt ist. Wir erkennen, trotz des fehlen-den linken Teils, deutlich folgende Elemente: Die rechte Ecke bildet eine – leider in den Gesichtspartien zerstörte – Statue in einem Schurz, die in ihrer Grundkomposition einigen meroitischen Plastikvorbildern entspricht. Links davon befindet sich ein mit Girlanden geschmücktes Podium; auf ihm sind fünf klatschende Personen zu erkennen, die sich auf das Geschehen in der Mitte des Reliefs konzentrieren. Dort tanzen, in Trance versenkt, drei in lange Kleider gehüllte Frauen. Die Gewänder verdecken die üppigen For-men der Tanzenden nicht, sondern unterstreichen sie noch. Um sie kreisen zwei nur mit einem Schurz bekleidete Männer, die in den Händen Flöten halten. Analog zu zahlreichen uns bekannten Festen waren Flöten in ihrer Symbolik und Funktion bei solchen Anlässen üblich. Gesichtszüge der Tan-zenden verraten negroide Merkmale, die möglicherweise auf Masken zu-rückzuführen sind.

Den unteren Abschluss der Tanzszene bildet ein Ibis-Fries, der, wie der mittlere Teil des Reliefs, auf eine Darstellung mit kinetischen Vorgängen schließen lässt, die sich von statischen Plastikelementen besonders abheben. So wurde die Möglichkeit geschaffen, zwischen der Darstellung lebendiger Szenen und ihrem Hintergrund, der teilweise von Plastiken abgeschlossen war, zu unterscheiden. Die im Proszenium dargestellten Ibisse beziehen sich eindeutig auf den Isis-Kult, wie zahlreiche Beispiele von Wandmalereien aus Herculaneum und Pompeji mit sog. Nillandschaften belegen.

Die Beschreibung des Ariccia-Reliefs macht deutlich, dass einige seiner Elemente eine gewisse für die römische Welt unbekannte Fremde ausdrü-cken, eine Fremdheit, die man begründen und spezifizieren kann. Beim Ver-gleich mit einigen bekannten Nillandschaften und Szenen, die mit dem Isis-Kult zusammenhängen und in das römische Bildkonzept passen, wird klar, dass beim Ariccia-Relief einige Merkmale auftauchen, die kaum für Ägypten bzw. ägyptisch-römische Vorstellungen charakteristisch sein dürften: 1. der Rundbau, der als Kiosk vor dem Tempel zu verstehen wäre, 2. der ekstatische Tanz der Frauen, deren hüftbetonte Formen unverkennbar sind, 3. eine me-roitisch anmutende Rundplastik. Der Vergleich mit einem ähnlichen, im Zweiten Weltkrieg verloren gegangenen Relief, das in Berlin aufbewahrt war, lässt erkennen, dass es neben einigen äußerlichen Ähnlichkeiten wie Apis,

Palmbaum und Architrav auch Unterschiede gibt, zum Beispiel sphinxartige Wesen zwischen den Säulen. Im Ariccia-Relief deuten zahlreiche Elemente auf einen meroitischen Hintergrund, sie lassen dieses Relief als Beispiel für die Isis-Kulte in Meroë verstehen. Es gibt dafür auch einige archäologische Hinweise, wie den Tempel F in Naq'a, der für den Isis-Kult gedacht war, sowie eine, die südlichste bislang in Afrika gefundene lateinische Inschrift:

BONA FORTUNA DOMINAE
REGINAE.IN.MULTOS.AN
NOS.FELICITER.VENIT
E URBE.MENSE APR
DIE XV VIDI TACI
TUS

Ihre Echtheit ist, wie bei vielen weiteren römischen Funden in Meroë, nicht zu bezweifeln. Möglicherweise weist die Inschrift auf eine rituelle Gleichsetzung der regierenden Kandake (*Domina regina*) mit der Isis hin, die in anderen spätantiken Traditionen der römischen Kaiserzeit ebenfalls zu belegen ist.

Wir wissen aus einigen römischen Quellen, dass zahlreiche Pilgerschaften aus Rom und Alexandrien nach Meroë zogen, um dort an Isiaca teilzunehmen. Juvenalis (Decimus Junis, etwa 60–140) verbrachte seine Verbannung in Syene, dadurch kannte er die Meroiten und ihre Sitten, aber auch die Isis-Verehrerinnen. Er schreibt:

»Im Winter wird sie das Eis aufbrechen und in den Strom hinabsteigen, dreimal morgens im Tiber untertauchen und in dem Strudel selbst das verängstigte Haupt abwaschen, darauf über den ganzen Acker des stolzen Königs nackt und zitternd mit blutigen Knien kriechen, wenn es die weiße Io befohlen hat, sie wird bis an die Grenze Aegyptens pilgern und aus dem heißen Meroe Wasser holen und mitbringen, um es im Tempel der Isis zu versprengen, der sich in nächster Nähe der alten Schafhürde erhebt. [...] Sie glaubt nämlich, die Stimme der Herrin selbst gebiete es ihr: welch eine Seele und ein Geist, dass die Götter nachts mit ihr reden.« (Juvenal, *Satiren*, V 526 ff.)

Die Szene könnte sich auch auf Bellonarien beziehen, bei denen man es ebenfalls mit ekstatischen Tänzen zu tun hatte. Dass das Knierutschen beim Isis-Kult praktiziert wurde, ist auch anderweitig belegt.

Aus römischen Quellen wissen wir zudem, dass die Pilgerschaften über eigene Schiffe verfügten, die im Roten Meer kreuzten und die Frauen zu meroitischen Häfen brachten. Die erwähnten Besonderheiten des Ariccia-Reliefs erlauben Schlussfolgerungen über die Verbindungen zwischen Rom und Meroë.

Der Rundbau erinnert an zahlreiche uns aus dem afrikanischen Raum bekannte heilige Hütten sowie an spätere nubische Rundkirchen, die auch in Äthiopien vorkommen. Dass es im meroitischen Raum auch Rundbauten gab, bestätigen solche in Kerma. Der tranceartige Tanz der Frauen gehört noch heute zu den Ritualen, die in Nubien, Kordofan und Darfur anzutreffen sind. Auch die Instrumente, meist mit den hellenistischen Mysterien verbunden, werden dort bis heute bei verschiedenen kultischen Handlungen verwendet. Die Trance-Problematik gehört traditionell zu sehr archaischen Ausdrucksformen des Religiösen. Ob dabei auch Wein getrunken wurde, muss offen bleiben. Wir kennen aus der antiken prophetischen Tradition ähnliche Erscheinungen. Sie sind bis heute in der Liturgie der äthiopischen Kirche vorzufinden, aber auch bei dem Ğäro-Ritual (Ğar, Zar, Däro), das noch in Nubien nachzuweisen ist und das sich nur auf Frauen beschränkt, wahrscheinlich aber auf den Isis-Kult in Meroë und auf Philae zurückgeht. Der Zar-Kult (Bezeichnung des Himmelsgottes bei Agao) wird von der Bevölkerung auch nach der Übernahme des Christentums beibehalten. Später wurde er vom Islam im heutigen Äthiopien, in Somalia, im Sudan und in Ägypten übernommen und beeinflusste ekstatische Bewegungen, zu welchen auch die der Derwische zu rechnen sind. Insofern ist das Zar-Ritual eine Erscheinung der Religionsvermischung, die eine Verbindung zu Fruchtbarkeitskulten hat und als solche im Hellenismus ihre Urform annahm.

Der hier dargestellte Tanz, besser gesagt ein Teil desselben, hatte eine lange Tradition; es sei an Feste wie die Pamylien, aber auch die Pallakiden erinnert. Seine Popularität ließ eine weite Verbreitung zu, die von Volksreligionen weiter kultiviert wurde. Man denke an die Villa dei Misterii in Pompeji. Es ist nicht auszuschließen, dass es sich bei den Ibis- und Isis-Darstellungen auf den Wänden im Vorraum der Villa um eine hellenistisch-römische Form des Kultes handelt, obwohl der Unterschied zu dem ganz anderen Kolorit des Ariccia-Reliefs offenkundig ist. Dass bei den Isiaca der Tanz betont wird, ist bekannt. Auch bei Wandmalereien aus Herculaneum ist Tanz in Begleitung von Aithiopiern (hier wird die Dunkelhäutigkeit angesprochen) zu sehen. Tanz war in vielen hellenistischen Kulten ein sehr bedeutender Faktor. Die Männer, die die tanzenden Frauen begleiten, könnten sich auf Bes beziehen. Hier tanzen die Priester in ihrer Rolle als Bes, wodurch eine Verbindung zu den Bes-Darstellungen in der oberen Tempelarchitektur hergestellt wird. Allerdings wären auch klassische Masken, als Karikaturen oder als Abbild der populären Pygmäen, denkbar. Diese synkretistische Isiaca-Tradition lässt sich deutlich an den üppigen Formen bestätigen. Wenn man sich die zahlreichen Darstellungen von Kandaken vor Augen hält, wird uns ihr Charakter als Symbol der Fruchtbarkeit deutlich. Nirgendwo sonst als im meroitischen Raum werden auch Göttinnen mit diesen Merkmalen dargestellt, weil sich niemand »in Meroe über eine Brust, die größer ist als der dicke Säugling« (Juvenal XIII 166) wundern kann. Üppigkeit ist dort normal und Schönheitsideal. Die thronende Gestalt der Frau, deren Formen nicht nur an die altägyptische Darstellung der Fürstin Iti aus Punt erinnern, sondern auch an die Herrscherinnen-Darstellungen aus dem aksumitischen Raum, spricht also für einen Fruchtbarkeitskult.

Zusammenfassend kann angenommen werden, dass es sich bei dem Ariccia-Relief um die Wiedergabe einer dramaturgischen, theatralischen Darstellung handelt, wie sie damals in Mode war und sich auch anderweitig nachweisen lässt. So ergibt die Analyse des Reliefs ein Bühnenbild, das das oberste Register einnimmt. Die Hauptszene befindet sich in der Mitte, wobei das klatschende und hingerissene Publikum auf einer Tribüne steht. Der Ibis-Fries bildet das Proszenium. Hier wird die Grenze zwischen Theater und ritueller Wirklichkeit unscharf, was sich aus dem sakralen Verständnis des antiken Theaters erklären lässt. Es handelt sich dabei um die Wiedergabe von Geschehnissen, die außerhalb des Römischen Reichs stattfanden. Die Möglichkeit, dass es sich dabei um Meroë handelt, liegt sehr nahe, wenn man die besondere Popularität der Isis-Kulte bedenkt, von denen noch Apuleius träumt.

## Eine geheimnisvolle Wirtin

[…] all meiner Habe beraubt, kann ich endlich gerade noch entwischen; aufs äußerste zugerichtet, kehre ich bei einer Schankwirtin in Meroe ein, einem alten, aber verhältnismäßig recht netten Weibe, und erzähle ihr den Sachverhalt von meiner langen Wanderung, meiner angstvollen Heimreise und der jämmerlichen Beraubung. Sie lässt sich an, mich überaus freundlich zu behandeln und lädt mich zu einem köstlichen und kostenlosen Mahl und dann, von Verlangen gepackt, in ihr Bett ein. […]
»Was ist das denn für ein Weib, deine mächtige Herrscherin, die Schank-

wirtin?« »Eine Zauberin«, sagte er, »die Macht hat über das All, den Himmel herabzuziehen, die Erde in der Schwebe aufzuhängen, Quellen erstarren und Berge zerfließen zu lassen, die Verstorbenen auf die Oberwelt und die Götter in die Tiefe zu bringen, die Gestirne auszulöschen und den Tartarus selber zu erleuchten«. »Ich bitte dich«, rief ich dazwischen, »zieh den tragischen Purpurteppich fort und rolle den Theatervorhang zusammen und rede mit gewöhnlichen Worten«. »Willst du«, sprach er, »ein oder das andere Stück, nein, viele von ihr hören? Denn dass sich nicht nur Landsleute, sondern auch die Inder oder Äthiopier beider Landstriche oder selbst die Antipoden wahnsinnig in sie verlieben, das sind nur so Pröbchen ihrer Kunst und reine Possen«.
*Apuleius, Metamorphosen I 74 ff.*

## Unabhängigkeit an der römischen Südflanke

Die Beziehungen zwischen Rom und Meroë waren von gegenseitigen wirtschaftlichen Interessen geprägt. Zwar sind sie noch immer unzureichend erforscht und wenig bekannt, sie waren aber für die römische Außenpolitik – und die ihrer Vorgänger – ein nicht zu unterschätzender Faktor, denn noch Nero (54–68) hatte die Absicht, Meroë zu erobern. Er sandte eine Expedition, die zwischen den Jahren 61 und 63 stattgefunden haben muss, weil Seneca (verstorben um 65 n. Chr.) in seinen naturwissenschaftlichen Abhandlungen davon berichtet:

> »Ich habe die Centurios, die der Kaiser Nero – der auch für die Wissenschaft begeistert ist – zur Erkundung der Nilquellen ausgeschickt hatte, erzählen hören, dass sie eine sehr lange Reise hatten, bevor sie bei dem König der Aethiopier Unterstützung und weitere Empfehlung an die nachbarschaftlichen Regenten [Könige] erhalten haben, so dass sie weit zu den unermesslichen großen Sümpfen, deren Ende weder die Anwohner wussten, noch die jemand aufzufinden hoffen kann, vorgedrungen sind. Sie waren so von Pflanzen zugewachsen, dass man sie weder zu Fuß noch zu Schiff durchdringen kann.« (Seneca, Nat. Quaest. VI 8,3; sinngemäß gekürzt und übers. von P. S.)

Plinius fügt hinzu: »Wüsten jedenfalls haben [dort] neulich dem Princeps Nero die Prätorianersoldaten gemeldet, die von ihm mit einem Tribun zur Auskundschaftung gesandt worden waren, als er unter anderen Kriegen auch an einen aithiopischen dachte. [...] Grünere Pflanzen und einige

Waldungen seien erst um Meroë zum Vorschein gekommen, auch Spuren von Nashörnern und Elefanten […].« (Plinius, *Naturkunde*, VI 29 [181, 184–186]) Es kann angenommen werden, dass die römischen Erkundungen bis zu den Sümpfen des Weißen Nils gelangt waren und die Berichte darüber eine Vorstellung hervorgerufen haben, die mit dem bekanntesten Nilmosaik in Palestrina vergleichbar ist, bei dem es sich um eine »künstlerische Visualisierung literarischer Texte« handelt (Angela Steinmeyer-Schareika). Die von den römischen Schriftstellern verwendete Terminologie (»Aithiopien«, »Meroë«) offenbart, dass die Bezeichnung »Meroiten« ebenso wenig künstlich ist, wie die von »Aithiopen«. Noch Plinius war bemüht, die verschiedenen aithiopischen Völker zu unterscheiden.

Trotz aller neueren Versuche bleibt bis heute der antike Blickwinkel auf Meroë für die abendländische Erinnerungskultur dieses afrikanischen Reiches maßgeblich, deshalb soll hier versucht werden, auch der meroitischen Perspektive zu folgen, soweit eine solche rekonstruierbar erscheint.

Der wirtschaftliche Aufschwung des Landes, die Einführung des sog. *Sakkia* (Wasserrads), das noch heute bei der Bewässerung verwendet wird (Abb. 71), die mögliche administrative Aufteilung des meroitischen Reiches durch die Etablierung des Amtes eines *pešato* (Vizekönig) für Unternubien und die dazugehörenden Begräbnisstätten bei Gebel Barkal (Farbtaf. IV) deuten auf eine sich stabilisierende Entwicklung im Reich hin. Als Gegenspieler Roms sind der Gottkönig Teriteas, die Kandake Amanirenas und ihr Feldherr Akinidad anzusehen. Unter ihnen kam es zu den für Meroë so erfolgreichen Friedensverhandlungen auf Samos, die unter anderem Primis (Qasr Ibrim) von der Besatzung durch eine römische Garnison und das Land von jeglicher Tributleistung an die Römer befreiten. Zudem wurde die Grenze des Imperium Romanum bei Hiera Sycaminos (Maharraqa) festgelegt. Die Erfolge der Meroiten mögen auf die allgemeine weltpolitische Lage zurückzuführen sein, die das Engagement der Römer in Westasien und in den parthischen Kriegen erforderten. Dies machte es ihnen unmöglich, gleichzeitig ihre Interessen am Roten Meer durch weitere ständige Auseinandersetzungen mit den Aithiopen stören zu lassen. Die römischen Weltherren hofften wohl auch, dass es ihnen in Zukunft möglich sein würde, neue, für sie günstigere Situationen zu schaffen. Hierfür sprechen die Pläne Neros, der wahrscheinlich sogar zwei Expeditionen zur Nil-Erkundung aussandte (61–63, 66–68), die in Wirklichkeit aber – wie schon Plinius bemerkte – Informationen für einen neuen Feldzug sammeln sollten. Sein früher Tod änderte die Situation, Meroë blieb weiter ein unabhängiges Reich an der Südflanke des Imperiums,

71  Ein Wasserrad aus Sakkia, das von der Antike bis in die
heutige Zeit in den Nilländern verwendet wird.

was man in Rom zu verschweigen bzw. in der weltpolitischen Bedeutung mit
Erfolg abzuwerten versuchte.

Trotzdem lässt sich kaum übersehen, dass mit der Hellenisierung – im
heutigen Vokabular könnte man von einer Globalisierung im Rahmen der
*pax romana* sprechen – eine Vorliebe für Luxus und Exotica entstanden ist,
was unter anderem in der Hervorhebung von »Schwarzen« in der Kunst zum
Ausdruck kam. Aithiopen fanden sich überall: in der Malerei und auf Plastiken, auf Keramik, Mosaiken, Münzen und in der Glyptik, aber auch als Diener, Schauspieler und Priester in ägyptisierenden Kulten (die den meroitischen nahe standen). Das besagt nicht, dass es in der griechischen Klassik im
6./5. Jh. keine Neger-Bildnisse gegeben hätte, sondern lediglich, dass im Hellenismus ihre Popularität den Höhenpunkt erreichte. Die Themen sind vielschichtig, sie reichen vom Humoristisch-Satyrischen bis hin zum Mytholo-

gisch-Sakralen. Manchmal finden sich vorzüglich realistische Standbilder, manchmal nur Stilisierungen. Die Bandbreite ihrer Darstellungen zeigt, dass sie zu einem untrennbaren Bestandteil mittelmeerischer Kulturen geworden waren, aus denen sie nicht mehr wegzudenken sind. Die Thematik ist zwar ideologisch belastet, sie lässt aber dennoch erkennen, dass man im Hellenismus weltlich und global dachte und integrativ wirkte. Eine »rassische« Denkweise ist nicht vorstellbar, grundsätzlich war man sich nur der eigenen Kultur bewusst, für die das Fremde, Barbarische und Exotische eine große Ausstrahlung besaß, ohne unbedingt pejorativ zu wirken. Letzteres gilt besonders, wenn man davon ausgeht, dass Huldigung und Anerkennung keine negativen Kategorien waren, selbst dann nicht, wenn sie bewusst hervorgehoben wurden. Die Proskynese ist aus dem Kanon der hellenistischen Ikonografie von Herrschern nicht wegzudenken. Gleichzeitig wird auch die Schönheit der Aithiopen gezeigt und kultiviert (*black is beautiful*), und zwar nicht nur in Form der »bunten Barbaren« (Rolf M. Schneider) einer programmatischen Bildlichkeit, sondern auch in der »kleinen« Kunst des Alltags (z. B. Parfümbehälter, Schmuck, Öllämpchen, Gewichte).

Die Existenz von Aithiopen in der mediterranen Welt erfuhr ihre Spiegelung im Katarakten-Niltal, in dem Erzeugnisse und Errungenschaften der Mittelmeerkulturen großen Anklang fanden. Im Norden Unternubiens, in dem intensive Grabungen stattgefunden haben und in dem in Qasr Ibrim immer noch gegraben wird, sind reichhaltige Funde zutage gekommen, die von einer hellenistisch orientierten Kultur zeugen. Wirtschaftlich war man offensichtlich stark mit der römischen Provinz Ägypten verbunden. Die in Mainarti wiederentdeckten Weinpressen lassen annehmen, dass intensiver Weinbau betrieben wurde, der erst mit der Islamisierung ein Ende fand. Auch die städtische Zivilisation setzte sich bis in die christliche Periode kontinuierlich fort. Verwaltung und Wirtschaft dieser Zeit sind durch die Dokumente aus dem Dodekaschoinos relativ gut bekannt. Diese Provinz blieb – als Teil des meroitischen Reiches – weiterhin von einem Vizekönig, der im Sinne eines sakralen Königtums wahrscheinlich auch ein Priesteramt bekleidete, verwaltet.

Die Versuche, Unterschiede zwischen dem nord- und südmeroitischen Reich hervorzuheben, basieren in erster Linie auf dem ungleichgewichtigen Fundmaterial, das zur Verfügung steht. Man kann nur festhalten, dass wir gegenwärtig über die geschichtlichen Entwicklungen in Nordnubien lediglich infolge der dortigen Grabungsaktivitäten etwas besser informiert sind als über die im zentralen und südlichen Teil des meroitischen Reiches. Universalgeschichtlich ist allgemein bekannt, dass in vielen Ländern die lokalen

Unterschiede – besonders bei so großer geografischer Ausdehnung wie der des meroitischen Reiches – erheblich sind. Man braucht nur an Deutschland zu denken, um die Unterschiede zwischen Nord und Süd, Ost und West festzustellen. Auch wenn die Nachrichten aus dem Norden Nubiens noch immer nicht ausreichend sind, lassen sich einige Schlussfolgerungen ziehen. Die Vielzahl der Funde aus der Nekropole von Qustol/Ballana, aus Karanog, Gebel Adda, Faras und Qasr Ibrim veranlassten dazu, von einer der meroitischen nachfolgenden »Qustol/Ballana-Periode« zu sprechen.

## EIN KULTURELLES »KONGLOMERAT«

Die Einbeziehung Afrikas in die allgemeine Geschichte des Mittelmeerraums ist eine grundsätzliche Voraussetzung für das Verständnis der Kontakte und Handelsbeziehungen des römischen Imperiums zu Indien und China im Rahmen seiner Politik um das Rote Meer. Nicht umsonst hatte Nero beabsichtigt, diesen Raum unter seine Kontrolle zu bringen. Zwischen seinem Tod (68 n. Chr.) und dem Diokletian-Edikt (298 n. Chr.) kam es auch an der Südgrenze des Imperiums zu Auseinandersetzungen mit neuen Völkern, aus de-

72   Meroitische Scherbe mit der Darstellung eines Reiters, der sich wahrscheinlich in den ältesten uns ikonisch überlieferten Steigbügel stützt (heute National Museum, Liverpool).

73 Weihrauchgerät mit der Darstellung eines jagenden Löwen
aus Qustol/Ballana.

nen die sog. X-Kultur (so G. Reisner) hervorgegangen ist. Das kulturelle »Kon-glomerat« scheint sich nicht nur historisch, sondern auch archäologisch zu bestätigen. Die Funde enthalten – besonders durch die Entdeckung der tumu-liartigen Gräber der Qustol/Ballana-Nekropole, die von den lokalen Herr-schern aus Gebel Adda errichtet wurden – eine solche Vielfalt von Objekten, Formen und Ausführungen, dass man sie nicht nur einer Kultur zuordnen kann. Zwar ist die hellenistisch-römische Prägung vieler Objekte in den Grä-bern von Qustol/Ballana offensichtlich, aber es lassen sich auch andere Ele-mente erkennen, die etwa mit Funden entlang des römischen Limes zwischen Europa und Asien vergleichbar sind. Dies lässt die Vermutung zu, dass man auch hier von Verbindungen zum Osten ausgehen kann. Vieles spricht dafür, dass die kleinen, seit dem Diokletian-Edikt verselbständigten »Fürstentümer« der früheren Söldner »skythischen Schlages« ihre eigenen Machtbereiche durchgesetzt hatten, die ihnen erlaubten, große Gebiete und Anlegestellen am Roten Meer zu kontrollieren. Die »kleinen Könige« unterhielten beweg-liche Reiterverbände und leiteten durch den wahrscheinlich von ihnen entwi-ckelten Sattelbaum eine neue Epoche ein, in der die Verwendung des Pferdes neue Dimensionen erreichte. Man war, dank der Erfindung des Sattels mit Steigbügel (Abb. 72) in der Lage, nicht nur größere Strecken zu bewältigen, sondern auch Pferde mit Lasten zu beladen. So entstand ein nubisches Ritter-tum, das sich bis ins Christentum erhielt. Reiterdarstellungen nahmen dem-entsprechend zu. Die Herrscher ließen sich im Bild als Reiter verewigen und in Qustol/Ballana auch mit ihren Reitpferden und ihrem Hof begraben. Wer aber waren diese berittenen Herrscher des Südens?

Das archäologische Material aus Qustol/Ballana, aber auch aus Karanog und Qasr Ibrim, lässt die Mannigfaltigkeit der meroitischen Beziehungen zur Außenwelt erkennen.

- So waren Pferdebestattungen in vergleichbaren Tumuli von Königs- und Häuptlingsgräbern im gesamten sog. skythischen Raum, der eine Reiterkultur aufwies, bekannt.
- Pferdegeschirre mit Löwenplaketten und Glöckchen, die es auch in Meroë gab, finden sich im gesamten meroitischen Raum, im Dode-kaschoinos und bei den Steppen- und Reitervölkern, die den Tierstil pflegten. Einige dieser Merkmale sind in den sogdischen Malereien, aber auch in den persisch beeinflussten Darstellungen der Pferde der Drei Magier in der Darstellung der Geburt Christi aus Pachoras/ Faras (10.–12. Jh.) enthalten.

- Der Sattel, besser der Sattelbaum führte zur Entstehung des Trage-sattels, der nach dem jetzigen Forschungsstand zuerst im zentralasi-atischen und wahrscheinlich auch im nubischen Raum eingeführt wurde. Gleiches gilt für die gemusterte Satteldecke.
- Die Trense und das Zaumzeug deuten mit Sicherheit auf Verbindun-gen zum mittelasiatischen und iranischen Raum hin.
- Reiterdarstellungen aus dem meroitischen Raum zeigen Überein-stimmungen mit solchen aus dem Iran (Abb. 72).
- Pferde-Motive, zum Beispiel als Lampen, waren sehr verbreitet und beliebt und finden sich von Mesopotamien bis Germanien überall dort, wo römische Garnisonen bestanden, also auch Reitervölker stationiert waren.
- Weihrauchgeräte wurden schon immer mit Arabien, dem Vorderen Orient und auch mit China in Verbindung gebracht. Sogar das »arti-schokenförmige« Gerät kann mit ähnlichen aus China um das 2. Jh. n. Chr. verglichen werden. Das Motiv der »löwenförmigen« Geräte ist allgemein bekannt, deshalb bereitet es Schwierigkeiten bei der Fest-legung seines Verbreitungsgebietes. Zwar sind auch hier die orienta-lischen Vorbilder näher liegend als eventuelle außerorientalische Parallelen, die aber nicht ausgeschlossen werden können. Bei Weih-rauchgefäßen muss bedacht werden, dass die Ursprungsländer des Weihrauchs im Süden und Osten lagen, sodass auch die Geräte zu seiner Benutzung dort wohl zuerst gebräuchlich waren und von dort übernommen wurden.
- Weihrauchständer weisen ebenfalls auf südliche und östliche Ein-flüsse hin, obwohl sie auch im römischen Imperium häufig vorka-men. Das Motiv »Hund-Hasen-Hatz« auf einem Ständer aus Ballana findet sich nicht nur in Graffitis aus Musawwarat es Sufra, sondern auch in einer verwandten Darstellung der Hund-Steinbock-Hatz auf der berühmten Bronze-Lampe aus Matara im äthiopischen Hoch-land. Dies spricht für die sehr ausgeprägten und intensiven Bezie-hungen zwischen Meroë und den Ländern um das Rote Meer, ohne die Verbindungen zum römischen Weltreich auszuschließen.
- Ohrringe und einige Schmuckstücke aus Qustol/Ballana entspre-chen in ihrer Form nicht nur der römischen Produktion, sondern auch dem, was wir aus der parthischen Kunst kennen.
- Bronze und Silbervasen, besonders die dreifüßigen Vasen, weisen offensichtliche Parallelen zum Osten und zu China auf. Da es sich je-

doch um Objekte handelt, die allgemein sehr verbreitet waren und sich gegenseitig beeinflusst haben, können sie nicht immer als eindeutiger Beleg eines konkreten Einflusses gelten.

– Zu alldem lassen sich bereits erwähnte architektonische Parallelen heranziehen, besonders die terrassenförmige Architektur, die im äthiopischen Hochland, in Arabia Felix, in Nabatea, im Vorderen Orient und besonders in Persien vorkommt.

Für Verbindungen zum Osten sprechen schließlich auch die Seidenfunde, für die der rege Handel mit China verantwortlich war. Von dort gelangte Seide über die sog. südliche Seidenstraße nach Meroë und Nubien. Schon die alten Griechen brachten Aithiopen mit diesem besonderen Gewebe in Verbindung. Doch nicht nur Seide, sondern auch Baumwolle, Elefanten und Elfenbein gehören zu den Rohstoffen, die durch die intensiven Kontakte von Nord nach Süd und vor allem auch umgekehrt über das äthiopische Hochland, Meroë, Nubien und das Rote Meer aus dem Osten und Süden nach Ägypten und in den Mittelmeerraum gebracht wurden.

Dort, wo Handel getrieben wird, begegnen sich die Menschen; sie tauschen nicht nur ihre Waren aus, sondern sie vermitteln einander auch ihre jeweilige Kultur und ihre religiösen Ideen. Das hatte im Lauf der Zeit gegenseitige religiöse und kulturelle Beeinflussungen zur Folge, die für die Beurteilung der Entwicklungen im Katarakten-Niltal nicht übersehen werden dürfen; als Beispiel bietet sich die heliosartige Darstellung eines Gottes am Gebel Qeli an (Abb. 68).

Schon aufgrund des angedeuteten archäologischen Materials und der Handelsbeziehungen lässt sich also der fernöstliche Einfluss auf den meroitischen Raum und die Bedeutung seiner östlichen und südlichen Umwelt nicht übersehen. Der Name Meroë soll sogar in China als »Mualien« bekannt gewesen sein. Darüber hinaus weisen aber auch weniger spektakuläre Parallelen auf die Verbindung Meroës zu Kulturen hin, die man heute mit dem Begriff »Reiter- und Steppenvölker« umschreibt.

Seit den Saiten kannte man im ägyptischen Heer Söldnertruppen, die nicht nur aus Griechen, sondern auch aus Asiaten bestanden. Namentlich genannt werden Juden, Phönizier, Syrer und Skythen. Traditionell gab es weiterhin Aithiopen im ägyptischen Heer als Söldner, die möglicherweise auch gegen die Lieferung von Pferden gehandelt wurden – ein weiterer Hinweis auf die Bedeutung der Pferdezucht im Niltal. Zu den asiatischen Söldnern gehörten auch solche, die aus den sich seit dem 6./7. Jh. im Ostmittelmeerraum breit machenden Reitervölkern stammten, zum Beispiel den Skythen. In die gleiche Zeit fällt die Begegnung zwischen Griechen und Aithiopen, was sowohl Funde aus dem Mittelmeerraum wie aus Kawa belegen. Dass sich in der persischen Armee Soldaten aus allen Völkern des Großreiches fanden, bedarf keiner Erklärung; unter ihnen waren auch die, deren Vertrautheit mit der Reitkunst sprichwörtlich war und aus denen sich die kaspischen, choresmischen und skythischen Verbände rekrutierten, die das Niltal nicht nur erreichten, sondern dort – unter anderem auf Elephantine – stationiert waren. Es ist sogar ein choresmischer Name, Dargman, belegt. Unabhängig von den Funden, die die Reitkunst widerspiegeln, scheint sich die Popularität des Reitens seit dem 5. Jh. allgemein, aber auch in Meroë, zu bestätigen.

Die beweglichen Reiterverbände eigneten sich besonders für die Grenzgarnisonen, die sich ständig mit den Nomaden auseinanderzusetzen hatten. Sie finden sich sogar im heutigen Bulgarien, was uns die Phiale aus dem Schatzfund von Panagjurischte zeigt. Die Negerköpfe der Gürtelschnallen sprechen dafür, dass es in dem den Persern nachfolgenden Heer der Ptolemäer thrakische Reiter gab. Diese Entwicklung war typisch. Seit der hellenistischen Zeit war das Söldnerwesen in allen orientalischen Reichen unentbehrlich geworden. Es gab zwar auch Sklaven, aber ein großer Teil des Heeres bestand aus gut bezahlten Reitertruppen, die sich sowohl aus Skythen als auch aus Kuschana, Parthern und anderen rekrutierten. Dabei übernahmen die jeweiligen Sieger die Söldner des Feindes in ihren Sold/Dienst. So wurden nach dem Tod Alexanders des Großen die Söldner unter den Diadochen aufgeteilt, viele von ihnen folgten Ptolemaios nach Ägypten. Diese Kavallerieverbände mit ihren Garnisonen waren jedoch nicht nur eine Gefahr für die Feinde, sondern auch ein erhebliches Risiko für die Herrscher, denen sie dienten. Für die Söldner waren guter Sold oder Landzuwendungen von dem jeweiligen Herrscher, nicht jedoch ein Gefühl der Zugehörigkeit, geschweige der Treue zu ihm maßgebend. Das ermöglichte den Römern, Söldner der Grenzgarnisonen – etwa an der Südflanke Ägyptens nach dem Untergang des ptolemäischen Reiches – in ihren Dienst zu übernehmen. Der Machtwechsel brachte also keinen Wechsel der stationierten Truppen mit sich. Söldner dienten demjenigen, der die Macht hatte und der sie am besten bezahlte oder beschenkte. Die in den Grenzgebieten stationierten Reitertruppen bildeten oft eine eigenständige Kultur, die der Umgebung fremd war, aber relativ schnell eine Symbiose mit einheimischen Elementen einging und so ein synkretistisches Gebilde, zum Beispiel in Gestalt der Qustol/Ballana-Kultur, entstehen ließ.

Das Pferd – als Hauptmerkmal vieler Kulturen des zentralasiatischen und iranischen Raumes – war auch in der Achsenzeit für die zivilisatorische Entwicklung im Raum um das Rote Meer charakteristisch. Seine Bedeutung beschränkte sich aber nicht nur auf die Kriegsführung, sondern fand auch in religiösen Erscheinungsformen Niederschlag. Man denke an die vielfältige Rolle des Pferdes im Sonnenkult, beim Himmelsaufstieg des Schamanen, sogar beim Himmelswagen des Propheten Elias und in den Begräbnisriten der Skythen, in deren Kurganen – vergleichbar den Tumuli aus Qustol/Ballana – sich Platz für eine Pferdebestattung fand. Trotz gewisser vormeroitischer und meroitischer Parallelen – beispielsweise Kerma-Tumuli oder Pferdebestattungen in der Nähe der Königsgräber von Napata – sind wesentliche Unterschiede zwischen den Tumuli aus Qustol/Ballana und denen der lokalen Tradition nicht zu übersehen, obschon eine genetische Verbindung nicht auszuschließen ist.

Die lange Anwesenheit der Reitertruppen im südlichen Niltal führte zu synkretistischen Bildungen, die sich in den Grabbeigaben manifestierten: ägyptisierende Symbolik der Kronen in Verbindung mit meroitischen und persischen Elementen; hellenistische Erzeugnisse wie Gefäße, Tisch- und Lampenständer; spezifische Bestattungsarten mit der Dienerschaft und Tieren, die zwar auch an die Kerma-Tumuli denken lassen, aber wahrscheinlich keine Kontinuität mit ihnen aufweisen; Textilien, deren Muster zwischen dem Indus- und dem Niltal vorkommen und die allgemein als »koptische Stoffe« bezeichnet werden.

Die Kontakte der Söldner an der Südflanke Ägyptens zu den mittelasiatischen Ländern und denen des Iran wurden wahrscheinlich niemals unterbrochen, weil die Handelswege, die über die Südrouten nach Arabien zum Niltal führten, für Waren und Söldner intakt blieben. Hierfür sprechen Funde von Kuschan-Münzen in Debre Damo, die Pferdeplastiken aus Arabien und anderes mehr. Der kuschitische Raum war daher für die antike Welt des Mittelmeerraumes nicht nur ein *corridor to Africa*, sondern gleichermaßen ein *corridor to Asia*.

Dafür sprechen Beispiele: Die Sabäer hatten ihre Handelsniederlassungen nicht nur im äthiopischen Hochland, sondern auch in Meroë, dessen Bedeutung in der großen Schrift von Mani, in der *Kephalaia*, zum Ausdruck kommt. Es wird darin als eines der vier damaligen Weltreiche neben China, Persien und Rom aufgezählt. Von Meroë aus führten die Handelswege auch nach Westen und Nordwesten, wo sich bei den Garamanten und Numidern ebenfalls ausgeprägte Pferdekulturen entwickelt haben. Man spricht hier sogar von parthischen Einflüssen, ganz abgesehen von den Analogien, die sich aus den tumuliartigen Gräbern der Numider ergeben. Durch die Wirtschafts- und Handelsbeziehungen der Staaten am Roten Meer kam es auch zu geistigen Kontakten mit dem Buddhismus und dem Manichäismus und deren Ikonografie. Dabei ist besonders an die Kušana oder an die Parther zu denken, die sowohl mit der Gandharakunst als auch mit der gesamten Entwicklung der spätantiken ikonischen Zeichen und ihren Systemen zur Frontalität geführt haben, der man schon im meroitischen Reich in dem Naq'a-Tempel begegnete.

Die Funde in Qustol/Ballana sind beispielhaft für eine Kultur, die mit den Reitervölkern in Verbindung gestanden hat, zu denen auch die Blemmeyer und Noubai gehörten. Sie auseinander zu halten erscheint sehr schwierig, weil sie, sowohl was ihre Genese als auch ihre weitere Geschichte anbelangt, immer am Rande der Reiche gelebt haben, einmal als Söldner, ein anderes Mal als Feinde und Räuber, die in den Verstecken entlang der Karawanenwege immer wieder Unterschlupf fanden. Sie brachten sogar die größten Imperien ins Wanken, indem sie – unterstützt durch religionskulturelle Veränderungen – zu Nutznießern dieser politischen Situationen wurden. Nachdem sie aber selber Königreiche zu gründen begannen und ihre früheren Alliierten bekämpften, wurde ihnen diese Sesshaftigkeit ebenfalls zum Verhängnis.

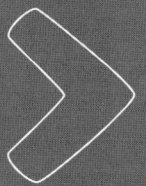

# EPILOG

## GÖTTERDÄMMERUNG: UNTERGANG MEROËS UND AUFSTIEG AKSUMS

»Er [Philippos] machte sich auf den Weg und ging dorthin, wo er einen Äthiopier [Meroiten] sah,
einen Eunuchen [*maior domus/paqar*] der Kandake, der Königin [Königsmutter] der Äthiopier [Meroiten],
der auch ihre Schatzkammer verwaltete. Er befand sich auf der Rückreise von seiner Pilgerschaft nach Jerusalem [zu dem Tempel].
[…] Er befahl den Wagen anzuhalten, und Beide, Philippos und der Eunuchos, stiegen in das Wasser hinein, und er taufte ihn. […] und der Eunuchos, ergriffen vom Geiste des Herrn, setzte die Reise fort.« (Apg 8.26–40)

Die Geschichte des Katarakten-Niltals wurde in den Jahrhunderten nach der Zeitenwende durch zwei herausragende Phänomene geprägt: das untergehende Heidentum und das aufsteigende Christentum.

In der Zeit der *pax romana* unter Kaiser Augustus erlebte auch das meroitische Reich seine Blüte. Zwar sind noch viele Einzelheiten unbekannt, aber die große Bautätigkeit, die die Paläste in Wad ben Naqa, Tempel, Pyramiden und Städte entstehen ließ, bezeugt den allgemeinen wirtschaftlichen Aufschwung, der zugleich die Gefahren in sich barg, die seit Jahrhunderten die Geschehnisse südlich Ägyptens kennzeichneten. Wie an den Grenzen des Imperium Romanum steigerten sich auch an den Grenzen Meroës die ständigen Streitigkeiten mit den verschiedensten Völkern, die immer häufiger und von allen Seiten versuchten, an dem von Wohlstand gesegneten Reich »der afrikanischen Mitte« zu partizipieren. Die dadurch verursachten Auseinandersetzungen waren bestimmend für die Zeit bis zur Eroberung Meroës durch den christlichen Aksumiter-König Ezana.

Die heute bruchstückhaft aus dem Dunkel wieder auftauchende Geschichte des späten meroitischen Reiches (von der Zeitenwende bis etwa

350) erlaubt das Wagnis, wahrscheinliche Ereignisse zu rekonstruieren. Man kann annehmen, dass sich die Politik Meroës immer mehr auf eine Stärkung der Beziehungen entlang der Ost-West-Achse konzentrierte, während sich die nördlichen Gebiete, die einem Vizekönig (meroit.: *pešato*) unterstanden, großer Selbständigkeit erfreuten, wie das Beispiel von Qustol/Ballana zeigt. Die Verbindungen und Handelswege führten von Meroë aus überwiegend zum Roten Meer und liefen erst von dort aus sowohl nach Norden als auch nach Osten (und eventuell nach Süden) weiter. Die Landwege nach Norden entlang des Nils wurden immer seltener benutzt, weil sie umständlich und gefährlich waren. Man zog es vor, auf dem Seeweg nach Ägypten zu reisen. Das muss nach und nach zur Isolation der Gebiete zwischen Napata und Dongola geführt haben. So entstand zwischen der Nordprovinz mit dem Zentrum in Pachoras (Faras) und der Insel Meroë fast ein »Vakuum«. Noch Prokop (um 507 – nach 555) berichtet davon in seinen *Perserkriegen*.

## Keine Steueroase

Von der Stadt Auxomis aus bis zu den ägyptischen Grenzbezirken des Römerreiches, dort, wo die Stadt namens Elephantine liegt, beträgt die Entfernung für einen rüstigen Fußgänger 30 Tagemärsche. Neben den vielen anderen Stämmen wohnen dort auch die Blemmeyer und die Nobaten, sehr große Völkerschaften. Dabei haben die Blemmeyer ihren Sitz in der Landesmitte, während die Nobaten um den Nil beheimatet sind. Früher waren dies nicht die äußersten Grenzgebiete des Römischen Reiches. Es erstreckte sich noch etwa sieben Tagereisen weiter. Der römische Kaiser Diokletian stellte jedoch bei einem Besuch fest, dass die dortigen Gebiete nur geringfügige Steuererträgnisse lieferten, denn da sich schon in Flußnähe sehr hohe Felsen erheben und das übrige Land einnehmen, wird der fruchtbare Landstreifen dort äußerst schmal. Außerdem hatte von alters her eine bedeutende Streitmacht hier ihren Standort und belastete die Staatskasse schwer mit Unkosten, während zugleich die Nobaten um die Stadt Oasis fortwährend alle Ländereien ausplünderten. Angesichts dieser Schwierigkeiten veranlasste der Kaiser die Barbaren, ihre bisherigen Wohnsitze aufzugeben und sich am Nil anzusiedeln, auch versprach er, sie mit großen Städten und viel Land, erheblich besserem, als sie bisher besessen hatten, beschenken zu wollen.

*Prokop, Perserkriege, I 19*

Solche Konflikte blieben auch den Meroiten nicht erspart. Östlich von ihnen war in Aksum eine neue Macht entstanden, deren König Ezana Meroë schließlich in der Mitte des 4. Jh.s n. Chr. unterwarf. Der Sieger identifizierte sich bald mit den Meroiten und trat fortan als »Aithiops« auf. Es ging dem aksumitischen König dabei um die Aufrechterhaltung einer Tradition, die ihm sowohl aus politischen als auch aus religiösen Gründen wichtig erschienen war. In seiner Inschrift nennt er die schon immer angriffslustigen Blemmeyer (Beğa) und die Noba – von denen auch Prokop spricht – seine Feinde.

---

### Aufräumaktion eines Königs

In dem Glauben an Gott und an die Kraft des Vaters und Sohnes und heiligen Geistes, an den, der mir das Reich durch den Glauben an seinen Sohn Jesus Christus erhalten hat, der mir geholfen hat und allezeit hilft, ich, Azanas, König der Aksumiten und Himyariten und von Reeidān und von Sabäern und von S(il)eel und von Kāso und von Bedja und von Tiamo, Bisi Alene (vom Stamme Halen), Sohn des Elle-Amida, Knecht Christi, danke dem Herrn meinem Gotte; und ich kann nicht die Fülle meiner Dankbarkeit an ihn aussprechen, weil mein Mund und mein Denken nicht allen Dank abzustatten vermag, was er an mir getan hat; denn er hat mir Kraft und Macht gegeben und hat mir einen großen Namen geschenkt, durch seinen Sohn, an den ich geglaubt habe, und er machte ihn mir zum Führer meines ganzen Reiches auf Grund des Glaubens an Christus nach seinem Willen und durch die Kraft Christi; denn er selbst führte mich, und an ihn glaube ich, und er wurde mir Führer. Ich ging aus, zu bekriegen die Noba, weil gegen sie die Mangartho und Kāso und Atiaditai ihre Klage erhoben, und die Barya, indem sie sagten: Uns haben die Noba unterdrückt, helfet uns, denn sie bedrängen uns durch Morden. Und ich erhob mich in der Macht des Gottes Christus, an den ich geglaubt habe, und er hat mich geleitet. Und ich brach auf, von Aksum am 8. Tage des aksumitischen Monats Magabit an einem Sabbat im Glauben an Gott, und ich habe erreicht Mambaria, und dort habe ich mich versorgt.
*Zit. nach: Dinkler, König Ezana, S. 126 f.*

---

Von alters her drängten die feindlichen Völkerschaften aus den Ostgebieten, wahrscheinlich um Gebel Oda, in das Niltal. Blemmeyer lassen sich zwar als Söldner in der Armee des Psammetichus I. (664–619) nachweisen; ob sie aber mit den altägyptischen Med3jw und der sog. *Pan-Graves*-Kultur zu iden-

tifizieren sind, muss noch immer offen bleiben, auch wenn viele Indizien dafür sprechen. Daraus wird aber ersichtlich, dass die Südgrenze Ägyptens seit
der Perserzeit immer der Gefahr von Angriffen durch nomadische Blemmeyer und ihnen verwandte Stämme, darunter auch der Noubai, ausgesetzt
war. Die Blemmeyer selber scheinen von Anfang an keine staatliche Organisation gehabt zu haben. Sie kontrollierten immer mehr die zur Wüste gewordenen, steinigen Gebiete um das Rote Meer und waren mit den nomadischen
Stämmen seines Ostufers, den Beduinen, verwandt. Dass sie eine homogene
ethnische Gruppe bilden, ist zu bezweifeln. Jedoch könnte ihnen die Einführung des Kamels und wahrscheinlich des Tragesattels mit Sattelbaum in
Afrika zugeschrieben werden. Sie standen in enger Beziehung zu den Pal-
myrenern und galten immer als Feinde Roms. Durch ihre allseitige Mobilität
gelangten mit ihnen asiatische Vorstellungen von Sonnengottheiten ins Niltal, die dann um die Zeitenwende in Gebel Qeli und im Löwentempel von
Naq'a dargestellt wurden. Auch die Gottheit Mandulis (Marul), deren Sanktuarium sich in Kalabscha befand, stand in Beziehung zum Sonnengott oder
wurde als solcher verehrt, was sich wiederum gut in die ägyptisch-kuschitische Tradition einfügen ließ.

Blemmeyer treten in den Quellen ihrer Umwelt gemeinsam mit den Noubai auf, das heißt mit Völkern, deren Name heute für die Bezeichnung des
südlichen Niltals – Nubien – verwendet wird. Der Ursprung der Noubai ist
noch schwieriger festzustellen als der der Blemmeyer. Man neigt zu der
Annahme, dass sie aus Kordofan und Darfur ins Niltal eingewandert sind. In
Höhe des Dongola-Beckens gab es noch bis in das 1. Jt. westliche Nilzuflüsse, durch die die dortigen Lebensbedingungen bis in die christliche Zeit
hinein gut waren. Die Existenz einer Festung, Gala Abu Ahmed, belegt dies.
Der zunehmende Mangel an Wasser in den Ost-Süd-Gebieten führte dann
aber dazu, dass die dortige Bevölkerung immer stärker ins Niltal drängte,
die ägyptischen Oasen erreichte und sich schließlich im Dodekaschoinos
und südlich davon ansiedelte. Wenn man diese Vermutungen unterstellt,
entsteht das Bild einer sich langsam durchsetzenden Kultur, die zwar meroitisch gefärbt war, die aber unverkennbar Spuren nomadisch-östlicher und
nomadisch-afrikanischer Traditionen aufwies. Im Schmelztiegel des Niltals
entstanden so allmählich die Grundlagen einer neuen Kultur, die seit dem
6. Jh. n. Chr. einen einheitlichen Eindruck hinterließ, auch wenn in diesem
Gebiet anschließend mindestens drei unabhängige christliche Königreiche
und drei primäre nubische Sprachen entstanden, die zum Teil bis heute erhalten sind. Sie scheinen den Beweis dafür zu liefern, dass sich ursprüng-

liche Unterschiede immer noch erhalten haben. Die verbindende Gemeinsamkeit für alle war zunächst der meroitische Hintergrund und später das Christentum. Die nomadischen Stämme im Niltal gingen aber – unter dem Einfluss des Hellenismus – dazu über, sich *einer* Sprache, nämlich des Griechischen, zu bedienen und eine staatliche Struktur aufzubauen, die man als quasi-feudal bezeichnen kann, weil es »kleine Könige« (Fürsten; griech.: βασιλισκοζ/Basiliskos) gab, die nach dem Vorbild großer Reiche eigene gründeten, wie aus Urkunden und Papyri zu ersehen ist. Eine der Inschriften des Basilikos Silko im Kalabscha-Tempel ist in die Geschichtsannalen eingegangen:

> »Ich Silko, Basilikos der Nubaden und aller Äthiopier (βασιλισκοζ Νουβαδων καὶ ὅλων τῶν Αιωιοπων), bin zweimal nach Talmis [Kalabscha] und nach Taphis [Taffa] gekommen. Ich habe die Blemmeyer bekämpft, und Gott gab mir drei Siege und nur eine Niederlage. Nachdem ich sie abermals besiegte und mich ihrer Sitze bemächtigte, habe ich mich mit meiner Gefolgschaft hier angesiedelt. Als ich sie das erste Mal besiegte, flehten sie mich um Gnade an; ich schloß Frieden mit ihnen, und sie schworen ihn bei ihren Götzenbildern. Und ich habe ihrem Schwur vertraut, weil ich sie für ehrenhaft hielt […]«. (Zit. nach: Lepsius, *Die griechischen Inschriften*, S. 29)

Diese Inschrift ist Ausdruck der Unruhen jener Zeit (etwa 3. Jh. n. Chr.), die die ganze damalige Welt erfassten und zu großen Völkerwanderungen führten. Sie beschränkten sich nicht nur auf das Abendland, sondern überfluteten auch Asien und Afrika.

Nach der Apostelgeschichte des Lukas (8.26–40) gelangte das Christentum schon in spätmeroitischer Zeit als neue Lehre nach Meroë (um 38?). Das führte noch nicht dazu, dass man schon für diese frühe Zeit Meroë als christliches Reich bezeichnen kann. Es berechtigt aber zu der Annahme, dass neben vielen anderen religiösen Strömungen, die das tolerante Reich in der Mitte des Niltals erreichten und unter denen das Judentum besonders hervorzuheben ist, sich auch Christen befanden. Hierfür sprechen Objekte aus Qustol/Ballana, die in einer Zeit, als Nubien noch nicht offiziell christlich war, schon von der neuen Religion – mindestens als private Frömmigkeit – Zeugnis ablegen. Es handelt sich – wie aus der Silko-Inschrift ersichtlich wird – nicht nur um Kreuzzeichen, sondern auch um Formulierungen und Berichte in »barbarischem« Griechisch. In der aksumitischen Tradition galten die Aethiopen (Meroë) als älteste Christenheit der Welt, das erklärt, weshalb sich Ezana nach seinem Sieg über Meroë als »König der Aethiopier« bezeichnen ließ. Natürlich hatten die Feldzüge Ezanas im 4. Jh. nicht nur religiöse, sondern vor allem auch wirtschaftliche Gründe, nämlich die Kontrolle des einträglichen Handels im Raum des Roten Meeres. Über diese Handelsrouten zum westasiatischen Raum konnte auch die neue christliche Lehre in den Raum des Roten Meeres infiltrieren, weshalb das dortige Christentum syrisch geprägt ist. Dies ergibt sich aus der Überlieferung zur Bekehrung Aksums durch die aus Tyrus stammenden Brüder Frumentius und Aedesius.

Die seit Jahrzehnten andauernde Diskussion um die Datierung der Bekehrung Aksums zum Christentum unter König Ezana, scheint angesichts der Münz- und Inschriftenfunde – deren Ursprung man in die 30er Jahre des 4. Jh.s einsetzt – entschieden zu sein. Ob Meroë erst dann fiel, ist unsicher. Auf Grund der uns bekannten griechischen Inschriften, kommt auch eine frühere Eroberung des meroitischen Reiches in Betracht. Damit kann das Ende Meroës und seines Reiches etwa in die Mitte des 4. Jh.s datiert werden. Die anschließende Entstehung der ersten christlichen nubischen Königreiche und ihr Schicksal gehört der weiteren Geschichte an, die sich unter anderen Vorzeichen der Historie nur sehr langsam erschließt. Dies aber ist eine nicht minder lange Geschichte.

# ANMERKUNGEN

## Zum Geleit

1   In meinen Ausführungen benutze ich manchmal wechselnd die Bezeichnungen »Kultur«
und »Zivilisation«, obwohl ich selber zwischen beiden Begriffen bewusst unterscheide.
Wenn von »Kultur« die Rede ist, geht es mir mehr um die geistigen, als um die techni-
schen Leistungen, die mit »Zivilisation« in Verbindung stehen.

2   Wenn nicht anders angegeben, sind alle Daten als »v. Chr.« zu verstehen, sofern sich aus
dem Zusammenhang keine Eindeutigkeit ergibt.

## Prolog

1    Für die Geschichte der mittelalterlichen Erkundungen war die Vorstellung vom Reich
des Königspriesters Johannes entscheidend, egal wo man ihn suchte. Mit der Zeit war
man sich aber nicht mehr sicher, wo Indien lag. Auch Kolumbus glaubte Indien erreicht
zu haben!

## Morgenröte menschlicher Kulturen in Nordostafrika

1   An dieser Stelle möchte ich meinem Kollegen Krzysztof Pluskota (MA/Lund) für die zur
Verfügung gestellten Bilder herzlich danken. Er selbst hat 2003 einen Informationsbei-
trag veröffentlicht: *On the road to Bir Nurayet – reflections on a journey through the Red
Sea Hills, in African Reports* (Gdansk Archaeological Museum) 2, S. 185 ff.

2   Die Ausgrabungsergebnisse der sog. Boston-Expedition unter Georg Reisner veranlassten diesen zu einer Kulturklassifikation (A-, B-, C-Gruppe usw.), die bis heute in der
Wissenschaft für Diskussion sorgt.

## Kuschiten und ihrer Reiche

1   Wie die Verhältnisse ausgesehen haben könnten, schildert eindrucksvoll der polnische
Schriftsteller Boleslaw Prus in seinem Roman *Der Pharao* (1897, dt. 1944), dessen beachtenswerte Verfilmung 1965 durch Jerzy Kawalerowicz ein anschauliches Bild vom
alten Ägypten in den denkwürdigen Jahren des Untergangs des Neuen Reiches lieferte.

# LITERATURAUSWAHL

Die Literatur über Kusch/Meroë/Nubien ist inzwischen sehr umfangreich geworden und hängt eng mit der zum alten Ägypten zusammen. Seit 1947 wird die nubische Forschung auch jährlich in der *(Leiden) Annual Egyptological Bibliography / AEB*, hrsg. vom InternAssEgypt, integriert. Sie reicht von wissenschaftlichen Grabungsberichten, über Detailabhandlungen, Museums- und Ausstellungskataloge bis zu populären, manchmal sogar skurrilen Betrachtungen. Deshalb beschränkt sich die vorliegende Zusammenstellung auf eine repräsentative Auswahl nach 1945 erschienener deutschsprachiger sowie zitierter Werke. Auf Anmerkungen im klassischen wissenschaftlichen Sinn wurde im Text verzichtet, nur dort, wo es sich um Zitate handelt, wurden die Quellen im Text in Kurzform (mit Autor-, Übersetzer- oder Herausgebername, in Fällen von Mehrfachnennungen zusätzlich mit dem Werktitel), im Literaturverzeichnis vollständig angegeben.

## Abkürzungsverzeichnis

AW      Antike Welt, Zeitschrift für Archäologie und Kulturgeschichte
BAVA    Beiträge zur Allgemeinen und Vergleichenden Archäologie
FWG     Fischer Weltgeschichte, Bd. IV, Frankfurt/Main 1967.
JbAC    Jahrbuch für Antike und Christentum, Münster/Westfalen
SAK     Studien zur altägyptischen Kultur, Hamburg
TAVO    Tübinger Atlas zum Vorderen Orient, Wiesbaden
TUAT    Texte zur Umwelt des Alten Testaments, hg. v. Otto Kaiser, Gütersloh 1984 ff.
ZÄS     Zeitschrift für Ägyptische Sprache und Altertumskunde, Berlin

## Lexika

Arnold, Dieter: Lexikon der ägyptischen Baukunst. München/Zürich 1994.
Augustin, Siegfried / Pleticha, Heinrich: Lexikon der Abenteuer und Reiseliteratur. Stuttgart 1999.
Bonnet, Hans: Reallexikon der ägyptischen Religionsgeschichte. Berlin 1952. [Neudr. 1971.]
Helck, Wolfgang / Otto, Eberhart (Hrsg): Kleines Wörterbuch der Ägyptologie. Wiesbaden 1953. [3. Aufl. 1987.]
Lexikon der Ägyptologie. Hrsg. von Wolfgang Helck [u. a.]. 6. Bde. Wiesbaden 1975–86. Erg.-Bd. Ebd. 1992.
Posner, Georg [u. a.]: Lexikon der ägyptischen Kultur. München 1960. [Spätere Ausgaben auch als Taschenbuch lieferbar.]
Schneider, Thomas : Lexikon der Pharaonen. München/Zürich 1994.

## Quellen (in Übersetzung)

Alexanderroman – Leben und Taten Alexanders von Makedonien. Hrsg. und übers. von Helmut van Thiel. Darmstadt 1983.

Agatharchides von Knidos: Über das Rote Meer. Übers. und komm. von Dieter Woelk. Diss. Bamberg 1966.

Apuleius: Metamorphosen, oder Der goldene Esel. Hrsg. und übers. von Rudolf Helm. Berlin 1978.

Aristeas-Brief in der Übersetzung von Paul Wendland. In: Kautzsch, Emil (Hg.): Die Apokryphen und Pseudoepigraphen des Alten Testaments II. Tübingen 1900, S. 4–31.

Assmann, Jan (Übers./Hrsg.): Ägyptische Hymnen und Gebete. Zürich/München 1975.

Augustus: Res gestae. Meine Taten. Nach dem Monumentum Ancyranum, Apolloniense und Antiochenum, lat/griech/dt., hrsg. v. Ekkehard Weber, München/Zürich 1989[2] [Samml. Tusculum].

Braested, James Henry (Übers./Hrsg.): Ancient Records of Egypt. Historical Documents […], with commentary. 5 Bde. Chicago 1906. [Neudr. 1988.]

Brunner-Traut, Emma (Übers./Hrsg.): Altägyptische Märchen. 10. Aufl. München 1991. [1. Aufl. 1963.]

– Pharaonische Lebensweisheit. Freiburg i. Br. 1985/92.

Dinkler, Erich: König Ezana von Aksum und das Christentum. In: Festschrift für Fritz Hintze. Berlin 1977. S. 121–132.

Diodor von Sicilien: Geschichts-Bibliothek. IV. Buch. Übers. von Adolf Wahrmund. Stuttgart 1867.

Edel, Elmar: Inschriften des Alten Reiches. Bd. 5: Die Reiseberichte des *Hrw-hwjf* (Herchuf). In: Ägyptologische Studien. [Festschrift für Hermann Grapow.] Hrsg. von Otto Firchow. Berlin 1955. S. 31–75.

Erzählungen aus 1001 Nacht. Übers. v. Enno Littmann. Frankfurt/Main 1953.

Frobenius, Leo (Hrsg.): Märchen aus Kordofan. (Atlantis IV). Jena 1923.

Heliodor: /ΑΙΘΙΟΠΙΚΑ. Die äthiopischen Abenteuer von Theagenes und Charikleia. Übers. von Horst Gasse. Stuttgart 1972.

Herodot: Historien. Dt Gesamtausgabe. Übers. von A. Hornefer. Neu hrsg. von Hans W. Haussig. Stuttgart 1971.

Helck, Wolfgang: Die große Stele des Vizekönigs St3w aus Wadi es-Sabua. In: Studien zur Altägyptischen Kultur 3 (1975). S. 85–112.

Homer: Ilias. Übers. von Roland Hampe, Stuttgart 1979.

Hornung, Erik (Übers./Hrsg.): Altägyptische Dichtung. Stuttgart 1996.

– Ägyptische Unterweltsbücher. 3. Aufl. Zürich/München 1989. [1. Aufl. 1972.]

– Gesänge am Nil. Dichtung am Hofe der Pharaonen. München 1990.

– Das Totenbuch der Ägypter. Zürich/München 1979.

Juvenal: Satiren. Hrsg. und übers. von Joachim Adamietz. München 1993.

Kausen, Ernst: Die Siegesstele des Pije. In: TUAT 1, S. 557–585.

Lepsius, Richard: Griechische Inschriften. Hermes 10(1876), S. 129 ff.

Meulenaere, Hermann de: Kawa Insc. In: FWG IV. S. 220–255.

Plinius Secundus d. Ä.: Naturkunde. Buch VI. Hrsg. und übers. von Kai Brodersen. Zürich/Düsseldorf 1996.

Priese, Karl-Heinz: Nastansen-Stele. In: Nubien und Sudan im Altertum. Führer durch die Sonderausstellung des Berliner Ägyptischen Museums, Berlin/Ost 1963.

Prokop: Werke (in 5 Bänden griech./dt.). Hrsg. v. Otto Veh, III. Perserkriege. München 1970.

Seneca: Naturales questiones. Hrsg. v. A. Gercke. Leipzig 1907.

Strabo: Erdbeschreibung in XVII Büchern. Übers. von Christoph G. Groskurd. Berlin/Stettin 1833. [Neudr. 1988.]

Urkunden des ägyptischen Altertums. Leipzig/Berlin 1914 ff.

Zauzich, Karl-Theodor: Demotische Papyri aus den Staatlichen Museen zu Berlin. Lfg. 1: Papyri von der Insel Elephantine. Berlin 1978.

## Alte Reiseberichte und Abenteuerliteratur

Bergmann, Carlo: Der letzte Beduine. Meine Karawanen zu den Geheimnissen der Wüste. Reinbek 2001.

Burckhardt, Johann Ludwig: Entdeckungen in Nubien 1813–1814. Stuttgart 1981.

Denon, Dominique Vivant: Reisen durch Ober- und Unter-Egypten während Bonaparte's Feldzügen. Berlin/Hamburg 1803.

Lepsius, Richard: Briefe aus Ägypten, Äthiopien und der Halbinsel des Sinai. Berlin 1852.

Nachtigal, Gustav: Sahara und Sudan. Ergebnisse sechsjähriger Reisen in Afrika. 2. Bde. Berlin 1881.

Pückler-Muskau, Hermann Fürst von: Aus Mehmed Alis Reich. Ägypten und der Sudan um 1840. Zürich 1885. [1. Aufl. 1844.]

Rüppell, Eduard: Reisen in Nubien, Kordofan und dem peträischen Arabien. Frankfurt a. M. 1829.

Schweinfurth, Georg: Auf unbetretenen Wegen in Ägypten. Hamburg/Leipzig 1922. [Sammelband mit früheren Aufsätzen die zwischen 1865 und 1903 erschienen sind.]

## Zitierte und verwendete allgemeine Literatur

Adams, William Y.: Nubia, corridor to Africa. London 1977.

Assmann, Jan: Ägypten. Theologie und Frömmigkeit einer früheren Hochkultur. Stuttgart 1984/91.

Baumann, Hermann (Hrsg): Die Völker Afrikas und ihre traditionellen Kulturen. Tl. 2: Ost-, West- und Nordafrika. Wiesbaden 1979.

Beckerath, von Jürgen: Abriß der Geschichte des Alten Ägypten. München 1971.

Curto, Silvio: Nubien. München 1966.

Eliades, Mircea: Geschichte der religiösen Ideen. Freiburg i. Brsg. 1978 ff.

Fischer, Rudolf: Die schwarzen Pharaonen. Bergisch Gladbach 1980.

Frankfort, Henri: Alter Orient. Mythos und Wirklichkeit. Stuttgart u. a. 1954/1981.

Gardiner, Allan H.: Geschichte des Alten Ägypten. Stuttgart 1965.

George, Uwe: Die Ennedi-Expedition. In: GEO (2004). H. 7, S. 14–40. H. 8, S. 132–156.

Gerster, Georg: Nubien – Goldland am Nil. Zürich/Stuttgart 1964.

Hinkel, Friedrich W.: Auszug aus Nubien. Berlin 1977.

Hintze, Fritz: Das Kerma-Problem. In: ZÄS 91 (1964). S. 79–85.

– / Hintze, Ursula: Alte Kulturen im Sudan. Leipzig 1966.

Hofmann, Inge: Kambyses in Ägypten. In: SAK 9 (1982). S. 179–200.

– Der Sudan als ägyptische Kolonie. Wien 1979.

Hopfner, Theodor: Plutarch über Isis und Osiris. Prag 1940–41. [Neudr. 1991.]

– Der Tierkult im Alten Ägypten. DKAW, Phil-hist Kl 57, 2, Wien 1913.

Hornung, Erik: Der Eine und die Vielen. 5. Aufl. Darmstadt 1993.

– Die Nachtfahrt der Sonne. Eine altägyptische Beschreibung des Jenseits. München 1991.

– Geist der Pharaonenzeit. Zürich/München 1989.

– Grundzüge der Ägyptischen Geschichte. 2. Aufl. Darmstadt 1978.

– Pharao ludens. In: Eranos 51 (1982). S. 479–518.

– Verfall und Regeneration der Schöpfung. In: Ebd. 46 (1977). S. 411–449.

Hugot, Henri J. [d. i. Maximilien Bruggmann]: Zehntausend Jahre Sahara. 2. Aufl. Luzern 1976/80.

Kienitz, Friedrich Karl: Die politische Geschichte Ägyptens vom 7. bis zum 4. Jahrhundert vor der Zeitwende. Berlin 1953.

Kuper, Rudolf: Untersuchungen zur Besiedlungsgeschichte der östlichen Sahara. In: Beiträge zur Allgemeinen und Vergleichenden Archäologie 3 (1981). S. 215–275.

Laubscher, Matthias: Religiöse Modelle von Staatsbildung. Überlegungen aus ethnologischer Sicht. In: Staat und Religion. Hrsg. von Burkhard Gladikow. Düsseldorf 1981. S. 23–52.

Mannert, Konrad: Geographie der Griechen und Römer. Afrika X (in zwei Teilen). Leipzig 1825.

Munro, Peter: Die Nacht vor der Thronbesteigung. Zum ältesten Teil des Mund-öffnungsrituals. In: Studien zu Sprache und Religion Ägyptens (Festschrift Wolhart Westendorf). Göttingen 1984, II, S. 907–928.

Myîliwiec, Karol: Herr beider Länder. Ägypten im 1. Jahrtausend v. Chr. Mainz 1998.

Onasch, Christian: Kusch in der Sicht von Ägyptern und Griechen. In: Festschrift für Fritz Hintze. Berlin 1977. S. 331–336.

– Zur Struktur der meroitischen Religion. Meroitica 7(1984), S. 135–142.

Otto, Eberhard: Gott und Mensch nach den ägyptischen Tempelinschriften der griechisch-römischen Zeit. Heidelberg 1964.

Otto, Walter F.: Dionysos. Mythos und Kultus. Frankfurt a. M. 1933.

Schneider, Rolf M.: Bunte Barbaren. Worms 1986.

Scholz, Piotr O.: Kusch-Meroë-Nubien. AW Sonderheft 17/18 (1986/1987).

– Abu Simbel. In Stein verewigte Herrschaftsidee. Köln 1994.

Soden, Wolfram Freiherr von: Herrscher im Alten Orient. Berlin u. a. 1954.

Steinmeyer-Schareika, Angela: Das Nilmosaik von Palestrina und eine ptolemäische Expedition nach Äthiopien. Diss. Bonn 1978.

Trigger, Bruce: Nubia under the pharaohs, London 1976

Wildung, Dietrich (Hrsg): Sudan. Antike Königreiche am Nil. Ausstellungskatalog. München 1997.

– Die Pharaonen des Goldlandes. Antike Königreiche im Sudan. Ausstellungskatalog. Mannheim 1998.

Willeitner, Joachim: Nubien. Antike Monumente zwischen Assuan und Khartum. München 1997.

Williams, Bruce: Höhepunkte der archäologischen Expeditionen [Kurzberichte zahlreicher Ausgräber über ihre Entdeckungen]. In: UNESCO-Kurier 21(1980) Heft 2, S. 32–45 und Heft 3, S. 43 f.

Wilson, John: Das alte Ägypten. In: Propyläen Weltgeschichte, Bd. 1, S. 323–522. Berlin u. a. 1963

## Das sakrale Königtum

Assmann, Jan: Die Zeugung des Sohnes. In: J. A. [u. a.]: Funktionen und Leistungen des Mythos. Fribourg/Göttingen 1982. S. 13–61.

Barta, Winfried: Untersuchungen zur Göttlichkeit des regierenden Königs. München 1975.

Bonheme, Marie-Ange / Forgeau, Annie: Pharao, Sohn der Sonne. Die Symbolik des ägyptischen Herrschers. Zürich/München 1989.

Brunner, Hellmut: Die Geburt des Gottkönigs. Studien zur Überlieferung eines altägyptischen Mythos. Wiesbaden 1964.

Goedicke, Hans: Die Stellung des Königs im Alten Reich. Wiesbaden 1960.

Haberland, Eike: Untersuchungen zum äthiopischen Königtum. Wiesbaden 1965.

Hoffmann, Inge: Die Kulturen des Niltals von Aswan bis Sennar. Hamburg 1967.

– Studien zum meroitischen Königtum. Brüssel 1971.

Hornung, Erik / Staehelin, Erika: Studien zum Sedfest. Basel/Genf 1974.

Moftah, Ramses: Studien zum ägyptischen Königsdogma im Neuen Reich. Mainz 1985.

Otto, Eberhard: Legitimation des Herrschens im pharaonischen Ägypten. In: Seculum 20 (1969). S. 385–411.

Schlögl, Hermann: Der Sonnengott auf der Blüte. Eine ägyptische Kosmogonie des Neuen Reichs. Basel/Genf 1977.


## Literatur zu den einzelnen Kapiteln

*Prolog*

Brunold, Georg (Hrsg): Nilfieber. Der Wettlauf zu den Quellen. Frankfurt a. M. 1993.

Desroches-Noblecourt, Christiane / Gerster, Georg: Die Welt rettet Abu Simbel. Wien/Berlin 1968.

Langner, Reiner-K.: Das Geheimnis der großen Wüste. Auf den Spuren des Saharaforschers Gerhard Rohlfs. Frankfurt a. M. 2004.

Moorehead, Alan: Zwischen Gott und Mohammed. Hundert Jahre Weltgeschichte am Nil. Stuttgart 1964.


*Morgenröte menschlicher Kulturen in Nordostafrika*

Almásy, Ladislaus E.: Schwimmer in der Wüste. Auf der Suche nach der Oase Zarzura (1934). Erw. und erg. Ausg. Innsbruck 1997. [Neudr.]

Butzer, Karl W.: Studien zum vor- und frühgeschichtlichen Landschaftswandel der Sahara. Bd. 1/2. Mainz 1958/59.

Črviček, Pavel: Felsbilder der Nord-Etbai Oberägyptens und Unternubiens. Wiesbaden 1974.

George, Uwe: Sahara. Expeditionen durch Raum und Zeit. Hamburg 2001.

Kuper, Rudolf (Hrsg): Sahara. 10 000 Jahre zwischen Weide und Wüste. Ausstellungskatalog. Köln 1978.

Schenkel, Wolfgang: Die Bewässerungsrevolution im Alten Ägypten. Mainz 1978.

Sèbe, Alain: Tikatoutine. 6000 Jahre Felsbildkunst in der Sahara. Freiburg i. Br. 1991.

Striedter, Karl Heinz: Felsbilder der Sahara. München 1984.


*Ägypten liegt in Afrika*

Bietak, Manfred: Studien zur Chronologie der nubischen C-Gruppe. Ein Beitrag zur Frühgeschichte Unternubiens zwischen 2200–1550 vor Chr. Wien 1968.

Grimm, Alfred: Das Fragment einer Liste fremdländischer Tiere, Pflanzen und Städte aus dem Totentempel des Königs Djedkare-Asosi. In: SAK 12 (1985). S. 29–41.

Junker, Hermann: Die Onurislegende. Wien 1917. [Nachdr. Olms 1988.]

*Kerma und das noch ungelöste Problem der Melucha*
Bonnet, Charles: Kerma, Royaume de Nubie. Genève 1990.
Hintze, Fritz: Das Kerma-Problem. In: ZÄS 91 (1964). S. 79–85.
Scholz, Piotr O.: Bemerkungen zur Genese der Kerma-Kultur. Sind vorderasiatische
    Parallelen denkbar? In: Folia Orientalia 26 (1980). S. 131–143.
Wildung, Dietrichs: Sesostris und Amenemhet. München 1984.

*Götter Ägyptens müssen siegen*
Hein, Irmgard: Die ramessidische Bautätigkeit in Nubien. Wiesbaden 1991.
Herzog, Rolf: Punt. Glückstadt 1968.
Schmitz, Bettina: Untersuchungen zum Titel *S3–nj-wt* »Königssohn«. Diss. Bonn 1976.
Scholz, Piotr: Fürstin Iti – die »Schönheit« aus Punt. In: SÄK 11 (1984). S. 529–556.
    Taf. 29 f.
Zibelius-Chen, Karola: Die ägyptische Expansion nach Nubien. Wiesbaden 1988.

*Kuschiten und ihre Reiche*
Altenmüller, Hartwig / Moussa, Ahmed M.: Die Inschriften der Taharkastele von der
    Dahschurstraße. In: SÄK 9 (1982). S. 57–84.
Niwiçski , Andrzej: Bürgerkrieg, militärischer Staatsstreich und Ausnahmezustand in
    Ägypten unter Ramses XI. In: Festschrift für Emma Brunner-Traut. Hrsg.von Ingrid
    Gamer-Wallert und Wolfgang Helck. Tübingen 1992. S. 235–262.

*Meroë*
Gamer-Wallert, Ingrid / Zibelius, Karola [Baubeschreibung von Jürgen Brinks]: Der Tempel
    von Naq‹a in der Butana (Sudan). Wiesbaden 1983. (TAVO Beiheft B 48/1–4.)
Hintze, Fritz: Studien zur meroitischen Chronologie und zu den Opfertafeln aus den
    Pyramiden von Meroe. Berlin 1959.
Hofmann, Inge: Wege und Möglichkeiten eines indischen Einflusses auf die meroitische
    Kultur. St. Augustin 1975.
Kleinschroth, Adolf: Die Verwendung des Hafirs im meroitischen Reich. In: Beiträge zur
    Sudanforschung 1 (1986). S. 79–96.

*Meroiten in der hellenistischen Welt*
Castiglioni, Alfredo [u. a.]: Das Goldland der Pharaonen. Die Entdeckung von Berenike
    Pancrisia. Mainz 1998.
Dihle, Albrecht: Umstrittene Daten. Köln/Opladen 1965.
– Antike und Orient. Heidelberg 1984.
Hesberg, Henner von: Römische Grabbauten. Darmstadt 1992.
Högemann, Peter: Alexander der Große und Arabien. München 1985.
Hölbl, Günther: Geschichte des Ptolemäerreiches. Darmstadt 1994.
Merkelbach, Reinhold: Isis regina – Zeus Sarapis. Die griechisch-ägyptische Religion nach
    den Quellen dargestellt. Stuttgart/Leipzig 1995.
Müller, Caspar Detlef G.: Grundzüge des christlich-islamischen Ägypten von der
    Ptolemäerzeit bis zur Gegenwart. Darmstadt 1969.
Schneider, Rolf M.: Bunte Barbaren. Worms 1986.
Scholz, Piotr O.: Einige Forschungsbemerkungen zum Ariccia-Relief. Arbeitsbericht (1980).
    In: Meroitica 7 (1984). S. 543–551.

– Frühchristliche Spuren im Lande des ANHP. Historisch-archäologische Betrachtungen zur
   Apostelgeschichte 8:26–40. Diss. Bonn (1985) 1988.
– Hellenismus und Meroë (resumé). In Akten des XIII. Internationalen Kongresses für
   Klassische Archäologie in Berlin 1988. Hrsg. vom Deutschen Archäologischen Institut.
   Mainz 1990. S. 445–448.
– Kann die kuschitische Umwelt nur auf Ägypten und die Mittelmeerländer beschränkt
   werden? Randbemerkungen zu dem Hauptreferat von L. Török, *Kush and the external
   world* (1984). In: Meroitica 10 (1989). S. 317–352.
– Die Pilgerschaft des Paqar der Kandake (Apg 8:26–39) nach Jerusalem. Eine Frage an die
   Archäologie. In: JbAC. Erg.-Bd. 20/2 (1995). S. 1171–78.
Stroux, Johannes: Das historische Fragment des Papyrus 40 der Mailänder Sammlung.
   Berlin 1953.

*Epilog*
Brakmann, Heinzgerd: Religionsgeschichte Aksums in der Spätantike. In: Nubica et
   Æthiopica 4/5 (1994/95) 1999. S. 401–430.
Scholz, Piotr O.: Die Bekehrung des *ánër aíthíops* (Apg 8:26 ff.) in der abendländischen
   Kunst. In: Ebd. S. 565–614.
Ziethen, Gabriele: Heliodor's *Aithiopika* und die Gesandschaften zu den Aithiopen. In:
   Ebd. S. 615–620.

**Bildnachweis**
Ägyptisches Museum und Papyrussammlung, Staatliche Museen zu Berlin – Preußischer
   Kulturbesitz: S. 137, 163, 166
British Museum, London: Tafel 5
Krzysztof Pluskota: S. 33, 34, 35, Tafel 2
Staatliches Museum Ägyptischer Kunst, München: S. 164

Alle anderen Abbildungen stammen aus dem Archiv des Verfassers.